Fritjof und Erica Limmes

Lexikon der Gemeinheiten

Eichborn

CIP-Titelaufnahme der Deutschen Bibliothek

Limmes, Fritjof:
Lexikon der Gemeinheiten / Fritjof u. Erica Limmes. –
Frankfurt (Main) : Eichborn, 1988
ISBN 3-8218-1095-5
NE: Limmes, Erica:; HST

Cover: Dö Van Volxem · Gesamtherstellung: Fuldaer Verlagsanstalt GmbH ·
ISBN 3-8218-1095-
Verlagsverzeichnis schickt gern: Eichborn Verlag, D-6000 Frankfurt 70

VORBEMERKUNG

Seit dem Sündenfall und der Vertreibung aus dem Paradies ist es vorbei mit der Friedfertigkeit, Gelassenheit und Ruhe. Bosheiten durchwuchern die Menschenwelt. Und sie nähmen völlig überhand, arbeitete ihnen Paradieses-Sehnsucht nicht entgegen.

Begriffe wie Nächstenliebe, Gottesfurcht, Gemeinsinn, Verfassungstreue etc. mußten erfunden werden, damit Satan, der Herr des irdischen Sündenpfuhls, nicht vollends die Oberhand gewinnen konnte.

Weil der Mensch ein irdisches Wesen ist, reagiert er auf alle Herausforderungen und Probleme instinktiv mit Bosheit. Das ist ein naturgegebener Reflex. Dem entgegen stehen die unendlich vielen (meist fruchtlosen) Anläufe der Menschheit, Gutes zu tun, um den Weg zurück ins Paradies zu finden. Sie machen die Summe aller menschlichen Kulturleistungen aus.

Wir haben es also mit einem zähen, bis heute unentschiedenen Kampf zu tun:

- auf der einen Seite die Faulheit; (sie repräsentiert DAS GUTE, das friedliche Im-Garten-Eden-Sitzen, das Nichtstun.)
- auf der anderen Seite der Tateneifer; (er ist DAS BÖSE, die tyrannische Triebkraft der Tüchtigen, Ruhelosen, Besitzergreifenden.)

*

Dies Buch ist ein Wegweiser in Richtung Paradies. Es befaßt sich mit Bosheiten. Das tun alle Gesetzeswerke; die religiösen wie die profanen. Sie enthalten wenige Gebote, aber einen Riesenkatalog möglicher Verfehlungen, Übertretungen oder Untaten; dazu Vorschriften über deren Ahndung. Alle Gesetzgeber folgen dem Leitgedanken, daß die Guten das Böse in all seinen Spielarten erfassen und erkennen müssen, wenn sie es überwinden wollen.

*

Leider haben die gängigen Gesetzeswerke allesamt einen gravierenden Nachteil: Sie sind abstrakt und wirklichkeitsfremd. Paragraphenwust und Juristensprache haben die mit Strafandrohung belegten Missetaten bis zur Unkenntlichkeit deformiert.

Keine lustvolle Beschreibung der Untat. Statt dessen einschläfernde Langeweile vom BGB bis zum Kirchenrecht. Das Interesse der Guten an der gemeinen Tat schwindet. Und mit ihm das Rechtsbewußtsein. Der Pfad der Tugend gerät aus dem Blickfeld. Paradies ade? –

Wir halten dagegen. Mit einer deftigen Sammlung von Bosheiten aus dem praktischen Menschenleben. Jeder Fall ein Stück Verderbnis. Jeder Fall aber auch ein Anstoß, die Gemeinheit zu schauen, um sie zu unterlassen.

In diesem Sinne übergeben wir unser Lexikon dem verständigen Publikum.

ABMAHNGEBÜHR

Daß gute Absichten häufig in bösem Erwachen münden, zeigt das Wettbewerbsrecht. Hier darf klagen und abmahnen, wer einen *Wettbewerbsverstoß* feststellt. Sinn dieser Regelung war ursprünglich, unseriösen Geschäftsleuten das Handwerk zu legen. Findige Anwälte haben sie jedoch längst als Quelle müheloser Bereicherung entdeckt. Und das funktioniert folgendermaßen:

Eine Gruppe aufmerksamer Inserate-Leser, Schaufenster-Bummler usw. tut sich mit einem quicken Anwalt zusammen. Man achtet auf Wettbewerbsverstöße. (Worauf es dabei ankommt, läßt man sich vollkommen kostenfrei von der Verbraucherberatung erklären.) Die selbsternannten Wettbewerbshüter achten vor allem auf – eigentlich belanglose – formale Mängel. Werden sie fündig, tritt ihr Anwalt in Aktion. Er schickt dem Werbungstreibenden ein *Abmahnschreiben,* verlangt Unterlassung des Wettbewerbsverstoßes und kassiert Abmahngebühren, die u. U. in die Tausende gehen können. (Bei Nichterfüllung wird Einstweilige Verfügung und Klage angedroht.)

Meistens zahlt der überführte Unternehmer, weil ihm sein Anwalt keine Hoffnung auf Prozeßerfolg machen kann. Die Wettbewerbs-Gesetze sind nämlich rigid, auch bei eigentlich belanglosen Formfehlern.

Das Beispiel

Der Fall wurde vor dem OLG München verhandelt. Bei einem Inserat fehlte der Endpreis. Es hieß: »Verkaufe Haus, 545 000 Mark plus Tiefgarage 15 000 Mark.« Die Richter bezeichneten es ausdrücklich »als unerheblich, da durch einfache Addition der Teilpreise der Gesamtpreis unschwer ermittelt werden konnte«. Ein Wettbewerbsverstoß blieb es trotzdem. Und dem Beklagten half auch der Hinweis auf die angeblich egoistischen Ziele des klagenden Geschäftsmanns nicht. Das Gericht stellte klipp und klar fest: »Einem Mitbewerber kann das Klagerecht nicht deswegen abgesprochen werden, weil er in großem Umfang davon Gebrauch macht und ihm die Verfolgung von Wettbewerbsverstößen möglicherweise weniger am Herzen liegen mag als die Erzielung von Einnahmen in Gestalt von Abmahngebühren.« Unser guter alter SPIEGEL weiß in diesem Zusammenhang zu berichten (Nr. 45/83): Zwei Hamburger Advokaten schafften im Monat »60 bis 70« Abmahnungen und rund 100 000 Mark Honorar. Der Hanseatischen Rechtsanwaltskammer lag eine »Vielzahl von Beschwerden« vor, doch die Methode, mag sie auch anrüchig sein, ist rechtlich abgesichert. Der Bundesgerichtshof hat entschieden, daß solche Anwaltskosten »ersetzbar sind«.

In jüngster Zeit sind verstärkt Rentner als Abmahnjäger in Erscheinung getreten. *Wahrlich kein würdiger Zeitvertreib für müßige Greisinnen und Greise.*

ABSTAUBER

Bücher beim Buchhändler? So ein Blödsinn. Man ist doch *Rezensent!* (Einer von den Leuten, die Bücher auf jenen Seiten der Zeitungen besprechen, die kein Mensch liest, oder zu Tageszeiten in Funk und Fernsehen vorstellen, zu denen alles schläft.)

Die Rezensenten machen's so: Buch beim Verlag kostenlos anfordern mit dem Hinweis, man schreibe einen Beitrag für Zeitung A oder Berichte darüber im Magazin B. Tatsächlich – wenn man die Zahl der verschickten Rezensionsexemplare mal zugrunde legt, dürfte in den Zeitungen kaum noch Platz für politische Berichterstattung sein. Da gibt's also viele schwarze Schafe. Die bekommen dann die gewünschten Bücher, und oft wird nicht mehr nachgefragt, ob denn wirklich eine Bespechung gelaufen ist. Was die mit den Büchern alles machen? Wenn sie sie nicht selbst lesen, verschenken sie sie weiter oder machen noch nicht einmal davor halt, sie beim Buchhändler »umzutauschen«.

Für die Verlage ist's schwierig, die schwarzen von den weißen Schafen zu trennen. Dennoch, die Pressemenschen der Verlage sind vorsichtiger geworden und verschicken nicht mehr so viele Freiexemplare wie vor Jahren. Ist ja von den Bestellern auch nicht gerade die feine englische Art...

AKTIONÄRS-AUTORITÄT

Man braucht weder eine einflußreiche Persönlichkeit zu sein noch über die »richtigen Beziehungen« zu verfügen. Unser Gesetz bietet jedem, der unter Langeweile leidet, eine Möglichkeit zu eitler Selbstdarstellung. Schon mit dem Kauf einer einzigen Aktie erwirbt man nämlich das Recht, auf Aktionärsversammlungen zu glänzen. Ehe man sich versieht, hat man Zugang zu Managerkreisen, die es gewöhnt sind, unter ihresgleichen zu verkehren, und denen der »kleine Mann« / die »kleine Frau« nun in öffentlicher Rede auf den Leib rücken kann. Für die nötige Verbreitung spektakulärer Innovationen sorgen Journalisten, die ebenfalls zugelassen und oft froh sind, die Saisonlöcher ihres Blattes zu stopfen.

Das Beispiel
Alternative Aktionäre funktionierten die Hauptversammlung 1987 der Hoechst AG zeitweise zu einem Umweltsünden- und Dritte-Welt-Tribunal um. Sie hielten dem Vorstand eine lange Liste von Verfehlungen und Sünden vor, die von der in- und ausländischen Presse tüchtig breitgetreten wurden.

Auch wenn ein Konzern durch derartige vereinzelte Kritik in seinen Grundfesten nicht erschüttert wird – wie viele Konkurse wären sonst schon angemeldet worden – kann es dennoch keinem erfolgsverwöhnten Manager recht sein, ins falsche Licht zu geraten. (Wie schnell ein guter Ruf angekratzt werden kann, ist ja unlängst in Kiel wieder erprobt worden.)

Also nichts gegen die neue Karriere als Aktionär. (Bei zwei Aktien kann man sogar Reise- und Hotelkosten von der Steuer absetzen, falls man an einer *Aktionärsversammlung* teilnimmt.) Auch ist nichts gegen berechtigte Kritik in diesem ungewohnten Forum einzuwenden. Schmutzwäsche allerdings sollte man denen überlassen, die etwas davon verstehen: Hausfrauen aus Berufung und Politikern!

AMPEL-AKROBATIK

Die Polizeibeamten in Kempten trauten ihren Augen nicht, als sie die Fotos einer *Ampelkamera* entwickelten. Anstelle des ordnungsgemäß gekennzeichneten Hecks eines Autos streckte sich ihnen die entblößte Hinterseite einer bislang nicht identifizierten Person entgegen. Mit einer Anzeige sei zu rechnen, so die Polizei. Nur – wer will den A... identifizieren?

AMTSMISSBRAUCH

Wer's nicht schon selbst erlebt hat, kennt sie zumindest vom Hörensagen – die Umtriebe des Telefonterrors, die von wüsten Beschimpfungen, verklemmtem Wortsex bis hin zu Drohungen reichen.

Eine ganz andere Qualität hat es, wenn die Übeltäter solchen Telefonmißbrauchs unsere Ordnungshüter höchstpersönlich sind, wie in Ratingen bei Düsseldorf. Dort haben sechs Polizeimeister im Alter von 22 bis 26 Jahren monatelang Bürger mit nächtlichen Telefonanrufen, beleidigenden Briefen und unbestellten Warenlieferungen terrorisiert. Wie die Polizei und der zuständige Oberkreisdirektor von Mettmann berichteten, sind zwei der sechs Polizisten inzwischen vom Dienst suspendiert, die vier anderen versetzt worden. Die Opfer waren häufig Personen, mit denen die Ordnungshüter schon dienstlich zu tun hatten; so etwa im Falle eines Mannes, dem einer der Beamten ein Strafmandat verpaßt hatte, das vom Gericht wieder aufgehoben wurde.

»Du Pappnase«, »Pavianarsch« oder »Wir machen dich fertig« lauteten die anonym vorgebrachten Beschimpfungen der Beamten. Neben den nächtlichen Telefon-Beleidigungen schrieben sie Briefe unter falschen Nachbar-Namen, um die Bewohner gegeneinander aufzuhetzen oder bestellten unter falschem Namen Elektrogeräte und Bücher für die überraschten Adressaten. Erst eine Fangschaltung der Post führte zur Polizeistation in Ratingen. Die Beamten trieben ihr Unwesen immer dann, wenn Vorgesetzte abwesend waren — oftmals anscheinend auch aus purer Langeweile.

AMTSSCHIMMEL

Leidige Erfahrungen mit umständlichen Behörden dürfte jede(r) schon gemacht haben. Statt flexibler Handhabung wieherte dann der Amtsschimmel durch sämtliche Büroetagen.

Doch die Juristerei lehrt uns, daß der kleine Bürger sehr wohl den Spieß umdrehen kann; denn der Einspruch bzw. Widerspruch ist ein Rechtsmittel, von dem jeder Bürger/jede Bürgerin ungeschoren Gebrauch machen kann. Vom Nutzeffekt einmal abgesehen – denn in der Regel kommt man um gewisse unliebsame Amtsvorgänge nicht herum – schlägt man doch mit einem unbegründeten *Einspruch* den Behördenapparat mit seinen eigenen Waffen. Er muß den Vorgang überprüfen, den »Querulanten« anschreiben. Dieser kann erneut Einspruch erheben und als I-Tüpfelchen irgendwann kommentarlos den Wünschen der Behörde entsprechen. Nicht auszudenken, welch ein Tohuwabohu eine massenhaft angewandte Einspruchswelle verursachen könnte. Dabei reichen wenige Zeilen zur Formulierung eines Einspruchs aus, wie das Beispiel zeigt:

An

Hiermit lege ich gegen den Bußgeldbescheid vom

Einspruch

ein.

(Ort), den Unterschrift:

Ganz renitente Leute haben es schon fertiggebracht, sich an die vorgesetzte Behörde zu wenden, z. B. an die Wehrbereichsverwaltung einen *Widerspruch* zu schicken, wenn das Kreiswehrersatzamt die Einberufung geschickt hatte, oder beim Regierungspräsidenten zu widersprechen, wenn die Stadt beim Bauauftrag Schwierigkeiten gemacht hatte. Das löst einen mehrstufigen Vorgang in den Behörden aus und ist für die nachgeordnete Stelle oft sehr unangenehm. Das amtliche Vorgehen muß jetzt nämlich auch »nach oben« gerechtfertigt werden. Und der kleine Beamte weiß nie so recht, ob bei der Einspruchsache nicht evtl. »höhere Interessen« eine Rolle spielen . . .

ANDERE LÄNDER, ANDERE SITTEN

Vieles ist in Japan anders. Auch das Verhältnis zwischen Staat und Verbrechen. Die dortige Obrigkeit räumt dem Banditentum traditionell einen beachtlichen Spielraum ein. Nach herrschender Meinung lassen sich die Außenseiter der Gesellschaft dadurch besser in Schach halten. Die Kriminellen schließen sich zu *Syndikaten* zusammen, unterhalten höchst offizielle Büros, verfügen über Regional- und Hauptverwaltungen und sind unter unzweideutiger Berufsbezeichnung (z. B. Wucherzinsen GmbH) im Telefonbuch zu finden.

Als Hauptbetätigungsgebiete hat ihnen der Staat den wucherischen Geldverleih, das Glücksspiel, die Prostitution und das Eintreiben überfälliger Forderungen überlassen. Die Syndikate sind genauso straff organisiert wie die Polizei. Solange die Ganoven nur in ihrem Bereich die Spielregeln diktieren, und sei es mit noch so rüden Methoden, greift die Polizei nicht ein. Sie vertraut darauf, daß sich die rivalisierenden Organisationen gegenseitig kontrollieren.

Gelegentlich veranstalten die Gangster sogar professionelle Pressekonferenzen, auf denen sie die Öffentlichkeit über ihre Aktivitäten informieren. Es ist auch nichts Ungewöhnliches, daß Ordnungshüter und Syndikate zu Neujahr oder anderen festlichen Gelegenheiten Glückwunschadressen austauschen.

ANHÄNGLICHKEIT

Penetranz ist nicht strafbar. Penetranz ist wirksam. Penetranz ist sogar lernbar. Es gibt Menschen, die sind von klein auf zudringlich und hängen mit ihren Wünschen wie Blutsauger an ihren Opfern. Unangenehme Patrone, diese zwanghaft Penetranten.

Anders die Lust-Penetranten. Die haben sich die hohe Kunst der Penetranz angeeignet und setzen sie gezielt ein. Der Trick, angeborene Scham zu überwinden und penetrant zu werden, stammt aus dem Bereich des Komödiantischen. Wie ein Schauspieler schlüpft man in die Rolle des Penetranten. Das jeweilige Aktionsfeld wird zur Bühne, und Freunde stellen das Publikum.

Ein Beispiel: Zu einem brovourösen Penetranten-Ensemble entwickelte sich eine *Arbeitslosen-Selbsthilfegruppe* im Zonenrand-Gebiet. Sie hatte es in ihrer Beschäftigungs-Diaspora mit einem Arbeitsamt-Chef zu tun, der sich wie der Unteroffizier einer Strafkompanie aufspielte. In seiner Behörde war dem Burschen nicht beizukommen. Sein Vorzimmer erwies sich als unüberwindliche Barriere.

Angesichts der uneinnehmbaren Bastion sannen unsere Freunde auf andere Wege, den Tyrannen einer Umerziehung zu unterwerfen.

Sie hoben die Aufteilung zwischen Beruf und Privatem auf. Alle paar Tage stattete ein Arbeitsloser der Gattin des Behördenchefs einen freundlichen Besuch ab. Er versuchte, ihr den eigenen Fall nahezubringen und bat sie, ein gutes Wort beim »Gatten« einzulegen. Sie wurde beim Einkaufen angesprochen. Man bot ihr kleine Hilfeleistungen an. Einige Mitglieder der Gruppe führten vor dem Haus ihres Kontrahenten Hunde aus, und zwar kurz nach Dienstschluß. Sie grüßten den Herrn oder hielten ihn träge dahinschlendernd bei der Einfahrt in seine Garage auf. Manche versuchten, ihn freundlich anzusprechen.

Es kam auch mal vor, daß die Siamkatze der Frau Amtsleiter entlaufen war. Gott sei Dank wurde sie von einem der Arbeitslosen gesehen, gefangen und zurückgebracht.

Die Spitzenleistung aber gelang der Arbeitslosentruppe mit den Sitznachbarkarten im Stadt-Theater. Als sich das Arbeitsamt-Direktoren-Ehepaar auf seinen Abonnementsplätzen niederließ, fand es sich plötzlich von zwei Arbeitslosen umrahmt. Kaum hatten sie penetrant gegrüßt, hißte unser Kommißkopf die weiße Flagge. Tags darauf empfing er eine Abordnung der Alogruppe. Die Mißhelligkeiten konnten ausgeräumt werden. Die Atmosphäre im Amt wandelte sich beträchtlich.

Merke: Persönlicher Zugang erleichtert vieles. Gemeinsame Saunabesuche mit Norbert Blüm oder VHS-Rhetorikkurse mit dem Bundeskanzler könnten uns und unser Land erheblich voranbringen. Leider schirmen sich die Herren aber vor uns »mündigen Bürgern« genauso ab wie Honecker vor seinen »Arbeitern und Bauern«.

ANRÜCHIGE PÄCKCHEN

Das ist so ein Problem mit den *Hundehaufen:* Immer wieder liegen sie da, wo sie am allerwenigsten hingehören – auf den Bürgersteigen. Vor allem in der Stadt. Sicher müssen die Vierbeiner irgendwo etwas ablassen; meist aber könnten die Besitzer, wenn sie sich ein bißchen Mühe gäben, ihren Fiffi in die nächste Gosse oder auf den nächsten Grünstreifen führen. Tun sie's nicht, müssen sie mit der Selbsthilfe angeekelter Bürger rechnen.

Das ist keine Selbstjustiz, sondern Notwehr, denn: In jedem sechsten Hundehaufen (statistisch gesehen) befinden sich Bandwurm-Eier. Diese – wie *Pflasterstrand* schreibt – »ungewöhnlich langlebigen Nachwuchsträger gelangen über spielende Hände in den Mund und fühlen sich im menschlichen, besonders im kindlichen Darm richtig wohl, schlüpfen aus und begeben sich auf Wanderschaft in die Innereien. Leber und Hirn mögen sie am liebsten. Die Ärzte kommen erst spät dahinter, manchmal zu spät.«

Was tun angeekelte Bürger, wenn sie einen Hundehalter sehen, der sein Tier zum Beispiel auf einem Kinderspielplatz sein Häufchen absetzen läßt? Sie versuchen dessen Adresse ausfindig zu machen. Mit Einweg-Handschuhen greifen sie sich den Haufen und verpacken ihn – mit den Handschuhen – in einen Plastikbeutel, den sie in den Briefkasten des »Tierfreundes« werfen. Außen am Briefkasten ein Schildchen befestigen:

Deutsche
Hundespost

Ihr Tier
hat was verloren.
Sehen Sie gleich
im Briefkasten nach!

Diese Methode wirkt. Auch hygienisch. Man wird sehen, wie penibel die tierlieben Herrschaften ihren Briefkasten reinigen. Das ist doch schon ein Anfang!

Daß Hundehaufen-Attentate sogar zum Arsenal politischer Argumentation gezählt werden, beweist dieser Bericht aus der »Frankfurter Rundschau«:

Logo: Die Grünen sind schuld

CDU-Stadtteilpolitiker Kot in den Briefkasten getan

Dem Fraktionsvorsitzenden der CDU im Ortsbeirat für die Nordweststadt, Niederursel und Heddernheim, Günter Kerssebaum, sind Exkremente in den Briefkasten geworfen worden. „Welches kranke Gehirn ist dafür verantwortlich", fragt Kerssebaum in Leserbriefen an die Frankfurter Redaktionen. Und er liefert die Antwort mit: Das kranke Gehirn kann nur einem Grünen gehören.

„Wem kann man eine derartige Schweinerei zutrauen?" Und: „Wer macht Blutspritzer zu Europaabgeordneten?" Wer zudem gewaltsam in fremde Grundstücke eindringe und Flugzeugentführer zu Landtagsabgeordneten mache, so die Logik, der wirft auch Kot in Briefkästen von christdemokratischen Politikern. Von alledem Aufgeführten: Sei es da noch weit zum „Fäkaliengebrauch"?

Kerssebaum weist darauf hin, daß er des öfteren von den Grünen im Ortsbeirat wegen seiner Einstellung zur Verkehrsführung um Niederursel herum angegriffen worden ist. Da er privat überhaupt keinen Streit kennt, kommen nur die Grünen für den Anschlag in Betracht. So ist aus seinem Brief mit der Überschrift „Brauner Kot — Grünes Argument" zu schließen. Und natürlich: das weckt Erinnerungen an Weimar „und danach".

Der Kot im Briefkasten des Herrn Kerssebaum, kündet er den drohenden Untergang der Republik an?

Vielleicht überschätzt ein Stadtteilpolitiker nur die politische Brisanz eines unappetitlichen und infantilen „Attentats" auf seinen Briefkasten.

Gewiß aber gehört seine abstruse Argumentation auf den Misthaufen unbewiesener Verdächtigungen, die eine unliebsame Partei diskreditieren soll. CLAUS GELLERSEN

Auch der Trick mit dem Haufen vor der Haustür, über den eine Zeitung gedeckt und angezündet wird, wirkt immer: Klingeln, und wenn der Hundebesitzer öffnet, wird er bestimmt das Feuer austreten . . .

Merke: Wir sind nicht gegen Hundehaltung, aber für etwas mehr Rücksichtnahme.

ANRUFE

So schön es ist, unser *Telefon,* so sehr kann es aber auch zum Quälgeist werden, wenn etwas damit nicht richtig läuft. Eigentlich kann man sich nur immer wieder wundern, daß nicht mehr Unfug damit getrieben wird und reihenweise Leute belästigt werden. Denn am Telefon kann sich fast jeder als kleiner Terrorist gebärden.

Man kann in jedes Haus eindringen, die Leute vom Essen aufscheuchen und um ihre Nachtruhe bringen; man kann sie von der Arbeit abhalten, an der Nase herumführen oder gar in Angst und Schrecken versetzen. Telefonische Bombendrohungen führen augenblicklich zur Räumung des Supermarktes, der Bank etc.

Es kann telefonisch jedem alles bestellt werden, ein anzügliches Telefonat löst Familienzerwürfnisse aus, telefonische Verleumdungen beenden Karrieren usw.

Das Telefon ist so gefährlich, daß es eigentlich verboten werden müßte; (aber wer will das schon wirklich?) Daß mit diesem Gerät nicht mehr passiert als ohnehin schon, ist wohl nur der Tatsache zu verdanken, daß in jedem Menschen letztlich doch ein guter Kern schlummert.

Wenn's doch passiert, man sich aber vor Telefonterror schützen will, braucht man nur die »5« zu wählen. Den Hörer zur Seite legen: Der Dauerton ist weg, der Anschluß besetzt. Dieses (widrige) Verhalten kann von der Störungsstelle nicht geortet werden.

Bietet doch 'ne Menge Möglichkeiten, unser Telefon . . .

ARBEITSESSEN

Ungetreue, selbstsüchtige Beamte und Funktionäre gibt es überall in der Welt. Selbst im fernen China. Überall gibt's aber auch beherzte Einzelkämpfer, die diesen Herrschaften das Handwerk legen; so eine Köchin in der abgelegenen chinesischen Provinz

Shandong. Empört über die Zügellosigkeit der »feinen Gesellschaft« warf sie ihr das Geschirr vor die Füße. Grund des Wutausbruchs war ein Menü mit 14 Gängen, das sich die Parteifunktionäre als »Arbeitsessen« genehmigten; und das in einer notleidenden Region, die von der Zentralregierung mit hohen Subventionen unterstützt werden muß.

Das zerdepperte Porzellan schepperte so laut, daß man's offensichtlich bis nach Peking hörte. Gegenüber der aufmerksam gewordenen ›Volkszeitung‹ erklärte die temperamentvolle Köchin, sie denke gar nicht daran, die Scherben zu ersetzen. »Allein die auf den Tellern liegengebliebenen Fischschwänze kosteten mehr als der ganze Kram«, sagte die wütende Frau.

Sie hatte damit das Ende des asozialen Wohllebens der *Parteibonzen* eingeleitet. Eine Revision ergab, daß die Herren sich innerhalb eines Jahres für sage und schreibe 108 000 Dollar Festbanketts geleistet hatten. Man enthob sie ihrer Ämter und verdonnerte sie zur Umerziehung durch Arbeit bei schmaler Kost. Die Köchin dagegen wurde zur Kandidatin für ein Parteiamt vorgeschlagen.

ARBEITSLOSEN-HILFE

Ein Rotationsverfahren, das bereits einige Male erprobt worden ist, empfiehlt sich besonders für Freundes-Cliquen, die über einen Kleinbetrieb verfügen. Die Kumpel werden stets solange beschäftigt, daß sie ihren Anspruch auf *Arbeitslosengeld* erlangen bzw. nicht verlieren. Dann werden sie entlassen. Die letzten Gehälter sind natürlich anständig hoch (sie sind die Berechnungsgrundlage für das Arbeitslosengeld), was zur Folge hat, daß Höchstsätze aufs Konto des gebeutelten Erwerbslosen rollen.

Während der eine pausiert und sein Arbeitslosengeld verzehrt, erwirbt sich ein anderer als Angestellter der Firma neue Ansprüche. Kaum hat er seine Fristen erfüllt, wird er entlassen. Er kassiert Höchstsätze, ein weiterer Freund wird eingestellt etc. etc.

Hinweis für ALG-Interessenten
Unter dem Titel »Arbeitslosenprojekt Tu-Was — Leitfaden für Arbeitslose« hat die Fachhochschule Frankfurt einen Ratgeber herausgebracht, der keine Frage offen läßt. Das 400-Seiten-Kompendium ist mit Staatsgeldern subventioniert, was beweist, daß die linkslastigen, listenreichen Herausgeber wirklich wissen, wie man's macht. Das Buch kostet 8 Mark plus 1,50 Mark Versand. Bestellungen an die Fachhochschule Frankfurt, Fachbereich Sozialarbeit, Sonderkonto Schriftenreihe, Postscheckamt Frankfurt am Main, Nr. 1255-607, BLZ: 500 100 60.

AUFGEWECKTER SCHLÄFER

Norbert M., Postbeamter in einer Verwaltungsstelle in F., hatte schon mit dreißig absolut keine Freude mehr an der Arbeit. Der Mann tat konsequent, was angeblich alle Beamten immer tun: Er schlief im Amt. Und zwar bei jeder Gelegenheit.

Der Mann wurde angeschnauzt, verwarnt, zum Arzt geschickt, zur Kur beurlaubt; nichts half. Sechs Jahre Schläferdasein brachten ihm schließlich die Frühpensionierung.

Angesichts so vieler in »zeitweiligen« oder »vorzeitigen« Ruhestand versetzter Staatssekretäre etc. neiden wir dem Mann sein bescheidenes Ruhegeld nicht. Er erinnert uns irgendwie an den braven Soldaten Schwejk. Und der ist uns lieb und teuer.

AUSPUFF-DICHTUNG

Das Auto ist nun mal der Deutschen liebstes Spielzeug.

Aber wehe, wenn es mal nicht funktioniert! Dann herrscht allgemeine Ratlosigkeit. Wie in folgendem Beispiel, das uns eine Tageszeitung überliefert hat:

Kein *Auto* startet, wenn das *Auspuff-Rohr* mit Hartschaum ausgeschäumt wurde. Die praktische Schäumdose, in jedem Heimwerker-Markt erhältlich, erlaubt einen äußerlich nicht wahrnehmbaren Rohrschluß in Sekundenschnelle. Der Schaum schließt dicht und hält bombenfest. Über ein kurzes Röcheln kommt der Motor nicht mehr hinaus.

Die Fahrzeughalter reagieren auf diese Widrigkeit des Schicksals ratlos. Die meisten öffnen die Motorhaube und gucken hinein. Versierte fummeln – wie sie glauben kundig – an Zündkerzen, Verteilerdöschen, Vergaser, Batterie und Benzinzufuhr herum. Irgendwann geben sie alle auf. Ins hintere Loch des Wagens schaut in der Regel keiner.

So geschehen bei einem Stahlarbeiter-Ausstand, als mehreren *Polizei*-Fahrzeugen das Auspuffloch gestopft wurde. Die aufgebotene Polizei erwies sich daraufhin als äußerst unbeweglich.

Ein anderer Fall: Sämtliche Räumer und Fahrzeuge auf einer italienischen Autobahn-Großbaustelle – alle bestens gesichert, aber nicht bewacht – wurden über Nacht eingeschäumt. Eine längere Bauunterbrechung war die Folge.

Wer solche »Späße« gut findet, mag heimlich kichern; wer sie ausübt, macht sich der Sachbeschädigung schuldig und wird für seinen merkwürdigen Humor vor dem Kadi wohl kaum Verständnis finden.

AUTO AN DER KETTE

Der Bürgermeister Uri Amit aus der israelischen Stadt Ramat Gan hatte keine rechte Freude an seinem *Auto.* Dabei handelte es sich bei dem Gefährt um ein ausgesprochen schönes Stück – einen weißen Volvo im Wert von umgerechnet knapp 130 000 Mark. Eines Morgens fand der Bürgermeister sein prachtvolles Dienst-Mobil an einen Baum gekettet. In den nächsten Tagen flatterten Petitionen ins Rathaus.

Ein anderes Mal war der Volvo in einem Zeitungsinserat zum Verkauf angeboten, ein ruheloses Wochenende für Herrn Amit. Ständig mußte er ans Telefon, um Kaufwillige abzuwimmeln. Wer gönnte dem Mann den Wagen nicht? Dabei gehört Amit doch der Arbeitspartei an, und schließlich hatte nicht er, sondern sein Vorgänger von der anderen Partei den Luxusschlitten geordert. Sollten etwa empfindliche, sozial benachteiligte Gemüter die noble Karosse angesichts der herrschenden Wirtschaftskrise als Verhöhnung der Bürger empfunden haben?

Langer Rede kurzer Sinn: Uri Amti hat (wenn auch mit Schmerz im Herzen) den Schlitten zugunsten der Stadtkasse verkaufen lassen. Er fährt jetzt einen (seinen) klapprigen FIAT und hat ansonsten wieder seine Ruhe. Womit allen geholfen ist.

AUTOMATEN-LIST

Gewährsleute aus Stockholm berichten:

»*Tankautomaten,* die nach Einschieben von Geldscheinen Benzin abgeben, können mit einfachen Papierzetteln überlistet werden. Die Papierstücke müssen nur die Größe von richtigen Geldscheinen haben und an bestimmten Punkten, die der Detektor im Automaten abtastet, mit Farbe bemalt werden. Der schwedische Freizeit-Erfinder Nils Alsätra hat die Methode des billigen Tankens mit Erfolg getestet und in der Zeitschrift ›Lustige Technik‹ (Rolig Teknik) beschrieben. Die Automatenhersteller und die Tankstellen-Ketten mußten eingestehen, daß es möglich ist, die Detektoren mit normalem Papier auszutricksen.«

Eins ist beruhigend: In der BRD ist dieses Spielchen gottlob kaum möglich. Warum? Weil es so gut wie keine Tankautomaten bei uns gibt. Da lohnt es schon eher, die Computer-Codes von Geldspiel-Automaten zu knacken: Es gibt einige Spezialisten, die damit reich geworden sind!

BEHÖRDENTERROR

Der Staat und die Behörden haben immer den längeren Atem. Als Einzelperson sollte man sich niemals auf einen richtiggehenden Rechtsstreit mit der Staatsgewalt einlassen. Das ist höchstens was für pensionierte Anwälte, die sich ihren Lebensabend unterhaltsam gestalten wollen, wie das folgende Beispiel zeigt. So einer kann die Schriftsätze selbst verfassen, hat unbegrenzt Zeit und kann seine behördlichen Widersacher bis aufs Blut peinigen. (Aber Vorsicht! Nicht zu toll treiben. Sonst läßt sich der Herr Amtmann sein chronisches Magengeschwür bescheinigen und in den Ruhestand versetzen. Dann sind Sie ihren Gespielen los, Herr Anwalt.)

Unser *Querulant* im Ruhestand empfiehlt, stets dem Grundsatz zu folgen, daß die einfachsten Methoden, die kleinen Nadelstiche, den Bürokratien am meisten zu schaffen machen. Obendrein fast kostenlos.

Sein Standardbeispiel: Man darf grundsätzlich keinen Brief an Behörden abschicken, ohne auffällig unter P. S. zu erwähnen: »Rückporto in Höhe von DM –,80 habe ich diesem Brief beigefügt.« Natürlich legt man nur eine Dreißigpfennigmarke bei.

Dieser Trick bringt Bürokratenseelen zum Schwirren wie Wespen, denen man eine faule Pflaume ins Nest geschleudert hat.

Erstens muß der Beamte sowieso das beigefügte Porto bei der Behördenkasse abliefern. Tut er's nicht, macht er sich der Unterschlagung schuldig.

Zweitens tut er es, weil in Behörden jeder jeden zum Feind hat; also genug »gute« Kollegen begierig auf anderer Fehler lauern, um denen eins reinzuwürgen.

Drittens muß der arme Teufel für die lumpigen 80 Pfennige einen Beleg anfertigen, und ein anderer armer Teufel muß den Betrag vereinnahmen und quittieren, und dann landet der »Vorgang« bei der Datenerfassung und wandert in den Computer und, und, und . . .

Viertens aber hat man die 50 Pfennige »vergessen«. Wenn der Beamte schlau ist, beißt er die Zähne zusammen, langt ins Portemonnaie und zahlt die Kröten aus eigener Tasche. Wenn nicht, muß er eine *Aktennotiz* aufsetzen und niederlegen, daß eine Briefmarke im Wert von 50 Dpf gefehlt hat. Das ist eine *Unregelmäßigkeit*, und die ist für einen Behördenmitarbeiter peinlich.

Nebeneffekt: Gelegentlich kommen einem Klagen wegen *Unterbeschäftigung* in der Bürokratie zu Ohren. Sollte das beschriebene Beispiel Schule machen, ist gewiß ein gehöriger Beitrag zur Auslastung und letztlich auch zur Selbstachtung der Bürokraten geleistet.

BESCHWERDEN

Ob Herr B. Meier aus Düsseldorf seine Antipathie gegenüber Bürokraten ausleben oder speziell *Polizeibeamten* eins auswischen wollte, können wir nicht mehr ausfindig machen. Voller Stolz zeigte er uns seinen letzten »Vorgang«: Er wandte sich schriftlich

An den Polizeipräsidenten zu Düsseldorf

4000 Düsseldorf **Date: 6. 8. 87**

Betrifft: Verhalten von Polizeibeamten in der Öffentlichkeit

Sehr geehrte Herren,
wenn ich mit dem Auto auf der Autobahn unterwegs bin, ärgere ich mich immer sehr über die Mitmenschen, die gedankenlos Abfall aus dem Auto werfen und so die Umwelt zu verschmutzen. Mitfahrende Kinder ermahne ich immer wieder, nicht so gedankenlos wie manche Erwachsene zu handeln.

Wie aber soll ich künftig den Kindern eine Ermahnung zuteil werden lassen, wenn selbst Polizeibeamte mit schlechtem Beispiel vorangehen.
Heute (6. 8. 87) mußte ich leider gegen 11.10 Uhr auf der A 2, Höhe Rheinbrücke, Fahrtrichtung Venlo, feststellen, daß aus dem vor mir fahrenden Polizeifahrzeug D-7524 Abfall geworfen wurde. Im Fahrzeug saß ein einzelner Beamter, bei dem ich allerdings nicht feststellen konnte, ob er uniformiert war. Er warf eine Tüte (Bonbon-Tüte?) aus dem Fenster auf die Fahrbahn.
Ich möchte Sie bitten, den Beamten dahingehend zu belehren, daß gerade auch bei solchen Kleinigkeiten Polizisten mit gutem Beispiel vorangehen sollten.
Über das Ergebnis Ihrer Bemühungen wollen Sie mir bitte einen Bescheid zukommen lassen.
Mit freundlichen Grüßen

Wir meinen, Maier sollte sich vorsehen mit seinen Stänkereien. Auch eine Stadt wie Düsseldorf kann recht klein sein, wenn es der Polizei darum geht, den Querulanten aufzuspüren. Hat sie einmal Herrn Meiers Autokennzeichen im Kopf gespeichert, ist's aus mit den kleinen Verkehrssünden wie Falschparkerei und ähnlichen Kavaliersdelikten, bei denen die Polizei sonst schon mal ein Auge zudrückt.

BLOCKADEN

Am spektakulärsten auf den Putz gehauen haben in den letzten Jahren die Lastwagenfahrer und Transportunternehmer. Im Februar 1984 legten sie in Mitteleuropa tagelang den gesamten grenzüberschreitenden Verkehr lahm. Anstatt zu fahren, blockierten die Brummis die Fernstraßen und Grenzübergänge mit ihren Riesenkisten. In den Städten traten Versorgungsengpässe auf, Preise für Lebensmittel schossen in einigen Regionen schlagartig in die Höhe. Die Krisenlage zwang Minister und *EG-Bürokratie* an den Verhandlungstisch und zu Zugetändnissen, die in langen Jahren friedlichen Bemühens nicht erreicht werden konnten.

Der Hintergrund: Das endlose Geseiere über die Errungenschaften der Europäischen Gemeinschaft war den Lastwagenfahrern auf den Keks gegangen. Das Politiker-Geschwätz von der Freizügigkeit hatte mit der Realität an den *Grenzen* nichts mehr zu tun. *Zollformalitäten,* Kontrollen und langwierige Aufenthalte waren an der Tagesordnung.

Die Transporteure wollten endlich wissen, was Sache ist. Ihre Blockade stieß bei der Bevölkerung auf Sympathie. Spontan wurden die Kapitäne der Landstraße mit Lebensmitteln versorgt, Übernachtungsmöglichkeiten wurden entlang den Blockadestrecken zur Verfügung gestellt, Sprechfunk wurde organisiert usw. Die Medien waren voll von dem in dieser Dimension nie dagewesenen zivilen *Ungehorsam.* Die Polizei signalisierte den verantwortlichen Politikern ihre Machtlosigkeit. Die Anarchie der ehrbaren Leute tat ihre Wirkung. Die Ministerialbürokratie kniff den Arsch zusammen, mußte mit den Männern von der Straße reden und sich zu konkreten Verbesserungen bequemen. Was jahrelang unmöglich war, ging plötzlich: vereinfachte Abfertigung an den Grenzen, kurze Wartezeiten, weniger behördliche Schikane.

Bewährte Praktiken soll man pflegen. Ein Jahr später, im Februar 1985, kämpften Schweizer Lastwagenhalter mit dem gleichen Mittel gegen die neue, ihre Wettbewerbsfähigkeit und Existenz gefährdende *Schwerverkehrsabgabe.*

Die Zeitung berichtete: »Eine Gruppe von rund 200 Schweizer Lastwagenhaltern hat entlang der rund 1800 Kilometer langen Schweizer Landesgrenze eine nahezu nahtlose Fahrzeugblockade gegen die Regierung und das eigene Stimmvolk begonnen.

Ursache der als Überraschungscoup vorbereiteten Abschnürung des eigenen Landes praktisch von der gesamten Güterversorgung auf dem Straßenweg, welche gemäß Ankündigungen durchaus noch bis zum Wochenende durchgezogen werden kann, ist der vor Jahresfrist gefaßte Volksentscheid der Schweizer über die Schwerverkehrsabgabe.«

Es kam zu einem Interessenausgleich, der die Schweizer Transporteure nicht schlechter stellt als ihre Kollegen aus dem benachbarten Ausland.

Daß gleiches Recht nicht für alle gilt, mußten prominente Leute wie Walter Jens, Uta Ranke-Heinemann u. a. erfahren. Für ihre vergleichsweise harmlosen Sitzblockaden vor dem Raketenstandort Mutlangen wurden sie angezeigt und wegen Nötigung zu Geldbußen verurteilt. – Verkehrte Welt!

BLUTSAUGERINNEN

Was früher mal der Mitgiftjäger war, ist heute die *Alimente-Jägerin.* Die Lehre der Esther Vilar, die intelligente Frau sei die honigsaugende Drohne, die sich auf Kosten des schuftenden Männchens ein süßes Leben bereite, hat sich – vor allem in der Folge der Bildungsoffensive – vieltausendfach bestätigt. Alice Schwarzer liegt absolut falsch mit ihrem Mythos von der durch den Patriarchen unterdrückten und ausgebeuteten Frau, zumindest was die Mittel- und Oberschicht in unserem Land angeht.

Den großen Durchbruch fürs arbeitsscheue Luxusweib brachte das neue *Familienrecht.* Endlich wurde die Ehescheidung für den versorgungsberechtigten Partner zum Genuß ohne Reue. Entscheidend für den lohnenden Eheschluß mit *Scheidungsziel* ist, daß frau sich einen reichen Menschen angelt, der in *Beruf* und *Karriere* vernarrt ist und gut verdient. (Besonders interessant sind höhere Beamte, deren Einkommensverhältnisse absolut klar liegen.) Weiterhin achtet sie darauf, daß der Mann nicht auf den unverschämten Gedanken kommt, einen Ehevertrag mit Gütertrennung abzuschließen.

Hat sie den Mann fest im Griff, läuft das Weitere wie von Jörg Bopp in Kursbuch 76 kolportiert:

Hinter vorgehaltener Hand wird weitererzählt, daß es bei linken und alternativen Frauen in Mode kommt, einen Mann zur Zeugung zu überlisten, ihn im Fall des Erfolgs sitzenzulassen und nach der Geburt des Kindes von ihm die Alimente einzufordern. Dabei wird dem Vater von der Mutter nahegelegt, nicht so »frauenfeindlich« zu sein und nur die Mindestsätze zu zahlen. Die Mutter ist den Konkurrenten, das Kind den Vater los. Die Mutter bekommt einen handlichen Partnerersatz. Der Preis dafür ist subtile Gewalt gegen den Mann und gegen das Kind. Die hereingelegten Männer fügen sich meistens zähneknirschend in ihr Schicksal. Um sich weder lächerlich noch unbeliebt zu machen, wehren sich die Väter öffentlich nicht. Sie haben Angst davor, »Chauvis« gescholten zu werden, was ihnen blühen würde, wenn sie den Schwindel aufdeckten.

Frau muß also nur *Phantasie* darauf wenden, die eigene Unfähigkeit zum Erwerb des Lebensunterhalts plausibel zu machen. Je besser das gelingt, um so dauerhafter muß der Vater seine Ehemalige alimentieren. Gelingt es der Frau nicht, ihre *Erwerbsunfähigkeit* unwiderlegbar zu beweisen, muß sie sich eben ab und zu um einen Arbeitsplatz bemühen. Sich dabei so dumm anzustellen, daß es nie zu einer Anstellung kommt, dürfte weder schwierig noch allzu belastend sein.

Frau darf sicher auf das Gelingen ihres Plans rechnen. Kaum einer der Betroffenen bringt es nämlich über sich, den Job hinzuschmeißen und auszusteigen. Das läßt die Bedeutungssucht des klassischen Mannes nicht zu.

Wie sagt schon ein russisches Sprichwort: »Gehst du in den Krieg, bete einmal; gehst du zur See, zweimal; in die Ehe – dreimal.«

BMW-FAHRER-KOLLEKTIVRACHE

Christine, die aus verständlichen Gründen anonym bleiben will, mochte – wir wissen nicht, wie's heute ist – nun mal keine BMW-Fahrer. Es hatte ihr just ein solcher übel mitgespielt, und wie der Mensch halt so ist, neigt er zur Verallgemeinerung. Christine sagte allen BMW-Fahrern den Kampf an.

Christine kaufte sich im Schreibwarengeschäft kreisrunde Selbstklebe-Etiketten. Diese pappte sie fein akkurat über die *TÜV-Plaketten.* Alles Weitere überließ sie der Polizei. Was droht dem sportlichen Fahrer? – Er hat sich zu verantworten, Schriftkram wird fällig, er muß persönlich beim Verkehrsamt erscheinen, die TÜV-Plakette muß freigelegt oder erneuert werden.

Von solchem Rowdytum (selbst wie hier von zarter Hand) ist nur abzuraten. Zwar war Christine so schlau, keine Sachbeschädigung vorzunehmen, indem sie etwa die Plaketten abkratzte, straffällig ist sie aber dennoch geworden. Außerdem – es soll schon sehr sympathische BMW-Fahrer gegeben haben, und diese Exemplare sollte man doch vor einem Rundumschlag verschonen.

BOMBENKOFFER

Geschichten, die das Leben schreibt, sind oft die schönsten: weil sie wahr sind – wie diese:

BAD HOMBURG. Weil ein junger Mann einen mit Wäsche gefüllten Koffer nicht zum Einkaufen mitschleppen wollte und ihn statt dessen in einem Reisebüro abstellte, wurde in der Louisenstraße *Bombenalarm* ausgelöst.

Der junge Mann war, wie die Polizei am Donnerstag mitteilte, gegen 11 Uhr in das Reisebüro gekommen und hatte den Koffer neben der Theke abgestellt mit der Bemerkung, er komme in einer halben Stunde zurück und hole ihn wieder ab. Dem verdutzten Personal blieb kaum Zeit, um überhaupt zu reagieren.

Als der Koffer gegen 12.30 Uhr noch nicht abgeholt worden war, alarmierte das Reisebüro die Polizei. Die Beamten vermochten den verschlossenen Koffer nicht zu öffnen und riefen ihrerseits einen Sprengstoff-Sachverständigen des Landeskriminalamtes zu Hilfe, fürchteten sie doch einen möglichen Bombenanschlag. Feuerwehren und Notarztwagen wurden ebenfalls alarmiert. Gegen 14 Uhr war das geheimnisvolle Behältnis dann sachkundig geöffnet, enthielt aber weder Sprengstoff noch sonst etwas Verdächtiges, sondern – Kleidung.

Gegen 17.30 Uhr erschien denn auch der junge Mann wieder, um seinen in Sicherheit geglaubten Koffer abzuholen. Er wurde zur Polizeiwache geschickt, wo er seinen Besitz dann nach einigen peinlichen Fragen in Empfang nehmen konnte.

Mit irgendwelchen Strafen habe der junge Mann nicht zu rechnen, sagte ein Polizeisprecher gestern. »Es ist ja nicht verboten, irgendwo einen Koffer hinzustellen.« Die Kosten für den falschen Bombenalarm muß die Staatskasse bezahlen.

Wie's bei solchen Situationen in den Köpfen der Sicherheitskräfte aussieht, mag man sich gar nicht vorstellen. Wenn dann obendrein noch ein Reisewecker im Koffer getickt hätte? – Daß da leicht der Wunsch nach Umschulung und Berufswechsel aufkommt, ist verständlich.

BOUTIQUEN-KILLER

Nicht nur Geld, auch Folter-Instrumente liegen auf der Straße – in Form von *Hundehaufen.*

Die Bosheit stammt von Gitta, einer schönen Dame aus der Frauenbewegung. Sie hat sich speziell die hochgestochenen Modegeschäfte und *Boutiquen* auserkoren. Die verabscheut sie »wegen der sexistischen Trends, die dort forciert werden«.

Gitta also, wenn sie zu einer ihrer Strafexpeditionen auszieht, zieht sich Trend-chic an. Dann geht's in die Innenstadt. Strategisch günstig gelegene Hundehaufen werden voll ausgetreten und in verabscheuungswürdige Läden getragen. Stets bewegt sich Gitta geziert, aber entschlossen in die hinteren Regionen des Etablissements.

Wird die Sauerei bemerkt, bevor sich Gitta wieder auf der Straße befindet, macht die Lady einen Riesen-Aufstand. »Huch, wie peinlich! Ist das nicht schrecklich! Die Leute! Mit ihren Tieren! Ist das nicht ungeheuerlich?! Huch, wie peinlich!!!«

In der Regel erzwingt sie dann eine Reinigungsprozedur in den hinteren Gemächern. Schließlich kann es sich ein »besserer« Laden nicht leisten, eine »Kundin« mit dreckig-stinkenden Schuhen auf die Straße zu schicken.

Am besten, so Gitta, eignen sich Schuhe mit halbhohem Absatz. In der »Brücke« läßt sich eine wirklich verderbenbringende Menge Kot selbstklebend transportieren.

BÜRGERPFLICHT

Es gibt viele Leute, die einem das Leben schwermachen. Was dem einen der penetrante Hauseigentümer oder Chef, ist dem anderen die geizige Erbtante.

Letztere muß wohl Lydia H. aus Bremen zugesetzt haben. Daher sann sie auf folgende Rache:

Sie hielt es für ihre Bürgerpflicht, sich um die ordnungsgemäße Finanzpolitik ihrer renitenten Tante zu kümmern. Also schrieb Lydia an das zuständige Finanzamt, Frau Soundso habe sich damit gebrüstet, tüchtig Geld aus Wertpapier- und Spekulationsgewinnen zu beziehen und zwar unversteuert. »Das *Finanzamt* komme nie dahinter«, habe sie behauptet. Es sei vielleicht richtig, der Sache einmal nachzugehen. Eins ist sicher bei diesem Spielchen: Das Finanzamt muß tätig werden (arbeiten!). Des weiteren dürfte es unangenehmen Schriftwechsel mit der ungeliebten Tante gegeben haben. Nicht auszudenken, wenn Tantchen tatsächlich aus Versehen einiges hinterzogen hat. Und dabei wollte Lydia nur mal dem Staat dienen!

CHEF-GEWALT

Die Gesellschaft ist durch und durch statistikgläubig. »Einmal ist keinmal«, sagt man. Wiederholt sich etwas, und sei es noch so abstrus, gilt es als wahrscheinlich. Und wird ein Vorfall von dritter Seite behauptet, ist er wahr, unumstößlich.

Es kann einem schon leid tun, was Wolfgang S., Geschäftsführer eines mittleren Unternehmens passiert ist. Eigentlich war er kein schlechter *Vorgesetzter,* allerdings vielen Mitarbeiterinnen als Chauvi verhaßt. Durch einen miesen Trick einer Mitarbeiterin verlor Wolfgang S. seine Stelle in dieser Firma – und seinen bis dahin guten Ruf.

Die Mitarbeiterin legte ihn rein, indem sie das Mittel der statistischen Wahrscheinlichkeit einsetzte und den alten Filmklamotten-Trick durchzog. Sobald sie mit dem Geschäftsführer alleine im Dienstzimmer war, ohrfeigte sie ihn, fing an zu schreien und riß sich die Bluse auf. Dabei flogen die Knöpfe weg, was ihr zuverlässig gelang, weil sie die Fäden vorher angeschnitten hatte. Dann stürzte sie aus der Zimmertür hinaus. Einen Schuh hatte sie im Zimmer des Vorgesetzten verloren.

Sie warf sich schluchzend auf den nächstbesten Stuhl, Kopf auf die Tischplatte, von Weinkrämpfen geschüttelt. Nach einer Anstandsfrist hatte sie sich wieder gefaßt und behauptete tonlos, der Herr S. habe sie »wie aus heiterem Himmel« schamlos belästigt.

Beim anschließenden Gespräch mit dem Betriebsrat, Personalchef etc. legte sie Stehvermögen und Rollentreue an den Tag und wiederholte die Anschuldigung.

Zu diesem Zeitpunkt meldete sich eine Kollegin, die gegenüber dem Betriebsrat behauptete, derselbe Herr habe sie vor zwei Monaten ebenfalls belästigt. Sie habe sich jedoch erfolgreich dagegen verwahrt. Da sich Herr S. dann bei ihr entschuldigt habe, habe sie sich nicht gemeldet, um ihm nicht zu schaden und weil sie das Gerede im Kollegenkreis fürchtete.

Zu allem Überfluß folgte dann auch noch eine anonyme Beschwerde einer dritten Kollegin, die behauptete, Herr S. habe sie im Fahrstuhl unsittlich berührt.

Damit war der Geschäftsführer geliefert. Ihm wurde zwar nicht fristlos gekündigt, aber nahegelegt, er solle sich um einen anderen Arbeitsplatz bemühen.

Man sieht also, wohin eine solche Verschwörung führen kann: bis hin zur kaputten Karriere des Betroffenen.

Also, bitte genau überlegen, ob eine solche Verfahrensweise die letzte Möglichkeit ist, sich gegen unliebsame Vorgesetzte zu wehren. Rufmord ist auch eine Form von Mord. Und üble Nachrede ist zu Recht strafbar.

CHEFPOST

Was sich manche Chefs ihren Mitarbeitern/innen gegenüber erlauben, grenzt oft schon ans Kriminelle. Zumeist trauen sich die Betroffenen aus vielen Gründen dann nicht, dagegen anzugehen oder die Sache an die große Glocke zu hängen.

Rachegelüste werden wach, und in vielen Träumen werden bereits die unterschiedlichsten Foltermethoden ersonnen. So wie diese, die ein Gewährsmann uns mitteilte.

Der schrieb nämlich folgenden freundlichen Brief, den wir mit geänderten Namen widergeben:

Sehr geehrter Herr Dr. Müller,

hiermit teile ich Ihnen mit, daß ich Ihre Spielschulden in Höhe von 4500,— DM an Herrn Otto Frank abgetreten habe. Mit dem üblichen Zahlungstermin ist er einverstanden.

Mit freundlichen Grüßen

Wilhelm Franz

Den Brief hatte »unser Mann« wie folgt adressiert:

Herrn Dr. Müller — Persönlich

Meyer GmbH
Schmidtstraße 2–4
9999 Großstadt

Zwischen »Herrn Dr. Müller – Persönlich« und die weitere Adresse hatte er eine Leerzeile geschaltet und den Brief in einem Fensterumschlag so gefaltet, daß im Fenster nur »Meyer GmbH« etc. auftauchte.

Was passierte dann? – Wieder unser Gewährsmann: Der Brief wird in der Poststelle geöffnet. Die Sachbearbeiterin erschrickt, weil sie einen persönlichen Brief geöffnet hat. Unwillkürlich liest und versteht sie den Brief, denn er ist kurz und eindeutig formuliert.

Was der arrogante Müller auch unternimmt, er ist angeschmiert. Regt er sich auf, daß sein Brief geöffnet wurde, kommt alles an die große Glocke. Schweigt er still, macht er sich erst recht verdächtig. Der Mann ist so gut wie geliefert. Durch Klosprüche wie: »Glück in der Liebe, Pech im Spiel, Herr Dr. M.« oder »Unsere Hausbank heißt Spielbank« kann man die Wunde offenhalten. – Man kann sicher sein, die *Karriere* des Mannes ist beendet.

Man kann noch eins draufsetzen, indem der absendende Anonymus die Spielschulden Müllers an den verhaßten Top-Manager der *Konkurrenz* abtritt.

Merke: Wenn's rauskommt, ist der Absender wegen Verleumdung und Rufschädigung dran, denn welcher gutverdienende Chef hat schon Spielschulden?

Vielleicht wäre es besser, sich in einem ähnlichen Brief für die letzten Schmiergeldzahlungen zu bedanken – das trifft doch heute fast immer ins Schwarze.

Wir halten von derlei Methoden allerdings nichts. Auch als Angestellte/r sollte man mutig den direkten Weg gehen. Dafür gibt es den Betriebsrat, der die berechtigten Interessen der Mitarbeiter vertritt.

COMPUTER-CHAOS

1. Zusammenfassung eines Management-Symposiums, das im Herbst 1986 in St. Moritz, Schweiz, stattfand. *Sabotage* und *Vandalismus* in den EDV-gesteuerten Betrieben nehmen zu. Die Vorkommnisse werden in aller Regel geheimgehalten, um keine Nachfolgetaten zu provozieren. Generell sind die Systeme als leicht verwundbar zu klassifizieren. Saboteure sind nur in seltenen Fällen zu ermitteln, da Spuren fehlen bzw. gar nicht erst entstehen. Den Unternehmen wird empfohlen, die Risiken durch Rückstellungen abzusichern.

2. Die Data-Typistinnen eines deutschen Großversenders verliehen ihrer Forderung nach einer Verbesserung der Pausenregelung dadurch Nachdruck, daß sie alle zu einem verabredeten Zeitpunkt die ENTER-Taste an ihrem Gerät betätigten. Das war zuviel auf einmal fürs kluge Elektronengehirn. Das System brach zusammen. Pause für längere Zeit war angesagt.

3. Kenner behaupten, eine *Glasfaser* ließe sich sehr leicht durchtrennen, aber nur mit sehr, sehr großem Aufwand wieder flicken.

4. Auch wenn man keiner der Oberen in der EDV seiner Firma ist, kennt man irgendwann vollständig oder annähernd den Code für den Speicher. Wer damit nichts anzufangen weiß, teilt das Zauberwort dem *Chaos Computer Club,* Bundesstraße 9, 2 Hamburg 13, mit. Dort weiß man Rat.

5. Der Gesetzgeber macht sich Gedanken über *Computer-Kriminalität.* In den Griff

kriegt er sie so schnell nicht. Immerhin hat er aber schon eine Systematik der Computer-kriminellen Möglichkeiten erstellt. Danach droht:

- *Wirtschaftskriminalität,* dabei speziell die Wirtschaftsspionage, Betriebsspionage u. ä.;
- *Programmklau* bzw. unberechtigter Handel mit Programmen;
- unberechtigter Daten-Handel;
- florierender Versicherungsbetrug;
- *Computermanipulation* durch Buchhalter/innen oder andere Spezis aus dem Betriebsinnern;
- Computermanipulation von außen (sog. hacker);
- Sabotage;
- politische Enthüllung oder politische *Spionage* durch Anzapfen von computerisierten Geheimnisträgern.

6. Drei Leitsätze:

I. Top-Experten können aufgrund ihrer Fachkenntnisse und ihres Zugangs zum System nahezu unkontrolliert und weltweit ihre Eigeninteressen verfolgen.

II. Datensicherheit hängt nicht von der hardware und nicht von der software ab, sondern von den Interessen der Menschen, die die Technologie bedienen.

III. Mit der Effizienz der *Datentechnik* wächst ihre *Störanfälligkeit.*

7. MAN-Werksleiter Hilmar Kobringer nach der teilweisen Zerstörung der EDV-Zentrale des Zweigwerks in Mainz-Gustavsburg durch einen *Sprengstoff-Anschlag:* »Derartige Anschläge treffen den Nerv. Ohne die gespeicherten Daten kann die Produktion nicht gesteuert und nichts mehr ausgeliefert werden. Der Zugriff auf die Läger ist blockiert, die Lohn- und Kostenrechnung lahmgelegt. Man ist praktisch blind.«

8. Organisations- und EDV-Berater Henry F. Sherwood erläutert, was es bedeutet, wenn Daten entwendet oder Computer unbrauchbar gemacht werden: »Die meisten Unternehmen sind ohne Daten nach spätestens sieben Tagen pleite.«

9. Aus der Steinzeit der EDV: Kurz vor seiner Entlassung programmierte ein französischer Techniker den Computer seiner Firma dahingehend, daß er beim nächsten Überholungslauf alle Daten eliminiert. Zwölf Monate nach seinem Ausscheiden wurde der Befehl des Mannes ausgeführt. Der Zentralspeicher des Unternehmens wurde gelöscht.

10. Das Datenverarbeitungs-Personal der Stadt Los Angeles trat im Frühjahr 1984 in einen dreitägigen Warnstreik. Die online-Funktionen blieben intakt, während die Verarbeitung bis zum Ausdruck von Informationen, Rechnungen, Bescheiden etc. völlig zusammenbrach. Ein längerer Ausstand des EDV-Personals würde, so fürchtete man bei der Stadtverwaltung, auch die Informationssysteme von Feuerwehr und Polizei lahmlegen. – Die Rechenzentren sind mittlerweile auch in der Bundesrepublik zu den verwundbarsten *Schwachstellen* im Verwaltungs-, Kontroll- und Produktions-System geworden.

11. Bei einer deutschen Bank war ein Programmierer beschäftigt, der dort das Programm für die Zinsberechnung zu erstellen hatte. Dieses Programm gestaltete er so, daß die *Zinsbeträge* zwar genau auf drei Dezimalstellen des DM-Betrages berechnet

wurden, bei der Gutschrift der Beträge auf dem Kundenkonto jedoch die dritte Dezimalstelle, also die Zehntel-Pfennig-Beträge, stets auf ganze Pfennige abgerundet wurde. Die bei diesem Verfahren übrigbleibenden Zehntel-Pfennig-Beträge sammelte er auf einem sogenannten stillen Konto an und ließ sie, wenn sie einen gewissen Betrag erreicht hatten, auf sein bei derselben Bank eingerichtetes Konto überweisen. Im Zeitraum eines halben Jahres soll er es durch die Addition dieser Zehntel-Pfennig-Beträge auf einen Gesamtbetrag von 500 000 DM gebracht haben.

Stellt sich die Frage, wohin das Geld verschwindet, seit »der Mann mit dem kleinen Nebenverdienst« aus dem Kreditinstitut gefeuert wurde.

12. Miteinander in konspirativer Verbindung stehende *Systemprogrammierer* haben, wie das US-amerikanische Zentrum für *Computer-Kriminalität* berichtet, einen Kündigungsschutz in ihre Programme gemogelt. Nur solange der eigene Name auf der Gehaltsliste des Unternehmens steht, arbeiten die Programme korrekt . . .

13. Jay Becker, FBI-Direktor für Wirtschaftskriminalität: »Über 80 % der Delikte im EDV-Bereich gehen von den eigenen Beschäftigten aus.« – »Mit wachsenden Kontrollauflagen wächst die *Phantasie* der Mitarbeiter, die darum kreist, die alltäglichen Kontrollen zu umgehen.«

14. Die Einführung von *Bildschirmtext* (Btx) bundesweit wird, so die Fachleute auf dem »Leuro-Seminar« für Computertechnik in München, die Computerkriminalität in bisher unbekannte Dimensionen treiben. »Btx schafft eine nie gekannte Zahl von potentiellen Tätern und ungeahnte Möglichkeiten zum Hacken und Cracken«, resümierte Seminarleiter Sucharewicz. Einig sind sich alle Experten darin, daß absolute Datensicherheit nicht erreichbar ist. Man könne allenfalls das Eindringen in fremde Rechner erschweren.

15. Die Aktivitäten der *Cracker,* die mit ihren eigenen Computern fremde Programme und Daten zerstören, lassen sich nur »durch Erziehung und Moral« unterbinden, gestand der Direktor des US-Nationalzentrums für Computer-Kriminalität unumwunden. (Die Cracker-Jungs haben gute Karten: Meist werden sei als Experten und mit hohen Gehältern von besonders kreativen Software-Unternehmen eingekauft.)

COMPUTER-FREAKS

Hacken ist der Volkssport der Zukunft. Millionen *Computer-Freaks* werden hinter ihren Geräten sitzen, durch die Netze und Systeme spazieren, Datenspeicher anzapfen, illegale Manipulationen und Transaktionen vornehmen, Computer-Chaos anrichten und so weiter und so fort.

Es wäre Quatsch, hier Tricks herzubeten, Codeworte zu verraten, Schliche und Hintertürchen preiszugeben. Jeder veröffentlichte Tip – und sei er noch so heiß – ist nichts wert. Schnell ist das Loch gestopft. Hacker arbeiten geheim.

Zur Zeit sieht es jedenfalls danach aus, als ließen sich elektronische Besitzstände längst nicht so gut schützen wie alles bis dato bekannte Eigentum. Die schnell wuchernden Datensysteme haben zahllose Schwachstellen. Und täglich werden neue entdeckt, von den Hackern. Wie in der Astronomie, wo sich hinter jeder neu entdeckten Welt weitere Welten auftun, so verbergen sich hinter offenen Daten-Luken viele andere ungeschützte Zugriffsmöglichkeiten. Je zudringlicher das System, um so angreifbarer ist es auch.

Wichtig sind aktuelle, kritisch kommentierte Informationen für den hackenden Computer-Freak, vor allem für die vielen Einsteiger. Wirkliche Durchblicker sind die Leute vom *Chaos Computer Club,* Bundesstraße 9, 2000 Hamburg 13. Dort erhalten Sie Gedrucktes: Die Datenschleuder, ein Informationsblättchen, randvoll mit News. Und Sie können über den CCC Connections herstellen zu anderen Freaks. Alles Weitere liegt dann bei den Interessenten. Per Btx (Bildschirmtext) können Sie den CCC unter *19058 aufrufen.

Fortgeschrittene Hacker und *Cracker* lassen sich aus den Staaten TAP kommen, ein Elektronik-Freak-Blatt. Adresse: TAP, Room 603, 147 W. 42nd St., New York, NY 10036.

Fallbeispiele: Der nachfolgende Bericht über eine Pressekonferenz in Berlin ist schon fast historisch zu nennen, obwohl er noch gar nicht alt ist. Das kommt, weil nirgends so besessen getüftelt, entwickelt, investiert und gedacht wird wie im Bereich der Datentechnik. In dem Bericht heißt es:

»Wer sich zu seinem persönlichen Nutzen an Programmen und Daten zu schaffen macht, wird nur selten überführt. Kriminalpolizei und Staatsanwaltschaften sind meist überfordert, wenn es darum geht, dergleichen Manipulationen zu entdecken. Oft genug müssen sie sich Sachverständige ausleihen.

Nach Eckhard Fuchs, Diplom-Mathematiker bei der Berliner Innenverwaltung, wird in der Wirtschaft zu wenig getan, um solche *Manipulationen* durch entsprechende Sicherungen zu verhindern. Oft fordere die sträfliche Arglosigkeit irgendwelcher Manager die Straftäter geradezu heraus, den Computer zu überlisten. Zwar gebe es Kurse, aber kaum jemand glaube so recht, daß es auch sein Unternehmen treffen könne. Ohnehin gelte die Computerkriminalität weithin noch als eine Art von Kavaliersdelikt, da die Geschädigten meist anonyme Firmen, Verwaltungen oder Organisationen sind. Gefahren und Wahrscheinlichkeit von Manipulationen in Computern würden vorzugsweise heruntergespielt. Passiere aber tatsächlich etwas, neigten die Betroffenen zum Vertuschen. Man kann beinahe von Pech sprechen, wenn ein Täter gefaßt wird. Die Aufklärungsquote, so Fuchs, liegt bei 10 bis 15 Prozent.

Bankraub ist technisch überholt; Computer-Manipulationen tragen im allgemeinen wesentlich mehr ein. Zu wenige Verantwortungsträger, sagt Fuchs, machen sich Gedanken, wie verführerisch es ist, einen Computer zu überlisten, in dem es um Geld geht. ›Es ist, als ob man ungehindert durch den Tresor einer Bank spazieren kann.‹ Mehr noch: Braucht der Täter nach einer gewissen Zeit wieder Geld, muß er erneut in den Banktresor einbrechen. Computerkriminelle haben das nicht nötig. Der Rechner, in den sie einmal eingedrungen sind, arbeitet hinfort selbsttätig für sie.

Es sind nicht immer Kriminelle, die sich in *Datensysteme* und -netze einschleichen. Zwölfjährige ›Hacker‹ in den Vereinigten Staaten, die dergleichen als einen aufregenden Sport betrieben, sind vor einigen Monaten in die Schlagzeilen gelangt. Viele von ihnen hatten mit Computerspielen angefangen, in denen es strenggenommen stets darum geht, einen Kleincomputer zu überlisten. Als ihnen das langweilig wurde, wendeten sie sich großen Computern zu. Leider ist es nicht so, daß das nur in den Vereinigten Staaten möglich wäre.

Computer zu manipulieren kann gelegentlich so einfach sein, daß es die Täter zu nachgerade primitiver Unvorsichtigkeit verführt. Fuchs erwähnt den Sachbearbeiter in der Kindergeldstelle eines süddeutschen Arbeitsamtes, der durch 29 Manipulationen in zehn Monaten 250 000 Mark eingeheimst hatte. Er fiel auf, weil er seinen über 80jährigen Großeltern Kindergeld überwiesen hatte. Wenig später fiel ein norddeutscher Sachbearbeiter auf, der sich Kindergeld für zehn Kinder überweisen lassen wollte. Daß er entdeckt wurde, war keiner Sicherheitsvorkehrung, sondern lediglich dem Umstand zu verdanken, daß im Rechnerprogramm maximal neun Kinder vorgesehen waren.

Pfiffiger ging der *Programmierer* eines bundesdeutschen Unternehmens vor, der nicht existierende Mitarbeiter auf die Personalliste setzte und sich ihr Gehalt überweisen ließ. Die fiktiven Namen enthielten ein Kennzeichen, das den Computer veranlaßte, beim Abarbeiten des Gehaltszahlungsprogramms für sie keine Abrechnungsstreifen zu drucken. Die nicht existierenden Mitarbeiter erschienen zwar in den Buchungslisten, da aber die Gehaltsempfänger nicht zusammengezählt wurden, kam der Betrug nur durch einen blanken Zufall ans Licht. Bis dahin hatte der Programmierer schon 930 000 Mark ›eingenommen‹.

Etwa 40 Millionen Dollar zahlte die Versicherungsgesellschaft Equity Funding in 56 000 vorgetäuschten Versicherungsfällen aus, bis die Manipulation aufflog. Aus einem unerfindlichen Grunde hatten die Urheber den zum Schein Versicherten stets den Namen ›Safety First‹ gegeben. Trotzdem fiel das erst Wartungstechnikern bei einer Routine-Durchsicht auf. Sie erkundigten sich, weshalb das Unternehmen bei seinen Tests stets denselben Namen benutze. Auch bei einem deutschen Postscheckamt wurde ein betrügerischer Amtsrat entdeckt, weil seine Bank sich so sehr über die Beträge wunderte, die auf dem Konto ihres Kunden eingingen, daß sie trotz Bankgeheimnis und Datenschutz rückfragte, ob es damit denn seine Richtigkeit habe.

Computer-Manipulationen können sogar der Verschleierung anderer Straftaten dienen. So ließen Angestellte einer deutschen Handelskette je Lieferung zwei Lieferscheine ausdrucken, von denen einer falsch war. Die Reklamationen der Belieferten sorgten für eine solche Verwirrung, daß sich später Fehlbestände im Lager überhaupt nicht mehr feststellen ließen.

Auch der Diebstahl wertvoller Programme oder Datenbestände ist für manch einen verlockend. Sie lassen sich fast immer bequem auf eine kleine Kassette kopieren, die in keiner Jackentasche auffällt. Im Computerspeicher hinterläßt das Kopieren normalerweise keine Spuren. Der Verkauf der Kassetten kann aber erhebliche Summen einbringen.

Wie verführerisch Computer-Manipulationen sind, zeigen die aufgedeckten Fälle: Von 1977 bis 1982 bewegte sich in der Bundesrepublik der Schaden je Fall meist zwischen 0,5 und 1,5 Millionen Mark. Den bisherigen Rekord der Einzeltäter verzeichnete im Juni 1982 ein Gerichtsurteil mit vier Millionen Mark. Fuchs befürchtet, daß die Schadenssummen noch weiter steigen werden. Datenfernverarbeitung und Bildschirmtext haben neue ›Fenster‹ zum Einsteigen in die Betriebssysteme ungenügend gesicherter Großrechner geschaffen. In den Vereinigten Staaten, wo die Datenfernübertragung weiter als in Europa verbreitet ist, liegt die mittlere Schadenssumme je aufgedecktem Fall schon bei 1,6 Millionen Dollar (rund 4,4 Millionen Mark).

Man dürfe ruhig auch einmal, so Fuchs, die Ehrlichkeit und Berufsauffassung der Datenverarbeitungsfachleute bestaunen. Mit einem Mikrocomputer und etwas Vorbereitung könnten sie ohne weiteres bei den Großcomputern irgendwelcher Firmen Waren bestellen, die ihnen nie berechnet würden.«

COMPUTER-LEGASTHENIE

Alle wollen Geld. Ob Autoversicherung, Lesering, Finanzamt, Versandhaus, Rundfunk, Gerichtskasse, Fernmeldeamt, Kreditinstitut, Elektrizitätswerk, Müllabfuhr oder Wasserwerk – alle schicken sie einem EDV-gerecht präparierte Zahlkarten, Überweisungsaufträge und Zahlscheine auf den Hals. Die – nur die! –soll man verwenden, damit das Geld ohne Umwege in die richtigen Kanäle fließt. Die präparierten *Vordrucke* werden nämlich per Klarschriftleser direkt in den Computer eingegeben, und die Zahlung wird voll elektronisch vereinnahmt und verbucht. Dem muß abgeholfen werden, dachte sich ein Bastler aus Lüdinghausen.

Er besorgte sich Tipp-Ex-Blättchen (vermutlich gebrauchte von seiner Arbeitsstelle) und Rubbelzahlen für Klarschriftleser von der Firma Letraset.

Mit Tipp-Ex beseitigte er ein paar Zahlen seiner Kunden-, Auftrags- und Rechnungsnummer. Dann rubbelte er mit Letraset kunstgerecht andere Zahlen an die entsprechenden Stellen. Die Manipulationen waren so ordentlich ausgeführt, daß man sie mit bloßem Auge nicht wahrnehmen konnte. Selbst der Computer nicht.

Anschließend überwies der Tüftler mit einem »korrigierten« Vordruck.

Das Ergebnis: Der Computer wußte natürlich nicht, wohin mit dem Geld. Jede Menge Menschenarbeit und -verstand wurde benötigt, um Licht in die Sache zu bringen.

COMPUTER-SABOTAGE

Digit Dogshit (ihr Wahlspruch: Wo der Hund hinmacht, wächst kein Gras) hat die wenig erfreuliche Aufgabe, ruinierte *Computer* wieder in Gang zu setzen. Sie weiß, wieviel dogshit fabriziert wird. Mit Galgenhumor beschreibt sie zehn Varianten, die ihr in ihrer Praxis begegneten:

1. Kaffee, in die *Tastatur* gegossen, vermasselt erfolgreich die Arbeit, aber statt Zukker in den Kaffee zu tun, nehmen viele Salz – ungefähr 3- bis 5mal soviel Salz, wie man Zucker genommen hätte. Salzwasser ist nämlich ein guter elektrischer Leiter und außerdem ziemlich zersetzend für die Leiterbahnen auf den *Platinen.* Es wird die IC-Chips auf der Platine kurzschließen und alles durcheinanderbringen. Manche verwenden auch Abflußreiniger statt Salz).

2. Wenn möglich, nehmen sie die Abdeckung vom Terminal. Dann versuchen sie, die Platine bei eingeschalteter Spannung erst rauszuziehen und dann wieder reinzustecken. Das ist eine sehr wirkungsvolle Methode, jedem IC- und *Transistor* auf der Platine das Lebenslicht auszublasen. ICs und Transistoren können solche Behandlung nicht vertragen, und sie werden immer dabei draufgehen. (Ich bin sicher, ich hab's ausprobiert.) (Achtung: An der Bildröhre liegt eine sehr hohe Spannung, und wenn man sie berührt, könnte man verdammt schnell in die ewigen Jagdgründe eingehen.)

3. Versuchen, die Stecker der *Verbindungskabel* verkehrt rum reinzustecken. Das wird alles schön verdrehen.

4. Wenn sie mit einer Nagelzange ein paar Leiter im Verbindungskabel durchschneiden, verursacht das endlose Probleme.

5. Büroklammern, Heftklammern, Reißbrettstifte, Schnipsel von Alufolie usw. fallen in die Lüftungsschlitze. Wenn sie auf einer Platine landen, verursachen sie dort Kurzschlüsse und andere häßliche Probleme.

6. Zigarettenrauch verursacht Schwierigkeiten mit den Platinen. Er kondensiert und überzieht die *Schleifkontakte* auf der gedruckten Schaltung, und dann werden sie nie wieder einen Kontakt herstellen wollen.

7. ICs aus dem Sockel genommen und falsch herum wieder eingesteckt bringt ungeahnte Probleme und den Wartungstechniker zur Verzweiflung.

8. *Floppy-Disks* sind sehr empfindlich gegenüber magnetischen Feldern. Einige *Disketten* tragen ihren Programmteil auf dem äußeren Rand. Ein paarmal mit einem *Magneten* kreuz und quer drübergestrichen, macht das Leben für den Abteilungsleiter und die anderen Vorgesetzten ein bißchen aufregender, und ein Magnet hinterläßt auch nicht gleich so deutliche Spuren wie eine Büroklammer oder ein Kugelschreiber.

9. Auch eine *Tonkopf-Entmagnetisierungsdrossel,* wie man sie für Stereotonbandgeräte benutzt, kann sehr effektive Ergebnisse bei der Beseitigung lästiger Daten von der Diskette erzielen.

10. Einige bastelten sich einen Kunststoffmagneten oder einen *Kobalt-Dauermagneten* (dies ist das kräftigste Material) in einen Ring, den man am Finger tragen kann. Dort vermutet den Magneten keiner, es sei denn, man zieht Heftzwecken und Büroklammern von allen Tischen an. Hat der Übeltäter dann eine Diskette in der Hand, streichelt er sie ein paarmal sanft mit dem Ring.

Es ist schon kriminell, was einige sich da mit Computern erlauben. Da werden ja ganze Systeme außer Kraft gesetzt!

Aus Metall, der Mitgliederzeitschrift der IG Metall:

Aufruf der Fa. Otto Kynast, Quakenbrück
Mit Erschrecken müssen wir feststellen, daß Kollegen neu angeschaffte Maschinen, die zur Humanisierung unserer Arbeitsplätze dienen sollen, absichtlich durch Verstellen von Steuerungen funktionsuntüchtig machen.
Diesem oder diesen Kollegen ist mit Sicherheit nicht eingegangen, daß sie nicht nur den Produktionsablauf stören, sondern auch ihren eigenen Arbeitsplatz in stärkstem Maße gefährden. Wohl verstanden, nicht nur ihren eigenen, sondern auch den ihrer Kollegen, die gewissenhaft und pflichtbewußt ihre Arbeiten verrichten und Wert auf die Erhaltung ihres Arbeitsplatzes legen.

Alle Mitarbeiter sind aufgefordert, durch aufmerksames Beobachten den oder die Verursacher zu finden.

Teilen Sie Ihre Beobachtung Ihrem nächsten Vorgesetzten oder dem Unterzeichner mit.
Die Mitteilungen werden vertraulich behandelt.
Helfen Sie uns – Sie helfen sich damit selbst.

Unterschrift

Quakenbrück, den 26. Januar 1981

COMPUTER-VIREN

»Nightmare-Software« nennt der Computer-Experte und Spezialist für Datensicherung Ralf Burger aus dem Emsland sein höchst infektiöses Computer-Programm, das er für 98,- DM anbietet. Bei diesem »Virus Construction Set« (Computerviren zum Selberbauen) handelt es sich um ein gutgemeintes Programm, das – laut FAZ – Benutzer von Computern vor *Programm-Piraterie* und -Zerstörung schützen soll.

Besonders fasziniert von dem neuen Angebot sind jedoch die *»Hacker«* , die alles spannend finden, was mit dem Aufknacken von Computersystemen zusammenhängt. Sie haben herausgefunden, wie man das Programm ins Negative umfunktionieren kann. Software-Experten sprechen ganz offen davon, daß Viren heute schon fast überall grassieren, und »Nightmare« es nun auch dem Nichtspezialisten ermöglichen könnte, Störungen in Systeme einzuschleusen.

Computer-»Viren« sind sehr schwer zu entdecken. Ist ein Virus erst einmal im System, benötigen selbst die Fachleute große Geduld, ihn zu finden. Das Problem dabei ist, daß der Virus von sich aus in andere Programme wandern kann. Dort kann ein Virus z. B. bewirken, daß eine eingelegte Diskette nicht mehr neu zu starten ist, ein anderer vernichtet das Inhaltsverzeichnis oder läßt ganze Teile des Programms auf Nimmerwiedersehen verschwinden.

Die im C-Bit Messekatalog offiziell verzeichneten Anbieter des »Virus Construction Set« sind sich im klaren darüber, daß sie hier mit dem Feuer spielen. So dürfen die Unterlagen nicht an Menschen unter 18 Jahren abgegeben werden, und auch sonst wird jede Verantwortung abgelehnt. Die Käufer müssen auch wissen, daß sie sich bei der praktischen Anwendung des »Alptraum-Programms« strafbar machen und bei Entdeckung bis zu fünf Jahre Haft in Kauf nehmen müssen. Aber man rechnet eher damit, durch die Kenntnis der Virusgefahr Schaden zu verhüten. Wer nämlich den Virus erkannt hat, der kann auch den Viruszerstörer entwickeln und einer bedrohlichen Infektion vorbeugen.

DÄNISCHES KETTEN-HAPPENING

Sie nennen sich Farbkleckse (Kulörte Klat). Die Gesellschaft hat keinen Platz für sie. Sie sind arbeitslos und ohne Wohnung. Deshalb haben sie leerstehende Häuser besetzt. Und sie bestehen darauf, die ihnen aufgezwungenen chronischen Ferien in lustvoller Protesthaltung zu genießen. Und tatsächlich, originell sind sie:

1983 z. B., als die Polizei mit großem Aufgebot ein instandbesetzes Haus räumen wollte, stürmte sie ins Leere. Die »Farbkleckse« hatten einen Tunnel zur anderen Straßenseite gegraben und waren munter unter den Polizistenfüßen davonspaziert.

Sie kreierten einen *Spieltag.* Ihr vielbelachter Top-Gag war es, in den Möbelabteilungen der Warenhäuser durch die Betten zu toben und Kissenschlachten zu veranstalten.

Am *Armutstag* stellten sich die »Farbkleckse« auf dem Parlamentsplatz mit Kocher und einem Kessel heißen Wassers auf. Sie veranstalteten eine »kostenlose Speisung«, zu der pro Person zwei Kartoffeln, eine Zwiebel, ein Suppenwürfel und ein Suppennapf mitzubringen waren.

Mitten in einer Schönwetterperiode war der *perverse Tag* angesetzt. Etliche »Farbkleckse« flanierten nackt auf der Haupt-Einkaufsstraße. Und sie fragten: Was ist perverser, nackt sein oder Atomraketen?

Am *Stadtverschönerungstag* gingen sie mit Spraydosen los, und am *Verkehrstag* schlossen sie jede Menge Verkehrsampeln kurz, was zum Stillstand des Innenstadt-Verkehrs führte.

Den spaßigsten, den *Tiertag,* haben die »Farbkleckse« noch nicht begangen. Wenn's soweit ist, sollen die Käfige und Gatter des Zoos geöffnet werden. Freier Ausgang für freie Tiere!

Ob das den Tieren allerdings gut bekommen würde, muß bezweifelt werden. Schließlich sind viele der Zootiere an Kultur, Klima und gesellschaftliche Spielregeln der europäischen Länder nur unvollkommen angepaßt.

Was aber unsere Arbeitslosen von den Dänen lernen können: Nackten Leuten kann man nicht in die Tasche greifen, dem Rüstungsmäntelchen dagegen doch.

DATENAUSTAUSCH

Wenn man Pech hat, nervt einen andauernd ein Amt, eine Versicherung, eine Firma, ein Umfrageinstitut und wer sonst noch alles mit Wünschen um Auskünfte und *Daten.* Oft wird eine Begründung gegeben, die einleuchtet. Man sieht ein, daß die Daten gebraucht werden. Nur, haben Sie was dagegen, daß die Angelegenheit einseitig laufen soll. Schließlich haben auch Sie einen moralischen Anspruch darauf, zu wissen, wer die Auskünfte in die Finger bekommt. – In diesen Fällen hilft unser Formblatt (darf kopiert werden).

DATENSCHUTZ

Aufgrund der Datenschutzgesetze sind alle Behörden und Institutionen, die Personendaten anlegen oder sammeln, verpflichtet, genauestens Auskunft darüber zu geben:

1. welche Daten sie gesammelt haben;
2. wo und wann sie erfaßt wurden;
3. an wen sie weitergegeben werden.

Was ist zu tun?

Scene-Anwalt Sebastian *Kobler* empfahl, möglichst viele Leute sollten möglichst oft bei möglichst vielen Datensammlern entsprechende Auskünfte einholen. Je mehr Anfragen, um so mehr Arbeit für die Behörden. Außerdem erfährt man, was gespeichert ist. Wenn's einem nicht gefällt, kann man *Löschung* der Daten verlangen. Entspricht man diesem Wunsch nicht, wendet man sich an den Datenschutzbeauftragten.

DATENSCHÜTZER

Die »Gruppe programmiertes Leben«, Berlin, deren wechselnde Adresse eventuell bei der Berliner Stadtzeitung »zitty« zu erfragen ist, warnt vor folgenden Handlungen:

- Irrtümer und Unfälle, verursacht durch Computer, öffentlich zu machen,
- Einzugsermächtigungen für automatische Kontoabbuchungen zu verweigern bzw. zurückzunehmen,
- Geldautomaten, Ausweisleser oder die Verbraucherbank zu boykottieren und zu ruinieren.
- Aufkleber anzubringen – »Hier werden Sie überwacht«,
- Tastaturen von Terminals oder Schlitze für Ausweisleser mit klebrigen Stoffen (z. B. mit Coca Cola) unbrauchbar zu machen,
- Fahrkartenautomaten, Spielautomaten, Briefmarkenautomaten mit Plastikmünzen außer Gefecht zu setzen,
- in Läden zu kaufen, die keine Computer-Kassen verwenden,

FORMBLATT OHID A744-D

An:

Datum:

Bezugnahme:

Ihrer Aufforderung, das mir vorliegende Formblatt ______________ mit den entsprechenden Auskünften auszufüllen und an Sie zurück zu senden komme ich gerne nach. Allerdings ist mir die Ausführung Ihrer Bitte nur möglich, wenn Sie das Ihnen vorliegende Formblatt OHID A744-D ausfüllen. Seien Sie bitte so freundlich und füllen Sie dieses Formular gewissenhaft aus und senden Sie es mir bitte innerhalb von 10 Tagen zurück. Ich werde dann umgehend Ihrer Bitte nachkommen und Ihr Formblatt __________ unverzüglich ausgefüllt zurücksenden. Vielen Dank für Ihre Co-operation.

Mit freundlichen Grüßen

BELEHRUNG UND GRUNDSÄTZLICHE INFORMATION

Formular OHID A744-D muß ausgefüllt werden um Zugang zu denen von Ihnen erwünschten Informationen zu erlangen: Nach Ablauf der festgesetzten Frist ist es nicht möglich, die gewünschten Informationen weiterzugeben. Jegliche Auskünfte, die Sie/Ihre Organisation wünschen, müssen mir innerhalb von 10 (zehn) Tagen nach Rücksendung dieses ausgefüllten Formblattes mitgeteilt werden. Entscheidend ist im Zweifelsfall das Datum des Poststempels. Sollte der letzte Tag dieser Frist auf einen Samstag/Sonntag/Feiertag fallen, reicht es aus, wenn die Antrage den Poststempel des nächsten Tages trägt.

INFORMATIONS-GEWINNE UND -VERLUSTE

1. Der Verkauf, Tausch oder eine verheimlichte Veränderung der gegebenen Informationen (incl. in bestimmten Fällen auch nicht computererfaßte Informationen) sowie Kopien dieser Informationen, falls sie länger als sechs (6) Monate gebraucht werden, können nicht mehr als gültig und/oder brauchbar angesehen werden, ohne daß eine Rückbestätigung des betroffenen Individuums vorliegt.

2. Im Falle steuerlicher Auskünfte kann diese Frist auf ein (1) Jahr verlängert werden.

COPYRIGHT

Das Copyright für jegliche Auskünfte, die von Ihnen verlangt/erwartet/erbeten werden liegen bei dem Individuum, das Ihnen diese Informationen durch Ausfüllen Ihres Formulares übermittelte. Jeder unautorisierte Gebrauch dieser Informationen muß durch das Copyright-Gesetz abgedeckt sein. Bei einer erweiterten Nutzung der Informationen muß eine Erlaubnis im Voraus angefordert werden; eine Zahlung der üblichen Tantiemen ist selbstverständlich.

BEMERKUNG A

Es geschieht, daß es mancher beim Ausfüllen von Formularen für angebracht hält, etliche Informationen vorzuenthalten und einer verantwortungsbewußten Deklaration auszuweichen. In jenen Fällen steht zu bedenken, daß die Informationsbalance auf unserem Formblatt OHID A744-D als Maßstab dafür dient, wie gewissenhaft man die von Ihnen gewünschten Auskünfte (siehe Ihr Formblatt __________) gibt.

BEMERKUNG B

Falls Sie ein nicht hier wohnender Fremdling/Ausländer sind und Informationen anfordern, so müssen Sie mit Extrazeit für Übersetzungen und mögliche Bearbeitungen rechnen.

(Antworten bitte in Blockbuchstaben)

1. Datum ______________________

2. Behörde/Stelle/Abteilung (privat oder staatlich), die Informationen erwünscht:
____

3. Anschrift
____
Straße
____
Stadt/Ortschaft
____
Bundesland

4. Welche Abteilung/Stelle verlangt nach diesen Auskünften?
____

5. Wer ist der Abteilungsleiter?
____

6. Name des/der Sachbearbeiter(s), der diese Information abfordert:
____

7. Werden diese Informationen in die Datenverarbeitung eingegeben?
JA ☐ NEIN ☐

8. Falls JA: Computertyp/Hersteller: ______________
Baujahr: ______________
Modell Nr.: ______________

9. Wer hat Zugang zu diesen Informationen:
Regierungsstellen/Privatunternehmen/Anschriftenhandel/Jedermann?
Ich bitte um eine Auflistung potentieller Abrufer.
____
____
____

Falls der gegebene Platz nicht ausreicht, bitte zusätzliche Infos auf Extrablatt an Seite 2 anheften.

10. Können die von Ihnen gewünschten Auskünfte auf Wunsch in der Zukunft berichtigt bzw. abgeändert werden?
JA ☐ NEIN ☐

BITTE WENDEN

FORMBLATT OHID A744 D

11. Falls einige oder alle dieser Informationen computerisiert werden, gibt es eine Möglichkeit, einen read-out (Probeabzug) der vom Computer verarbeiteten gespeicherten Informationen zur Kenntnisnahme und der Möglichkeit einer Korrektur eventueller Fehler zu erhalten? Bevor oder nachdem die Ergebnisse für den Gebrauch frei gegeben werden?

JA ☐ NEIN ☐

12 Falls NEIN, erklären Sie bitte warum

13 Wie lange wird diese Information gespeichert, bevor sie
A. vernichtet
B. auf den neuesten Stand gebracht
wird?

Genaue Terminangaben bitte (Jahreszahl, Monat)

14 Beschreiben Sie andere mögliche Verwendungsmodelle für diese Informationen

15 Grundsätzliche Mehrverwendungsmöglichkeiten

JA ☐ NEIN ☐

Jegliche auf dem Formular gegebene Information sollte in einer allgemein verständlichen Sprache gehalten sein; Ausnahmen sind die potentiellen Computerbeschränkungen (siehe 7 & 8). Wo es notwendig ist, die Informationen von menschlichen in computerisierte Verständigungswege umzuwandeln, ist diesem Formular eine genaue Erklärung beizulegen, wie diese Umwandlung vor sich geht.

16. Gewinne oder Verluste vom Verkauf oder Tausch der Informationen

A. Nettogewinne/Verluste auf Langzeit

B. Übertragbare Gewinne/Verluste

17 Einkommensverteilung
Bitte geben Sie die höchsten sowie die niedrigsten Löhne in Ihrer Organisation an.

Höchste ______ DM/Position ______

Niedrigste ______ DM/Position: ______

Verteilungsschlüssel ______

Erklärung dazu:

18 Für wen ist dieses Formular entworfen?
Jegliche Einzelpersonen, amtliche Stellen, Makler, Verbände sowie Unternehmen aller Art, welche Informationen – für welchen Zweck auch immer – anfordern

Angegebene Gründe für das Einholen der Informationen?

Wirkliche Gründe

Falls der Platz zum Schreiben nicht ausreicht, bitte zusätzliche Blätter an dieses Formular anheften.

Haben Sie einen Scheck über 23,– DM Bearbeitungsgebühr beigelegt?

JA ☐ NEIN ☐

Haben Sie alle Fragen gewissenhaft richtig beantwortet?

JA ☐ NEIN ☐

BEMERKUNG

An Mitglieder bestimmter religiöser Anschauungen: Falls ein Ausfüllen dieses Formulares aus Gewissensgründen nicht möglich ist, bzw. die Fragen der tugendhaften Einhaltung grundsätzlicher Regeln des Glaubenscodex Ihrer religiösen Sekte/Gruppe/Konfession entgegen stehen, senden Sie mir bitte eine beglaubigte Erklärung zu.

NUR FÜR DEN OFFIZIELLEN GEBRAUCH
Bitte hier nichts ausfüllen!

Erhalten ______

Datum ______

Beantwortet ______

Info Bewertungsziffer ______

DIENAM Code für zukünftigen Gebrauch ______

Weitere Bemerkungen zum Anheften der Ergänzungsblätter

- ständig persönliche Daten bei Behörden, Dienstleistungsbetrieben, Arbeitgebern zu verweigern und auf Rechte (Grundgesetz/Datenschutzgesetz) zu pochen,
- Lüftungsschlitze von Computerräumen zu verstopfen oder dem Staub auszusetzen,
- Telefonblockaden bei Schufa, Rechenzentren, Computerfirmen durchzuführen – Anrufen und Hörer daneben liegen lassen,
- Phantompersonen zu erfinden, d. h. sich eine zweite Identität (z. B. durch c/o) zuzulegen,
- grundsätzlich Fragebögen nicht auszufüllen, oder wenn gezwungen, dann – soviel wie möglich – falsch anzugeben und nicht in die vorgegebenen Kästchen zu schreiben,
- Neue Medien, Heimcomputer, Telespiele, Mikroprozessor-bestückte Geräte zu boykottieren,
- die EAN-Code (Balken, die jetzt auf jeder Ware sind) durch Hinzufügen eines Strichs unlesbar für den Registrierautomaten zu machen,
- überhaupt computergerechte Formulare, Schecks, Überweisungen abzulehnen, sie durch Überschreiten der Begrenzungen oder durch Knicken für die Maschinenbearbeitung unbrauchbar zu machen,
- Aufkleber »Außer Betrieb« auf Automaten (z. B. Getränke- oder Fahrscheinautomaten) anzubringen.

DEUTSCH-DEUTSCHE GEMEINHEIT

Ausgerechnet *Notare,* die doch (neben den Richtern) unter den Juristen als die ehrbarsten und vertrauenswürdigsten gelten möchten, nutzten das deusch-deutsche Dilemma für üble Machenschaften und trübe Geschäfte, und zwar vorzugsweise in Berlin.

Otto-Wilhelm Pöppelmann, CDU-Mann im Berliner Abgeordnetenhaus, ist den ungetreuen Rechtsverdrehern auf die Schliche gekommen. Sechs Kanzleien machten sich in größerem Stil folgende Situation zunutze:

Es gibt nicht wenige *DDR-Bürger,* vorzugsweise (Ost-)Berliner, denen *Erbschaften* im Westen zufallen. Auch Immobilien. Da DDR-Bürger offiziell nur über relativ geringe Mengen DM-West verfügen dürfen, ansonsten aber Westmark gegen Ostmark im Verhältnis 1:1 umtauschen müssen (schwarz tauscht man 8 Ostmark für eine Westmark), verschweigen die meisten Erben ihren Westbesitz. Verwandte sind es meistens, die das Vermögen treuhänderisch verwalten und dafür sorgen, daß die DDR-Menschen diskret die Früchte ihres Erbes genießen können. Auf dieser Ebene funktioniert – wie man sieht – die deutsch-deutsche Verbundenheit noch.

Und so könnte alles auch bleiben, zumal die DDR-Behörden beide Augen zudrücken, wären da nicht Notare, die aufgrund ihrer Standesprivilegien nahezu ungehinderten Zugang zu allen Grundbuchakten haben. Die Lektüre dieser Akten wird für diese Herren stets dann spannend, wenn DDR-Bürger als Eigentümer eines Hauses oder Grundstücks eingetragen sind. Denn jetzt geschieht folgendes: Ein Abgesandter der Kanzlei sucht den im Arbeiter- und Bauernstaat lebenden Erben auf und macht ihm klar, daß er sein Haus entweder (billig) verkaufen muß und dafür gern die guten Dienste des Notariats in Anspruch nehmen »darf«. Oder – und andernfalls – könne man nicht verhindern, daß DDR-Behörden von der »ungeklärten Grundbuchsache Kenntnis erlangen«.

Klar, der DDR-Deutsche sitzt – so erpreßt – in der Klemme. Will er sein Leben nicht ruinieren, gibt er sein Erbe in die Klauen der Notare, denen man statt des Bundesadlers besser einen Geier an ihrer Kanzleitür befestigen sollte.

DIENSTAUFSICHTSBESCHWERDE

Der gesamte staatliche Sektor, aber auch *Post, Bahn, Öffentlich-Rechtliche Anstalten* bieten die Möglichkeit der Dienstaufsichtsbeschwerde. Der Phantasie sind absolut keine Grenzen gesetzt.

K. M. beispielsweise versetzte ein Postscheckamt in Angst und Schrecken: Er richtete seine Beschwerde ans *Postministerium.* Er behauptete, er habe die »begründete Vermutung«, in dem Amt würden undurchsichtige Buchungen vorgenommen und möglicherweise Geld veruntreut. Seine Beschwerden beim Postscheckamt seien nicht beantwortet worden. Dort wolle man wohl durch Untätigkeit seine Beschwerde verschwinden lassen. Um so mißtrauischer sei er deshalb. Er bitte den Minister, der Angelegenheit nachzugehen, da die Behörde ja seiner Dienstaufsicht unterstehe.

Als »neuesten Fall« erwähnte er die Abbuchung eines Betrages zu seinen Gunsten, der nach zehn Tagen seinem Konto noch immer nicht gutgebracht worden sei. In drei anderen Fällen seien Gelder mit erheblicher Verzögerung und erst nach dringlicher Nachfrage seinem Konto gutgeschrieben worden. Bekannte hätten ähnliches erlebt und bemängelt.

Wie es sich in einem soliden Rechtsstaat gehört, wurde eine gründliche Prüfung der Vorwürfe vorgenommen. Überall im Amt wurde herumgestochert. *Revisoren* wurden bemüht. Unregelmäßigkeiten wurden aufgedeckt, wenn auch nicht die von K. M.s behaupteten. Vom Amtschef bis zum letzten Bürogehilfen wurden die Leute drangsaliert, ausgefragt, verdächtigt.

Tatsächlich waren K. Ms. Vorwürfe völlig haltlos. Er, ein Querulant, hatte seine Wahnvorstellungen nur schlüssig und in gutem Deutsch vorgebracht, ohne Tatsachenbehauptungen aufzustellen. Schon nahm der Aufstand seinen Lauf.

Aus diesem Beispiel ist zu lernen: Immer dann, wenn man sich durch einen Beamten, Angestellten oder eine Institution übervorteilt fühlt, sollte eine *Dienstaufsichtsbeschwerde* her. Besondere Wirkung wird erzielt, wenn man die Aufregung über einen Skandal, der gerade die Öffentlichkeit bewegt, für eine Beschwerde nutzt. Man braucht nur dem erklärten Feind ein Vergehen anzuhängen, das in die ähnliche Richtung weist.

Bürgerinitiativen können mit Dienstaufsichtsbeschwerden wahrhaft vernichtend zuschlagen. Gut koordiniert eingesetzt und unterschiedliche Verfehlungen andeutend, können mehrere von verschiedenen Bürgern vorgebrachte Beschwerden einen Beamten für seine Behörde untragbar machen.

DIENST NACH VORSCHRIFT

Anders als im öffentlichen Leben, wo Widerstandshandlungen (z. B. Blockaden) auch unbeteiligte Mitbürger belasten, trifft Widerstand im Betrieb den Gegner *(Unternehmer)* direkt.

In diesem Sinne, und ohne rechtliche Vorschriften zu verletzen, befleißigen sich zahllose Angestellte, Beamte und Arbeiter völlig selbstverständlich folgender Handlungen.

- Sie kündigen zum ungelegensten Zeitpunkt und lassen damit ganze Projekte platzen.
- Sie werden krank (z. B. Grippe-Epidemien)!
- Sie arbeiten langsamer und weniger, ohne gegen ihren Arbeitsvertrag zu verstoßen.
- Sie geben Rationalisierungsvorschläge nicht »nach oben«.
- Sie erfinden unproduktive Arbeitsleistungen.
- Sie halten die Vorschriften des Arbeitsschutzrechts genau ein.
- Sie halten Arbeitsanweisungen und Vorschriften genau ein.
- Sie initiieren ausgedehnte Betriebsversammlungen, die viel bezahlte Arbeitszeit kosten.
- Sie suchen, was ihr Recht ist, während der Arbeitszeit in dringender Angelegenheit den Betriebsrat auf.
- Sie geben der Berufsgenossenschaft, dem Ordnungsamt oder der Umweltbehörde Hinweise auf lauernde Gefahren.

Alles legitim und vieles davon sicherlich auch sehr nötig, um die Geschäftsleitung davon zu überzeugen, daß etwas für's Betriebsklima getan werden müßte. Mit der evtl. Kündigung allerdings aufpassen und sich erst um einen neuen Job bemühen! Sonst kann's böse enden; denn die Zeiten, als die Chefs uns zum Bleiben beknieten, sind endgültig vorbei.

DIFFERENZ

Was ist einem *Buchhalter* noch verhaßter als Kinderschänden? – Die Differenz. Buchhalter, die Zahlungsaufforderungen verschicken, sitzen überall: in *Vereinen, Firmen, Versicherungen, Behörden, Verwaltungen, Gewerkschaften, Schulen* usw. Gemeine

Menschen bringen Differenzen ins durchrationalisierte Getriebe ihrer EDV-gesteuerten Geld-Eintreibe-Maschinerie!

Ob *Strafzettel, Rundfunkgebühr, Stromrechnung, Gewerkschaftsbeitrag, Steuerschuld, Autoversicherung* – sie zahlen zuviel, und zwar überall und stets den gleichen Betrag, z. B. 5,50 Mark. Den merken sie sich ein für alle Mal. Das ist ihre Art zu rationalisieren. Sie brauchen nie zu überlegen, wenn sie den zweiten Schritt tun.

Nach 10 Tagen schreiben sie, sie hätten irrtümlich 5,50 DM zuviel gezahlt. Man möge doch bitteschön nachprüfen, ob dem so sei und Bescheid geben. Man solle bitte das zuviel gezahlte Geld, falls sich eine Überzahlung herausstellt, auf Konto XY überweisen und nicht auf das bisher geführte Konto, da dieses gekündigt sei.

Man wird wohl oder übel antworten müssen. Behörden auf jeden Fall. Das ist Vorschrift. Bei Überzahlungen von 5 DM aufwärts muß der zuständige *Beamte* tätig werden. Die neue Kontonummer kompliziert die Sache, Handarbeit muß geleistet werden. In den Computer muß der ganze Klimbim eingegeben werden. Papier wird bedruckt, Briefumschläge werden verbraucht, Porto ausgegeben, Buchungen werden vorgenommen.

So richtig in die Vollen gegangen sind die Menschenschinder, seit es die PC-Schreibprogramme gibt. Ein etwas schwammig formulierter Einheitsbrief wird eingegeben, samt dem praktischen Einheitsbetrag. Der Computer-Freak braucht nur noch den »Betreff« und die Adresse zu tippen. Den Rest besorgt der Drucker in Sekundenschnelle. Dann wird der Verwirrbrief gefalzt und im Fenster-Kouvert abgeschickt.

(Wenn durch dieses schikanöse Treiben neue *Arbeitsplätze* geschaffen würden, könnte man's tolerieren. So möchten wir's – mit Friedrich dem Großen zu reden – hundsföttisch nennen.)

DAS DILEMMA DER BEAMTEN

Ungestraft können in unserem Lande eigentlich nur *Beamte* ihren Gelüsten frönen. Egal, was sie anstellen – bestraft werden sie meist nie. Um klarzumachen, was gemeint ist, hier ein paar Beispiele.

Beispiel 1

Hans Mumm, Bauunternehmer, kauft Bauland und plant – streng nach dem Bebauungsplan der Gemeinde Bösdorf (sic!) in Schleswig-Holstein – eine Wohnanlage. Ein anderer Mensch (von einem getreuen Staatsdiener informiert?) klagt, weil der Bebauungsplan *Rechtsmängel* aufweist.

Der Kläger bekommt recht. Aus dem teuer erworbenen Bauland Mumms wird wieder Kuhweide. Mumm verliert ohne eigenes Verschulden 1,4 Millionen Mark. Kein Schadenersatz, Mumm ist seitdem finanziell ruiniert.

Beispiel 2

In Unterwanderungs-Strategien sind die Beamten besonders versiert. Die Grafik deckt auf:

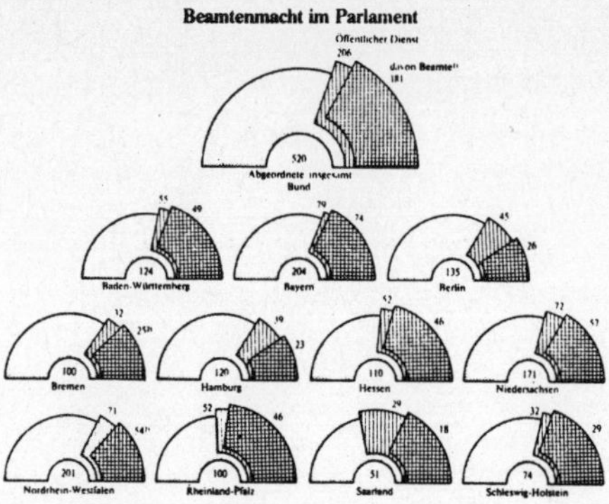

40 Prozent aller *Bundestagsmandate* haben sie sich bereits erschlichen, die Beamten; in den Parlamenten des Saarlandes und in Rheinland-Pfalz, wo Kanzler Kohl wurde, was er ist, stellen sie sogar die Mehrheit.

Kein Wunder, daß sie den Staat als Selbstbedienungsladen benutzen. Sie bedienen sich öffentlicher Mittel, daß es einen umhaut. Der »Idealzustand«, daß die Exekutive (Staatsdiener) sich *via Parlament* selbst »kontrolliert«, ist so gut wie erreicht. Auch der risikolose Wechsel zwischen Exekutive und Legislative ist längst perfekt: Jedem Beamten-Abgeordneten wird sein Job freigehalten (Wiedereinstellungsgarantie!). Baut er Mist als *Volksvertreter,* und wird er abgewählt, kann er anschließend den fürwitzigen Wählern als Amtsleiter erst recht zeigen, was ein Versager ist.

Beispiel 3

Nach dem *Wettbewerbsrecht* dürfen Einzelhändler dem Endabnehmer nicht mehr als 3 % Rabatt geben. Zuwiderhandlungen sind strafbar. Die Staatsdiener setzen sich über derartige Gesetzesregelungen locker hinweg.

Sie verfügen über das »Beamten-Selbsthilfewerk« (Bayreuth). Wer *Beamter* ist, kann diesem Verein der wundersamen Geldvermehrung beitreten. Fortan kauft er in über 3000 Geschäften (darunter z. B. Quelle) mit 5 bis 30 % Preisnachlaß. Natürlich wird hier der Wettbewerb verzerrt. Unsere lieben Richter – selbst Beamte – haben aber bisher immer wieder ein formales Alibi gefunden, um dieses Treiben zu bemänteln.

Besonders blöd müssen sich die normalen Mitglieder des *Buchclubs* »Europäische Bildungsgemeinschaft« vorkommen. Wenn sie für ein Buch 20 Mark zahlen müssen, zahlt so ein Beamter nur 14 Mark. Wer da wohl übers Ohr gehauen wird?

Was tun? – Man beschaffe sich ein Verzeichnis der *»Beamten-Selbsthilfe«*. Darin sind die angeschlossenen Firmen und die von ihnen gewährten Nachlässe aufgeführt. Beim Kauf in einem dieser Läden unbedingt einen entsprechenden Rabatt verlangen! Gleiches Recht für alle.

Beispiel 4
Politische Beamte können in den einstweiligen Ruhestand versetzt werden, wenn die (neu gewählten) Minister kein Vertrauen zu ihnen haben (weil die z. B. das falsche Parteibuch haben). Die gefeuerten Leute bekommen weiter Gehalt (Versorgungsbezüge). Is ja auch okay. Ohne diese Absicherung würde sich sonst keiner auf so einen Feuerstuhl setzen.

Den Vogel abgeschossen haben aber letztens Günther Hartkopf, Staatssekretär im Bundesinnenministerium, und Dietrich Elias, Staatssekretär im Bundespostministerium. Obwohl die neuen Minister sie behalten wollten, setzten sie sich ab in den finanziell wunderbar ausgepolsterten einstweiligen *Ruhestand!*

Beispiel 5
Für Nahrungsmittel, die keiner will (Butterberge, Weinseen etc.) zahlt jeder Bürger heute rund 300,- DM jährlich (mit steigender Tendenz).

Das Geld wird via Bonn in Form von Steuern einbehalten und der *EG* zum Wegwerfen angewiesen.

Beispiel 6
Bei der Düsseldorfer Rheinbahn floß jahrelang Dieselkraftstoff in die Tanks von Beamten-Familien-Karossen. Irgendein Mensch hat diese praktische *Selbstbedienungs-*Einrichtung verpfiffen. Hätt' der's nicht getan, so tankten sie noch heute.

Beispiel 7
Auf einer *Beamtentagung* in Bad Kissingen sagte der ehemalige Bundesinnenminister Baum: »Es geht nicht an, daß Bedienstete einer Baubehörde privat Bauunterlagen erstellen, über die womöglich die eigene Behörde befindet, wenn gleichzeitig freiberufliche Architekten um ihre Existenz kämpfen. Es darf auch nicht geduldet werden, daß *Steuerbeamte* gleichzeitig als *Steuerberater* auftreten.«

Tun sie aber immer noch. Verdienen nicht schlecht. Man fährt übrigens außerordentlich günstig dabei, wenn man so ein Insider-Schlitzohr für sich arbeiten läßt.)

Beispiel 8
So richtig zugelangt wird von den Staatsdienern bei der *Altersversorgung.* Locker vergolden sich die Beamten ihre alten Tage, denn sie erhalten mehr Bargeld als während ihrer Dienstzeit.

Das zeigt folgende Tabelle:

Einkommensbeträge	**Öffent. Dienst**	**Privat-wirtschaft**
Wie sie heute dastehen		
Letztes Bruttojahreseinkommen	57 516	57 516
Lohnsteuer	9 420	9 420

Einkommensbeträge	**Öffent. Dienst**	**Privat-wirtschaft**
Sozialbeiträge	9 204	9 204
Letztes Nettojahreseinkommen	38 892	38 892
Letztes Nettomonatseinkommen	3 241	3 241
Wie sie im Alter dastehen		
Gesetzliche Rente*	26 717	26 717
Zusatzversorgung d. Vater Staat	14 957	0
Rentenbezüge insgesamt	41 674	26 717
Abzügl. 1% Krankenvers.-Beitrag	267	267
Jahresrente	41 407	26 450
Monatsrente	3 451	2 204
Altersversorgung in % vom letzten Nettogehalt	106,5%	68,0%

* Nach 40 Versicherungsjahren; persönliche Bemessungsgrundlage 1,75; Quelle: Institut der deutschen Wirtschaft; alle Angaben in Mark.

Beispiel 9

So ärgert der listige Beamte ein ganzes Unternehmen. Das Mittelstandsmagazin »Impulse« berichtet nachfolgendes Glanzstück eines Staatsdieners:

Die Firma Wolfcraft Robert Wolff GmbH & Co in Weibern, Heimwerkern weltweit als Hersteller von hochwertigem Handwerkszeug ein Begriff, wurde von einer DIN-Norm überrascht.

Auf der letzten Kölner Heimwerker-Messe stellte das mittelständische Unternehmen (1986: 220 Mitarbeiter) unter anderem auch seine Fräser aus, von denen seit 1970 mehr als 10 Millionen Exemplare verkauft worden waren.

Das war ein Fehler, denn bei den Messevorführungen entdeckte ein Abgesandter der Kölner Berufsgenossenschaft, daß dem Wolfcraft-Fräser eine nach der DIN-Norm 8085 vorgeschriebene Vorrichtung zur Begrenzung der Spandicke fehlt. Dem Einwand des Herstellers, daß es bei den 10 Millionen verkauften Fräsern nie Sicherheitsprobleme gegeben und daß keiner der Kunden sich beim Gebrauch verletzt hatte, begegnete der beamtete *Normenprüfer* mit dem schlichten Argument: Vorschrift ist Vorschrift.

Die begehrten Wolfcraft-Fräser durften ab sofort nicht mehr verkauft werden. Die Firma sollte das Modell mit beträchtlichem Aufwand umkonstruieren und der berufsgenossenschaftlichen Prüfstelle für Holzbearbeitungsmaschinen und Werkzeuge zur Begutachtung vorlegen. Wegen der dadurch steigenden Herstellungskosten befürchtete Wolfcraft indes, daß der Bestseller im Sortiment praktisch unverkäuflich würde. Wolfcraft-Mitinhaber Thomas Wolff ärgerte sich: »Diese *DIN-Norm* ist für Universal-Fräser so überflüssig wie ein Kropf.« Erst nachdem ein unabhängiges Prüfungsinstitut in München den beanstandeten Wolfcraft-Fräsern Unbedenklichkeit bescheinigt hatte, zog die Berufsgenossenschaft ihren Einspruch zurück.

Beispiel 10
Jahrelang haben Spitzenpolitiker der *FDP, CDU, CSU* und *SPD* Steuern hinterzogen. Sie haben sich und ihre Parteien mit *Spenden* aus der Wirtschaft schmieren lassen und das widerrechtlich so hingedreht, daß die Schmier-Spenden-Geld-Zahler noch ordentliche Steuerersparnisse einstreichen konnten.

Als die Staatsanwaltschaft hinter die Betrügereien kam und zu ermitteln begann, setzten die Regierungsmenschen sofort massenhaft kriminelle Energie frei. Sie wollten das Recht beugen, die Gesetze so ändern, daß sie straffrei ausgehen. Auf die primitive Tour bekamen sie das allerdings nicht hin. So ganz Bananenrepublik sind wir in der BRD doch noch nicht. Das sogenannte »*Amnestie-Gesetz*« mußte die Regierung Kohl zurückziehen.

Nun wäre es allerdings völlig falsch, zu glauben, daß die *Spenden*-Kriminellen bestraft würden wie der »kleine Mann«, der den Staat mal um ein paar tausend Mark prellt. Da wird weiter an der Gesetzesmaschinerie gedreht, bis man hinterher wieder straffrei und mit Heiligenschein dasteht.

Der FDP-Graf, bis über beide Ohren in die Affäre verwickelt, hat schon beide Hände wieder nach einem höchsten Parteiamt ausgestreckt. »Alle sind vor dem Gesetz gleich«, heißt es im Grundgesetz, aber einige sind halt doch etwas gleicher!

Beispiel 11
Man könnte mehrere Bücher mit Berichten über Anschläge auf unser Gemeinwesen füllen, die von den Repräsentanten des Staates verübt worden sind. Irgendwie wäre das aber langweilig. Es geht eigentlich immer um dasselbe: Geldgeile Menschen betrügen die Bürger, um sich z. B. ein Haus zu bauen. Öd ist das Ganze, wie die Beamtenwelt überhaupt. Ausnahmen gibt's selten. Eine wollen wir feiern: die der *Zöllner* von Kiefersfelden-Kufstein. Die druckten fleißig Eintrittskarten für ihr »Faschingstreiben« beim Bergwirt. »Verkauft« haben sie die »begehrten« Einlaßscheine in rauhen Mengen an Spediteure. Die Abfertigung dieser Faschingsfreunde lief natürlich besonders schnell. Ist doch klar. Weil die Spediteure zur Veranstaltung alle »verhindert« waren, mußten die wackeren Zöllner die gesammelten 165 000 Mark allein versaufen. Lustig, aber wahr.

Damit das Dutzend voll ist, hier noch ein Nachschlag
Die Geschichte spielt in dem schönen Städtchen Osterode, von dem Heinrich Heine in seiner »Harzreise« berichtet: »Diese Stadt hat so und so viele Häuser, verschiedene Einwohner, worunter auch mehrere Seelen . . .« Besagter Ort, an dem Heine nächtens im Traum die Göttin Justicia erschien »und in einem Tone der entsetzlichsten Riesenschmerzes plötzlich aufschrie«, ist bis zum heutigen Tag ein wunderbar korruptes Nest geblieben. Leider hat die Dummheit das dort gepflegte Bereicherungsspiel seiner Heimlichkeit entrissen, so daß die bekümmerten Freunde des Abgründigen folgendes lesen mußten:

»Die umfangreiche *Korruptionsaffäre* in der Stadtverwaltung von Osterode am Harz hat jetzt erste gerichtliche Konsequenzen erfahren. Zum Auftakt einer Serie von

Strafprozessen gegen Stadtbedienstete und Geschäftsleute verurteilte das Amtsgericht Osterode am Montagnachmittag den inzwischen gekündigten Bauamtsangestellten Heinz S. zu zweieinhalb Jahren Haft ohne Bewährung wegen Betrugs, Bestechlichkeit und Veruntreuung von knapp 157 000 Mark städtischen Geldes. Rüdiger Rinne-Wolf, Inhaber der größten örtlichen Eisen- und Haushaltswarengroßhandlung, ehemals CDU-Ratsherr und Vorsitzender der Osteroder Werbegemeinschaft, wurde zu eineinhalb Jahren Haft auf Bewährung sowie zu einer Geldstrafe von 15 000 Mark verurteilt. Der 47jährige Bautechniker, der für die Unterhaltung städtischer Bauten zuständig war, hatte von dem mitangeklagten 39jährigen Geschäftsmann zwölf Jahre lang Gegenstände für den Bau seines Privathauses und für den ›gehobenen täglichen Bedarf‹ erhalten – darunter eine Ski-Ausrüstung und ein komplettes Sonnenstudio. Bezahlt wurden diese Waren jeweils aus der Stadtkasse, indem der Kaufmann insgesamt 219 fingierte Rechnungen über angeblich an die Stadt gelieferte Waren ausstellte und sie von dem Bautechniker im Amt als ›sachlich richtig‹ abzeichnen ließ. Auch von anderen Firmen soll der Stadtangestellte Waren im Wert von 80 000 Mark auf Kosten der Stadtkasse erhalten haben; diese Verfahren wurden jedoch wegen Verjährung oder aus ›prozeßökonomischen Gründen‹ wieder eingestellt. Das Gericht sah es zwar als strafmindernd an, daß die Stadtverwaltung es dem Angestellten durch mangelnde Kontrolle sehr leicht gemacht habe. Strafverschärfend sei jedoch, daß das Vertrauen der Bürger in die öffentliche Verwaltung ›erheblich gestört‹ worden sei.

Die Angeklagten haben den materiellen Schaden der Stadt inzwischen beglichen. Beide hatten die Betrugspraxis jeweils von Kollegen oder Vorgängern ›übernommen‹. Die Initiative sei von den Stadtbediensteten ausgegangen, erklärte der Kaufmann. Er habe sich nicht getraut, sich ihrem ›Begehren‹ zu widersetzen, weil er sonst Nachteile für seine Firma befürchtet habe.

Es ist tröstlich zu wissen, daß wenigstens ein kleiner Teil der öffentlichen Gelder der Steigerung des Wohlergehens einzelner zugeführt wird. Besser 'ne Kiste Kaviar für einen pflichtvergessenen Beamten als Gummiknüppel für pflichtversessene Beamte.

Gut, die Leute von Osterode haben nicht dichtgehalten. Kann ja mal passieren. In hunderten anderer Fälle aber verhalten sich unsere Staatsdiener vorbildlich konspirativ und bedienen sich aus dem Vollen. Aber mal im Ernst: Sollten wir nicht alle mehr darauf achten, daß Unbestechlichkeit wieder zu einer geachteten Tugend wird?

EINBRECHER ZAHLEN STEUERN

Kaum zu glauben, aber wahr, und ein Beispiel dafür, daß nichts und niemand vor der Steuer sicher ist:

In Stockholm wurde eine 32jährige *Kleptomanin* vom Gericht dazu verurteilt, die Einkünfte zu versteuern, die sie durch den Verkauf von zuvor geklauter Kleidung erzielt hatte. Die Lehrerin (!) hatte, als sie aufgegriffen wurde, 750.000 Kronen (ca. eine Viertelmillion Mark) in bar bei sich – ein hübscher Verkaufserlös. 650.000 Kronen mußte die Polizei ihr zurückgeben, weil niemand auf das Geld Anspruch erhob. Da aber der Diebstahl »gewerbsmäßig« betrieben wurde – so das Gericht – müsse das Geld versteuert werden.

Vorteil für die saubere Dame: Sie konnte – wie jeder Geschäftsreisende – ihre Betriebsausgaben wie Autoreisen, Telefonate und Übernachtungen auf den Diebeszügen von der Steuer absetzen.

Nun soll bitteschön keiner meinen, so etwas gäb's bei uns in der BRD nicht. Auch hier müssen Diebe und *Einbrecher* grundsätzlich Steuern zahlen. »Gewerbsmäßiger« Diebstahl – so der Leiter des zuständigen Referats im Bundesfinanzministerium – falle unter die Liste jener gesetzes- oder sittenwidrigen Geschäfte, bei denen die Abgabenverordnung (AO) ausdrücklich die Steuerpflicht vorschreibt.

Der Leiter des Referats, Harro Muuß, weiter: es sei nach § 40 der AO unerheblich, »ob ein Verhalten, das den Tatbestand eines Steuergesetzes ganz oder zum Teil erfüllt, gegen ein gesetzliches Gebot oder Verbot oder gegen die guten Sitten verstößt.« Daraus folgt: Auch hierzulande können Diebe Arbeitsmaterial als Betriebsausgaben steuerlich absetzen. Dazu gehören u. a. Brechstangen, Feilen oder Schneidbrenner. Das Finanzamt ist an das *Steuergeheimnis* gebunden und darf der Polizei keine Meldung machen.

Schöne Aussichten: Da werden die Einbrecher künftig von den Beklauten wohl noch Quittungen für die Beute verlangen, um den Wert genauer festzulegen. Außerdem sollten sich die »Gewerblichen« genau überlegen, ob sie einem dritten Beutezug noch einen vierten folgen lassen: Durch die Steuerprogression stünden Risiko und Aufwand wahrscheinlich in keinem Verhältnis mehr zu den Einkünften.

EINKLATSCHER

Daß das Leben in das Sowjetunion viel bunter ist, als es *Radio Free Europe* wahrhaben möchte, stellt der folgende, auch für westliche Frohnaturen lehrreiche Agence-France-Press-Bericht klar:

MOSKAU, 9. Januar (AFP). Wenn der Vorhang in einem Moskauer Theater fällt und sich der Beifall der Zuschauer zur Ovation steigert, wenn Blumen die Ballerinen im Bolschoi-Theater belohnen und Bravos durch den Saal brausen – dann ist das oft nicht spontanes Zeugnis von Begeisterung, sondern bestellter und bezahlter Enthusiasmus. Die *»Claqueure«*, beauftragte Applaudierer, spielen nach Darstellung der Zeitung »Sowjetskaja Rossija« eine wichtige Rolle im sowjetischen Kulturleben und lassen sich von »interessierter Seite« für ihre Dienste entlohnen.

Regelmäßig, so schreib das Blatt, könne man etwa 30 bis 40 Individuen beobachten, die per Zeichen Beifalls- und Mißfallenskundgebungen organisieren, die nicht nach dem Talent, sondern vor allem an der Großzügigkeit des Künstlers bemessen werden. Denn der Dienst der Claqueure ist keinesfalls wohlfeil: Ihr Preis sind Freiabonnements, Einladungen in Restaurants oder schlicht Geldzahlungen.

Sich nicht diesen Forderungen zu unterwerfen, kann schlimme Folgen haben, wie ein junger Tänzer dem Blatt berichtete. Als er eine Zusammenarbeit ablehnte, mehrten sich bei seinen Auftritten die Hustenanfälle im Publikum. Schlüssel fielen auf den Fußboden, Füße scharrten, eine allgemeine Unruhe ergriff das Publikum, und die Konzentration des Künstlers war dahin.

Im Laufe der Zeit haben sich die »Kunstfreunde« eine Reihe origineller Störmanöver einfallen lassen. So wurde der Auftritt eines Schauspielers an einem Moskauer Theater durch Mäuse gestört, die plötzlich im Zuschauerraum umherliefen. Außerhalb des Theaters werden kooperationsunwilligen Künstlern die Autoreifen zerstochen. Sie erhalten anonyme Anrufe oder werden auf der Straße angepöbelt, schreibt das Blatt. Die meisten Künstler jedoch hätten sich offenbar mit den Methoden abgefunden und leisteten sich den teuren Beifall zum Wohl ihrer Karriere.

Das mit den Claqueuren ist ja auch bei uns nichts Neues. Nur brauchen unsere »Künstler« dafür nicht selbst zu bezahlen – die Kosten übernehmen z. B. die Fernsehanstalten, indem sie ihr Publikum nach Opportunitäts-Gesichtspunkten aussuchen und mit (für den Fernsehzuschauer unsichtbaren) Schrifttafeln genau instruieren, wann geklatscht, wann gejubelt und wann gerührt die Nase geschneuzt werden muß.

ESSEN UND TRINKEN – KOSTENLOS

Es zeugt zwar von keiner guten Moral, aber *Zechprellerei* ist straffrei. Man kann essen und trinken – am besten vom Besten – was man will.

Wenn man unauffällig aus dem Lokal spaziert und sich nicht erwischen läßt, war's kostenlos. Wird man gestellt, muß man selbstverständlich die Zeche bezahlen. Aber nicht mehr.

Im Lokal hat man nämlich ein Recht auf Irrtum. Man war einfach vergeßlich. Und das ist nicht strafbar. Festgenommen wird man erst, wenn man nicht genügend Geld in der Tasche hat, denn dann wird vorsätzliches Handeln unterstellt.

Nichtsnutze üben zu Hause und mit Freunden unauffälliges Verschwinden. Sind sie darin Profi, geht es ab in das nächste Luxuslokal.

(Wir meinen: Wer nicht auf Spesen speisen kann, sollte zu Hause bleiben und ein wenig hungern. Danach schmeckt auch die einfachste selbstgebrutzelte Mahlzeit köstlich, weil Hunger erwiesenermaßen der allerbeste Koch ist.)

EUROSCHECKKARTE

19 Millionen Bundesbürger tragen das maschinenlesbare Stück Plastik mit sich herum, um jederzeit aus den *Automaten* der Banken Bargeld besorgen zu können.

Das gelingt jedoch nicht immer. Zum Beispiel, wenn die kleine Schwester dem großen Bruder eins auswischen wollte und in einem unbewachten Augenblick eben mal mit dem Kopfhörer des Walkman über das Kärtchen strich. Das ist nämlich ein arges Sensibelchen. Sobald es einem anderen Magnetfeld zu nahe kommt, reagiert es sauer. Genauer: Die Informationen auf dem in die Kunststoffkarte eingelassenen Magnetstreifen werden gelöscht.

Der arme Bruder, eben noch auf eine flotte Sause mit der neuen Freundin hoffend, steht nun verbittert vorm Automat. Statt eines freundlichen »Guten Tag« zeigt das Display harsche Worte: »Karte ungültig – nicht mehr verwendbar«.

Der Sparkassen- und Giro-Verband weiß um die Misere und rät seinen Kunden, die *Scheckkarte* nicht auf Fernsehgeräte oder Stereoboxen zu legen. Und der Bundesverband deutscher Banken erklärt, seit Einführung der Euroscheckkarte 1980, sei es nur zu wenigen Beschwerden gekommen. Ein Hinweis darauf, daß sehr sorgsam mit den Karten umgegangen wird und der Trick des Magnetisierens den meisten bösen Mädchen nicht bekannt ist.

Es ist auch zu gemein! Denn sind die Daten gelöscht, können sie vom Kreditinstitut nicht wiederbelebt werden, aus Gründen der Sicherheit. Der Kunde muß eine neue Scheckkarte beantragen. Und bis er die kriegt, vergehen mindestens vierzehn Tage.

FAHNDUNGSEIFER

Schimpfe man nicht länger auf den Übereifer unserer Kripobeamten. Die sind gar nicht so. Manche pflegen eine geradezu provozierende Bierruhe.

Was gab's? Das BKA hatte das Volk mal wieder um Mithilfe bei der Terroristenfahndung gebeten. Kurz vor Mitternacht drängte sich einem Frankfurter Hausverwalter der Verdacht auf, in einem der ihm unterstellten Appartements hielten sich zwei Terroristen versteckt. Flugs informierte er das Polizeipräsidium.

Darüber war der Wachhabende sauer und fertigte den Wachsamen ab. Sein Hinweis habe bis zum Morgen Zeit. Um halb neun, da wär' sein Anruf genehm.

Der eifrige Wachsame ließ nicht locker, rief beim BKA in Wiesbaden an und machte Meldung. Das BKA wiederum schickte ein Telex los. Die Frankfurter *Kripo* solle unverzüglich einschreiten.

Verbittert stapften die sonst so geruhsamen Kriminalisten aus der Geborgenheit ihres Präsidiums in die winterliche Kälte, fest entschlossen, dem Terror ein Ende zu bereiten. Sie zogen in des Hausverwalters Wohnung und stauchten ihn nach Strich und Faden zusammen. »Die haben mich regelrecht zur Sau gemacht, weil ich hinter ihrem Rücken das BKA angerufen habe«, jammerte der verkannte Mann.

Die aktuelle Terroristenbekämpfung war nach diesem Einsatz beendet. Auf Befragen der Presse murmelte der Polizeipräsident Gemmer am andern Tag etwas von »Das darf nicht passieren« und »unerträglich«. Damit hatte es sich.

Man sieht, daß der viel beschworene Überwachungsstaat auf sich warten läßt, solange die Gesetzeshüter noch über die nötige Portion Faulheit verfügen.)

FASCHINGS-FALSCHGELD

Mit viel Phantasie und großer Mühe ging eine 23jährige Angestellte aus Abensberg im bayerischen Landkreis Kelheim am »unsinnigen Donnerstag«, anderwärts als Weiberfastnacht bekannt, daran, sich zusammen mit ihrer 20jährigen Schwester den Traum vom großen Geld wenigstens im Fasching zu erfüllen. Die Rolle als Bankräuber gelang schließlich so gut, daß die junge Frau die Strafverfolgung im Nacken hatte und die Falschgeld-Fahnder im bayerischen Landeskriminalamt aber eine Menge zusätzlicher Arbeit hatten.

Obwohl die Angestellte 100-, 500- und 1000-Mark-Scheine rund 1500mal fotokopierte, fiel ihr der auf den *Banknoten* aufgedruckte Satz nicht auf: »Wer Banknoten nachmacht oder verfälscht oder nachgemachte oder verfälschte sich verschafft und in Verkehr bringt, wird mit Freiheitsstrafe nicht unter zwei Jahren bestraft.« Jedenfalls schleppten die beiden »Bankräuberinnen« in einem Jutesack gebündelte Blüten im Nennwert von 880 000 Mark mit sich herum, die ihnen im dichten Faschingstreiben – so der Polizeibericht – »förmlich aus den Händen gerissen« wurden. Später konnten nur noch 521 Banknoten-Kopien sichergestellt werden.

Was mit den übrigen knapp tausend Schwarzweiß-Kopien, die auch für den Laien leicht als Fälschung erkennbar waren, geschehen ist, versuchte die Polizei vergeblich herauszufinden. Nur zwei, die als vermeintlich echtes Geld Karriere machten, sind wieder aufgetaucht. In einer Gaststätte ließ sich ein Unbekannter beim Bezahlen seiner Zeche mit einer 500-Mark-Kopie 460 echte Deutsche Mark herausgeben. Auch in einer anderen Abensberger Kneipe gab die Bedienung auf einen kopierten Hunderter echtes Wechselgeld heraus.

Merke: Immer auf Kleingedrucktes achten! Auch als Faschings-Fälscher!

FÊTENKILLER

Wer feiert nicht gern? Und wer selbst einmal auf die Pauke haut, wird es als selbstverständlich ansehen, auch seinem Nachbarn dieses gesellige Vergnügen einzuräumen – erst recht, wenn dieser es toleranzheischend ankündigt.

Ein Zeitgenosse nutzte schadenfroh eine solche Gelegenheit, um seinem unliebsamen Nachbarn tüchtig den Spaß zu verderben.

Sein Manöver: »Sie können ruhig nach Mitternacht noch über die Stränge schlagen. Ich habe einen gesunden Schlaf«, beruhigte er seinen Nachbarn, der höchstpersönlich seine Fête für den nächsten Tag ankündigte. »Dir werde ich's zeigen, du Mistkerl«, waren dagegen seine Gedanken.

Kurz vor Eintreffen der Gäste befestigte er einen Anschlag an der Haustür mit folgendem Wortlaut:

An alle Hausbewohner

Zwecks *Entwesung* des Hauses (Straßenname und Hausnummer) kommt am (Datum des folgenden Tages einsetzen) der Kammerjäger ab morgens 10 Uhr.

Aufgrund des Bundesseuchengesetzes sind sie gehalten, alle Räume für die Desinfizierungsmaßnahmen zugänglich zu machen. Die Aktion, die das gesamte Haus einschließt, ist bis gegen 16 Uhr abgeschlossen.

Franz Meyer
Hausverwalter

Bis der Gastgeber den Anschlag bemerkte, hatten schon etliche *Partygäste* auf dem Absatz kehrtgemacht. Es gehört nicht viel Phantasie dazu, sich auszumalen, was sich die ehrenwerten Leute gedacht haben mögen.

FINANZHINTERZIEHUNG

Leute gibt's... Daß *Kreditkarten* schon so manchem Lebemenschen über die Runden geholfen haben, ist gemeinhin bekannt. Auch daß die edle Diner's Club- oder American-Express-Karte als »Statussymbol« schon dem einen oder anderen zu Ansehen verholfen hat.

Die besagten Kreditinstitute scheinen in puncto Kreditwürdigkeit wenig wählerisch zu sein. Zumindest haben sie sich von potent anmutenden Möchtegern-Kunden ganz schön blenden lassen. Denn daß sich eine bestimmte Klientel die Karte des Establishments zulegt, um geheime Aussteigerwünsche zu verwirklichen, haben sich die eleganten Herren sicher nicht träumen lassen.

Tatsache ist, daß schon mancher *Rucksack-Romantiker* auf Karte reichlich sein Hab und Gut aufgestockt hat, um sich dann auf Nimmerwiedersehen nach Korfu, Sardinien oder in ein gottverlassenes Pyrenäengehöft abzusetzen.

Bei aller Lust, diese Pappenheimer irgendwo vor Ort aufzuspüren – (schon der schönen Landschaft wegen!), unterbleibt dies in neunundneunzig von hundert Fällen. Der Suchaufwand würde den Schaden bei weitem übertreffen, die Nachforschung gilt als inopportun.

Allerdings hat sich schon mancher Freak zu früh gefreut. Die wenigsten Ausstiege sind nämlich von Dauer. Und – naturmüde in die heimische Hochzivilisation zurückgekehrt, kann von heute auf morgen die SCHUFA-Falle zuschnappen; weil der Uralt-Kreditkarten-Betrug im Elefantengedächtnis der zentralen Datenbank der Schutzgemeinschaft für allgemeine Kreditsicherung gespeichert ist. Unversehens sitzt unser Ex-Aussteiger in der Tinte.

FIRMENGEHEIMNISSE

Seit Jahren landen immer wieder mal vertrauliche Auskünfte über den finanziellen Status von Unternehmen, die von Geschäftsbanken per Telex untereinander ausgetauscht werden, im Fernschreiber der Redaktion des Südfunks in Stuttgart. Regelmäßig, so wird berichtet, handelt es sich um Auskünfte brisanten Inhalts.

Der Südfunk hat stets aufs neue bei Post und Banken auf die Fehlleitungen hingewiesen. Trotz Überprüfung des gesamten technischen Systems konnte der »Defekt« nicht beseitigt werden; man kann ihn einfach nicht lokalisieren.

Verdächtigungen, Mißtrauen und Unsicherheit erreichten ein solches Ausmaß, daß sich höchste Dienststellen des baden-württembergischen Innenministeriums der mysteriösen Angelegenheit angenommen haben. Jetzt soll das Landeskriminalamt herausfinden, auf welche Weise der Datenschmutz an die Öffentlichkeit sickert.

Wahrscheinlich wird da irgendwo im verästelten Apparat von Banken und Postbehörden ein listiger Herr Klammheimlich (oder ist's Frau Klammheimlich?) sitzen. Vielleicht hat er/sie journalistische Neigungen und bringt deshalb Informationen von »öffentlichem Interesse« auf den Tisch des Südfunks. Jedenfalls wird er/sie dann und wann leise kichern und die Hände reiben, wenn gerade niemand schaut.

FREUDE SPENDEN

Es stimmt ja nun einmal, daß der »kleine Mann« oft ohnmächtig mitanschauen muß, was »die Großen« alles so aushecken: die Spendenaffäre zum Beispiel!

Dabei haben einige Landsleute bewiesen, daß jedermann sich am Roulett der Großen beteiligen kann: mit Pfennigbeträgen an Parteien, Verbände oder Vereine, die man nicht leiden kann.

Beispiel: Zehn Pfennig aufs Sparkonto der »Konservativen Aktion« überweisen, bringt eine *Spendenquittung* von Herrn Löwenthal ein. Ein schönes Dokument.

Rechnest du deine zehn Pfennig von den Buchungsgebühren und dem Portoaufwand der »Konservativen Aktion« ab, bleibt eine Minusspende von mindestens einer Mark.

Bringt zwar nichts ein, hilft aber, überschüssigen Frust loszuwerden!

FREUNDLICHE RÄUME

Das Parlament des US-Bundesstaates Tennessee hat beschlossen, die Hinrichtungsräume seiner Gefängnisse »freundlicher einzurichten und von bedrückenden Materialien« freizuhalten. Den neuen Richtlinien zufolge werden die *Exekutionsräume* mit Elektrischem Stuhl in »hellen Farben« gestrichen. In unmittelbarer Nachbarschaft wird »ein Gesellschaftsraum für die Henker« eingerichtet, und der Warteraum für die

Angehörigen des Delinquenten wird »wie ein gutbürgerliches Wohnzimmer« ausstaffiert.

Wie man sieht, ist auch ein demokratisch gewähltes Parlament zu Perversionen fähig. Vertreter der Kirchen sprachen denn auch von einer »naziähnlichen Einstellung« der Behörden. Man solle die 65 in Tennessee zum Tod auf dem Elektrischen Stuhl verurteilten Personen zu Gefängnisstrafen in menschenwürdigen Verhältnissen begnadigen, statt die Henkerswerkstätten »schönzufärben«.

GANOVEN-EXPORT

Dritte-Welt-Schlitzohr Nr. 1 ist Fidel Castro. Als er 1980 ausreisewillige Landsleute ziehen ließ, räumte er auch gleich seine Gefängnisse. Er »exportierte« über 20 000 Kriminelle in die USA, darunter 1800 *Schwerverbrecher.* Verfrachtet wurden sie ohne Papiere.

1100 hat das FBI im Laufe der letzten Jahre eingefangen, weil die ihre Karriere in der amerikanischen Freiheit wieder aufgenommen hatten. Im übrigen brachte der Schub an krimineller Energie die Volksseele ein Wallung. Innenpolitische Schwierigkeiten – vor allem in Florida – sind die Folge.

Castros Aktion ist eine Retour-Kutsche, denn einst deportierten die Europäer ihre Kriminellen, um Amerika, Australien etc. zu kolonialisieren.

GASTFREUNDSCHAFT

Jeder ißt gern gut. Wer genügend Geld hat, kann sich dieses Vergnügen öfter leisten. Der Catering-Service, auch unter Party-Service bekannt, erfüllt derlei Schlemmerbedürfnisse.

Hier die Geschichte, wie der kleine Gastfreundliche sich ein Stück vom Kuchen abschnitt:

Animiert von wahren Eß- und Trinkorgien, wie sie bei DALLAS und FALCON CREST zelebriert werden, schlug der Freund sinnlicher Gaumenfreuden erbarmungslos zu. So gern wollte er einmal im großen Freundeskreis und bei entsprechender Ausstattung ein riesiges Fest feiern.

Also trat er als Firmen-Chef auf, als er sich beim *Catering-Service* ansagte, d. h. er schickte eine repräsentable Freundin mit Sekretärinnen-Flair und entsprechend getürkter Visitenkarte vorbei. Die Dame stellte – man kann sich auch bestens beraten lassen – die gewünschte Tafel zusammen. Auch an Geschirr, Gläsern, Tischwäsche und Bedienungspersonal sollte es nicht fehlen. Das Ganze lief auf Rechnung, wie es in entsprechenden Kreisen so üblich ist. Auf diese Weise kam schon eine 22 000-Mark-Fete zustande, die offiziell vom »Institut für Chemische Grundlagenforschung« ausgerichtet war. Die Gäste waren rundherum zufrieden, der Party-Service schaute jedoch – als es ans Bezahlen ging – vergebens in die Backröhre, denn der Auftraggeber war nicht zu ermitteln.

Wir können zwar davon ausgehen, daß es sich bei diesem Delinquenten um einen uneigennützigen Freund alles Schönen handelte, der schlichtweg über seine Verhältnisse lebte; doch ist bei mehrmaliger Anwendung dieser Methode zu befürchten, daß sich demnächst auch getarnte Kriminalpolizisten unters Partyvolk mischen. Und was die dann noch zusätzlich alles erfahren . . .

GAUNERPÄRCHEN

Nicht im Stil von Bonny and Clyde, aber doch imposant genug gaunerten sich Norbert und Claudia Z. aus Darmstadt durch die Welt des Big Business, ließen sich als Show-Manager feiern, bis der Alltag das Glamour-Duo einholte.

Die Masche von Norbert und Claudia Z.: 1983 hatte das Paar als Organisator von *Schönheitswettbewerben* mit dem Titel »Queen of Germany« von sich reden gemacht. Im Düsseldorfer »Hilton« traten Catharina Valente, Paul Kuhn, Chris Howland und die Saragossa-Band bei einer Gala-Vorstellung auf. Das Paar Z. nahm in der Präsidenten-Suite des Hotels Quartier. Mit ungedeckten Schecks und Zahlungsankündigungen führten die beiden Hotel und Stars hinters Licht. Gefälsche Fernschreiben namhafter Geldinstitute sagten den Hausbanken der Geschädigten alsbaldige Zahlungen zu. Ein weiterer Coup: Einer Boulevard-Zeitung verkaufte das Ehepaar als Inhaber einer »Presse-Agentur« eine Story, in der die 29jährige Claudia Z. als »Linda Wayne«, die Tochter des amerikanischen Filmhelden John Wayne, präsentiert wurde. Die Regenbogen-Journaille griff die Geschichte dankbar gegen Bares auf und jagte sie durch die Presse.

Kleinere Delikte folgten. Im Dezember 1983 schloß Z. sodann mit einem gutgläubigen »Partner« einen Vertrag zur Eröffnung eines Videogeschäftes ab. Der Geprellte nahm über 200 000 Mark auf, die auf Nimmerwiedersehen verschwanden.

Der Sturzflug war vorprogrammiert. Norbert Z. sitzt eine siebenjährige Haftstrafe ab, seine Frau, die sich lediglich anstiften ließ, wurde zu einem Jahr und neun Monaten verurteilt. Beide hätten keine Aussicht auf solides Einkommen gehabt, so hieß es vor Gericht.

Wenn sie's raffiniert anstellen, können sie ihre Geschichtchen aus der *Glamour-Welt* nach Absitzen der Strafen vielleicht noch mal gewinnbringend als Drehbuch ans Fernsehen verkaufen. In den Hauptrollen (leicht gealtert) sie selbst.

GEHEIMDIENST-SABOTAGE

Damit niemand auf den falschen Gedanken kommt, *Sabotage* sei etwas, das nur von »denen da unten« ausbaldowert wird, geben wir hier einen Bericht aus der taz wieder.

Wie man sieht, wird auch von allerhöchste Stelle unseres amerikanischen Vormunds liebevoll sabotiert. Sozusagen im Rahmen der *Entwicklungshilfe* und aus humanitären Gründen.

Washington (ap). Nachhilfe in Sabotage will ein offenbar vom US-Geheimdienst CIA herausgegebenes Comic-Buch geben, mit dem der Widerstand von Nicaraguanern gegen ihre Regierung angestachelt werden soll. Die Leser des sogenannten »Handbuches des Freiheitskämpfers« werden dazu aufgerufen, zu spät zur Arbeit zu erscheinen, Sand in das Getriebe von Maschinen zu streuen, Molotow-Cocktails zu werfen und auf diverse andere Arten das öffentliche Leben in dem mittelamerikanischen Staat zu lähmen. In spanisch geschriebenen und mit zahlreichen, untertitelten bunten Illustrationen versehen, führt das Heft auf 16 Seiten insgesamt 38 Sabotage-Tricks vor.

In einer Selbstdarstellung nennen die (unbekannten) Autoren die Broschüre einen »praktischen Ratgeber zur Befreiung Nicaraguas von Unterdrückung und Elend«. Diese »Befreiung« könne über die »Lähmung des militärisch-industriellen Komplexes des verräterischen Marxistenstaates« erfolgen, »ohne spezielle Werkzeuge und mit einem minimalen Risiko für den Kämpfer«. Potentielle »Freiheitskämpfer« werden dazu aufgerufen, sich an der »Endschlacht« gegen die Regierung zu beteiligen.

Geheimdienstkreisen zufolge wurde der »Ratgeber« für die von der CIA finanzierte Rebellenorganisation »Nicaraguanische Demokratische Kraft« (FDN) angefertigt. Eine Kopie des Heftes wurde von einem nicaraguanischen Bauern nach einem Angriff der FDN auf die Stadt Ocotal nahe der honduranischen Grenze am 1. Juni gefunden.

Geheimdienstmitarbeiter, die anonym bleiben wollten, identifizierten das Heft später als Produkt der CIA. CIA-Sprecher George Lauder lehnte jede Stellungnahme ab.

In dem Ratgeber werden die Nicaraguaner ermuntert, bei der Arbeit zu bummeln, Licht an und Wasser laufen zu lassen, Bücher und Büroeinrichtungen zu beschädigen, Fenster einzuwerfen, Toiletten zu verstopfen, Telefondrähte durchzutrennen, blinden Alarm auszulösen, Reifen zu zerschlitzen und Gerüchte in Umlauf zu bringen. Weitere Ratschläge sind: falsche Hotel- oder Flugzeugreservierungen zu buchen, Kurzschlüsse zu verursachen, mit Farbe regierungsfeindliche Slogans anzubringen, Motoren von Lastwagen zu beschädigen, Bäume zu fällen, Haustiere aus Ställen freizulassen, staatliche Lebensmittelvorräte zu plündern, Feuer zu legen und Molotow-Cocktails gegen Polizeistationen und Treibstoffdepots zu werfen.«

Merke: Ist der Ruf erst ruiniert, sabotiert's sich ungeniert.

GELÄNDEWAGEN

Alle vernünftigen Personen in unserem Land wundern sich schon seit Jahren, aus welch unerfindlichen Gründen jeden Tag mehr Geländewagen (Jeeps) in unseren Städten auftauchen? Wo's dort doch gar kein Gelände gibt und überhaupt die ganze

Republik eigentlich nur noch aus breiten Asphaltbändern und Verbundsteinpflaster besteht! Warum also Geländewagen?

Diese Frage ist nun geklärt. Am dritten März 1988 führte ein Mann in Baden-Baden vor, wozu man die hochbeinigen Kisten braucht; nämlich, um damit über Freitreppen in *Spielkasinos* zu brausen.

Kurz vor zwei Uhr in der Nacht startete der frustrierte 44jährige, der zuvor beim Roulette ordentlich Geld verloren hatte, seine Abenteuerfahrt. Er steuerte seinen japanischen Geländewagen über die siebenstufige Freitreppe des Kurhauses durch das Foyer in Richtung Spielbank, durchbrach die antike Rauchglastür und durchquerte die Rezeptionshalle. An die Etappe geschlossener Glastüren schloß sich ein Slalom durch den Prunksaal, in dessen Verlauf Black-Jack- und Roulettetische gerammt und stark beschädigt wurden. Nach einem Wendemanöver fuhr der Wagen zur Bar weiter, zertrümmerte zahlreiche Tische und Stühle und kam nach weiteren Wendemanövern schließlich mit einem geplatzten Vorderreifen vor einer Spiegelwand zum Stehen.

Jedenfalls wissen wir jetzt, wozu die paramilitärischen Fahrzeuge nutze sind. Um unsere öffentlichen Einrichtungen vor mehr Schaden zu bewahren, sollte man die Jeeps einziehen und der Bundeswehr vermachen. Das brächte eine feine Entlastung des Wehretats und unseren Jungs beim Bund spritzige Brummer unter die Hintern.

GEISTIGER DIEBSTAHL

Auch unter den Wissenschaftlern gibt es schwarze Schafe. Statt zweckfrei und redlich der *Forschung* zu dienen, lassen einige ihre Studenten Innovatives zu Papier bringen. Selbiges verkaufen diese Koryphäen der Forschung und Lehre dann in wissenschaftlichen Aufsätzen als eigenes Gelege. Grundsätzlich bietet sich auch dem kleinen Studenten die Möglichkeit, seinen »Übervater« mit eigenen Mitteln zu schlagen, wie das folgende Beispiel zeigt:

Manfred X. aus Tübingen – um seine eigenen Erkenntnisse wie oben beschrieben geprellt – suchte sich einen *Fachartikel* aus einem etwas entlegenen Periodicum heraus. Er tippte den Aufsatz ab und versah ihn mit der Unterschrift des unliebsamen Lehrmeisters. Samt Vita schickte er das Manuskript an eine konkurrierende Fachzeitschrift mit der Bitte um Veröffentlichung. Um lästigen Rückfragen vorzubeugen, fügte er hinzu, er sei in der nächsten Zeit wegen eines Auslandsaufenthaltes nicht erreichbar, hoffe aber doch auf baldige Publikation, falls notwendig, auch in gekürzter Form. Da selbst gute Redakteure nicht alle bereits erschienenen Beiträge kennen können, dagegen froh über reputierliche Namen sind, wurde der Artikel unverzüglich gedruckt.

Die Auswirkungen: Wer den Wissenschaftsbetrieb kennt, kann sich ausmalen, was mit der Reputation des »*Plagiators*« geschah. Es dauerte nicht lange und die Studenten sprühten das Wort »Bla-Bla-Bla-Plagiator« an die Hörsaalwand.

GERUCHSBELÄSTIGUNG

Den Teufel, sagt der Volksmund, kannst du nur mit dem Beelzebub austreiben. (Und der Volksmund hat im allgemeinen recht.) Unser französischer Gewährsmann Claude D. wandelte den Spruch leicht ab und handelte nach dem Motto: Wenn dir etwas stinkt, muß du dagegen noch heftiger anstinken. Und das im wortwörtlichen Sinne.

Claude war, wie er meint, von seiner Versicherung betrogen worden. Der übliche Fall: er hatte seinen Hausrat gegen alles und jedes versichert. Es kam zu einem Wasserschaden. Die Versicherung verwies auf Kleingedrucktes, »höhere Gewalt« war im Spiel, und Claude erhielt für sein Malheur gar nichts.

Euch werde ich es zeigen, sagte er. Claude kannte das Verwaltungsgebäude der Gesellschaft, die nur immer nehmen, aber nie geben wollte; ein weitläufiges modernes Hochhaus in der nahegelegenen Großstadt. Er wußte auch, wo der Frischluftkanal der Klimaanlage endet und wie man an ihn herankommt. An einem Sonntagabend schüttete er einen Liter Buttersäure in den Frischluft-Stutzen, das war alles, was er tat.

Im gesamten Gebäudekomplex breitete sich über Nacht ein gewaltiger *Gestank* aus. Die über zweihundert Angestellten weigerten sich, den Versicherungspalast zu betreten. Auch die Herren Direktoren hielten es keine zehn Minuten in ihrer Konzernzentrale aus. Wegen stinkiger Geschäftsgebaren ruhte das Versicherungswesen für zwei Tage. Nach einer Reinigungsprozedur, die leider nur die Klimaanlage, nicht aber die Geschäftsbedingungen betraf, verzog sich der Fäulnisgeruch allmählich.

Claude behauptete, es sei ihm nach der Tat viel wohler gewesen. Auch hege er überhaupt keinen Groll mehr gegen die Versicherung.

Buttersäure läßt sich nahezu universal anwenden. Ausgesprochene Langzeitwirkung läßt sich erzielen, wenn es gelingt, die Buttersäure bei offener Aufzugstür durch den schmalen Schlitz in den Aufzugsschacht zu träufeln. Im Schacht braut sich mörderischer Gestank zusammen. Die Kabine bewegt sich im Schacht wie ein Kolben und treibt den Gestank permanent durch alle Ritzen. Das führt zu einer phänomenalen Dauerbelästigung, an die man – zwecks Beseitigung – nur mit großem technischen Aufwand herankommt.

An Buttersäure heranzukommen, ist leider ganz einfach: entweder in jeder Chemikalienhandlung erhältlich oder (mit simplen Chemiekenntnissen) selbst herzustellen: mit einer Lösung aus Rohrzucker und Weinsäure mit faulem Käse, saurer Milch und Kreide, die bei 35 Grad vergoren wird.

Selbsthilfe auf natürlicher, biologischer Basis mag manchmal ja ganz witzig sein; Anzeigen wegen Körperverletzung sind es schon weniger, und wenn Schadenersatzforderungen ins Haus stehen, stinkt dem Verursacher der eigene Gestank sicher längst.

GESANG DER SIRENEN

Unprogrammgemäß und zum Ärger der Regenten heulten während Ronald Reagans Bonn-Besuch am 9. 6. 1982 im *Regierungsviertel* die Sirenen. Kenner waren am Werk. Sie berichten:

»Was wir brauchten, waren simple Wochenschaltuhren und ein paar Kabel, um den Einschaltknopf im Sirenenkasten zu überbrücken, Gegenstände also, wie sie in jedem Kaufhaus erhältlich sind. Die Unterlagen über Sirenenanlagen sind jedermann zugänglich. Da solche Einrichtungen bundesweit einheitlich aufgebaut sind, findet man in jeder juristischen Fachbibliothek die entsprechenden Verordnungen mit Schaltplänen etc. (Die Schaltpläne selbst befinden sich auch in der Innenseite der Sirenenkästen.) Vor dem Einbau sollte man in jedem Fall die im Schaltkasten befindlichen Sicherungen herausnehmen, damit bei einem falschen Handgriff nicht gleich der *Lärm* losgeht! (Mit einer Blinkschaltung kann man auch Flieger- oder Feueralarm auslösen!) Um die Störung etwas in die Länge zu ziehen, haben wir die Schaltkästen noch gegen ein allzu leichtes Öffnen mit geeignetem Material gesichert. All diese Details sollen nur zeigen, daß es nicht auf hochwissenschaftliche Technikkenntnisse ankommt, sondern auf ein paar simple Überlegungen und ein genau vorbereitetes und sorgfältiges Vorgehen.

Bleibt die Frage der Zugänglichkeit der Schaltkästen der Sirenen, die sich im allgemeinen im Keller der betreffenden Gebäude befinden. Hier kommt einem zugute, daß die Einrichtungen zwar vor Mißbrauch geschützt werden sollen, aber andererseits für alle Eventualitäten leicht zugänglich sein müssen. D. h., die Schaltkästen haben kein Sicherheitsschloß, sondern sind mit einfachen Dreikant-Hohlschlüsseln (Kantenlänge 9 mm) zu öffnen. Die Kästen befinden sich fast nie in abgeschlossenen Räumen, und man kann sich die Anonymität eines Schul- oder Behördenbetriebs zunutze machen.«

Ein solches Sirenenständchen der Kategorie »Studentenulk« sollte man sich allerdings für seltene Sonderfälle vorbehalten. Sonst ist's wie bei allem: Je häufiger man etwas hört, um so eher gewöhnt man sich daran . . .

GIFTWOLKE

»Arbeitsloser verursachte aus Rache Brand und Giftgaswolke. Nach Entlassung in Rösrather Kunststoffwerk Feuer gelegt.« So die Überschrift eines Artikels, der wie folgt lautet:

Köln, 23. September. Die Ursache des Brandes in einer Kunststoffabrik in Rösrath im Bergischen Land, in dessen Verlauf sich zwei vom Wind bis nach Köln hineingetriebene Giftgaswolken bildeten, ist geklärt. Ein vierzigjähriger ehemaliger Arbeiter der Firma stellte sich am Wochenende und gestand, den Brand »aus Wut und Rache« wegen seiner Entlassung gelegt zu haben. Wie der Vater eines minderjährigen Kindes weinend gegenüber einem Reporter des Kölner Boulevardblattes »Express« kurz vor seiner Festnahme erklärte, hatte er nach zweijähriger Arbeitslosigkeit Mitte Mai endlich einen Job im Lager des Kunststoffbetriebes erhalten, war jedoch kurz darauf für zwei Wochen krank geworden und hatte anschließend die Kündigung erhalten. Weil er sich nicht traute, seiner Frau von der abermaligen Arbeitslosigkeit zu berichten, und so tun wollte, als würde er Lohn mit nach Hause bringen, sei er auf der Suche nach Geld bei seiner ehemaligen Firma eingestiegen. Als er nichts fand, habe er in der Werkshalle mit Verdünner den Brand gelegt.

Das Feuer hatte sich vom vergangenen Mittwochabend an zu einem Großbrand entwickelt, bei dem sich in der Lagerhalle rund 500 Tonnen PVC entzündeten. Wird dieser am meisten gebräuchliche Kunststoff verbrannt, entstehen Chlorwasserstoffe, die sich bei Kontakt mit Wasser in Salzsäure verwandeln. Eine hochgiftige Wolke dieses Gemisches entwickelte sich bald nach Ausbruch des Feuers und wurde – wie berichtet – vom Wind kilometerweit in verschiedene Himmelsrichtungen getrieben.

Am Nachmittag des darauffolgenden Tages entflammte das fast eingedämmte Feuer erneut, eine zweite Giftgaswolke entstand und trieb diesmal in Richtung Köln. Anwohner klagten inzwischen über Kopfschmerzen, Übelkeit, Atemnot und brennende Augen. Als die an mehreren Stellen durchgeführten Messungen der Schadstoffkonzentration in der Luft einen hohen Anstieg zeigten, wurden über 100 Bewohner eines in Nähe der Brandstelle gelegenen Altenheimes vorübergehend evakuiert. Erst am Freitag konnte das Feuer gelöscht, der Alarm abgeblasen werden.

Seitdem sind bis auf weiteres die Kinderspielplätze der Umgebung geschlossen, da sich auf Böden und Spielgeräten salzsäurehaltiger Ruß festgesetzt hat. Die Behörden entnahmen Proben von Obst und Gemüse aus Gärten, auf die es aus der Säurewolke geregnet hatte, und rieten dringend, bis zum Ende der Untersuchungen nichts Selbstangebautes zu essen. Auch die Milch von Kühen, über deren Weiden die Giftwolke hinweggezogen war, wird derzeit geprüft.«

Soweit der Bericht über die Wahnsinnstat eines einzelnen, der seine Mitmenschen und die Umwelt in erheblichem Maße gefährdet hat. Gar nicht zu entschuldigen, auch wenn die Situation des *Arbeitslosen* noch so mies war.

Es gibt eine Menge Möglichkeiten, sich gegen Ungerechtigkeiten zu wehren; und selbst wenn alles nichts fruchtet (kommt leider häufig genug vor), ist das kein Grund, zu solchen Mitteln zu greifen.

Lieber ganz unten ohne Geld als ganz bekannt mit (krimineller) Vergangenheit!

GLASKONJUNKTUR

Eine ganz eigene Methode, sein Geschäft zu beleben, hatte Kai F. in Klagenfurt, von Beruf Glaser. Er beschaffte sich *Aufträge.* Das ist doch nur gut, wird mancher sagen. Bei näherer Betrachtung tun sich dagegen wahre Abgründe auf:

Herr F. erteilte zwei Angestellten die Order, Schaufensterscheiben zu zerschießen. Just zu diesem Zweck hatte er sich bereits mit Steinschleudern versorgt, mittels derer die Männer die Auftragsarbeiten »erschießen« sollten. Lange ging's gut: Das Geschäft florierte, die Angestellten bekamen ein Stück vom Wohlstandskuchen ab. Nach zwei Jahren flog der Betrug auf.

Klägliches Ende: Einer der beiden Steinschleuderschützen wurde entlassen und zeigte seinen Chef – wen wundert's? – an. Das Landesgericht Klagenfurt veranschlagte den Schaden mit rund 20000 Mark. Die mußte der Glasermeister ersetzen. Außerdem wurde er zur Erstattung der Gerichtskosten und zu sechs Monaten Gefängnis auf Bewährung verurteilt. Der zweite Schütze erhielt ebenfalls sechs Monate Gefängnis auf Bewährung. Dabei kennt jeder das geflügelte Wort »Wer im Glashaus sitzt...«

GOTTESLÄSTERUNG

Seltsamerweise setzt sich die CDU/CSU-geführte Bundesregierung dafür ein, daß mehr Menschen zur *Sonntagsarbeit* herangezogen werden können, ohne Not und ohne Ansehen von Person und Konfession.

Jeder Christ aber ist gehalten, den »Tag des Herrn« zu achten und zu ehren. Die angestrebte Ausweitung der Sonntagsarbeit verletzt demnach nicht nur religiöse Gefühle, sondern kommt einer provokanten *Gotteslästerung* gleich.

(Mögen diese Politiker getrost ums »Goldene Kalb« tanzen, wir wenden uns enttäuscht ab von diesen Verführern und Sündern!)

GRATISPOST

Für alles muß man bezahlen, auch für Dienstleistungen. Diese einfache Lebenserfahrung wollte Hartmut M. für sich nicht gelten lassen. Er wollte seine Briefschaften zum Null-Tarif versenden.

Er kaufte sich kleine Selbstklebe-Etiketten, die geringfügig größer waren als der Gebührenaufdruck. Er ließ einen Frankierstreifen mit Null-Betrag durch die Maschine sausen. Dann nahm er ein ganzes Päckchen Frankierstreifen. Den null-frankierten Streifen legte er exakt darauf.

Mit einer sehr dünnen Nadel durchstach er möglichst viele Frankierstreifen an der linken oberen Ecke der Null-Frankierung. So wußte er, wo er sein Selbstklebe-Etikett aufpappen mußte. Die derart präparierten Frankierstreifen jagte er bei Bedarf mit Null-Wert durch die Maschine.

Problemlos ließ sich das Selbstklebe-Etikett wieder abziehen. Wo der Nullwert gestempelt war, war's nun makellos weiß. Das Stempelkissen, mit der Original-Freistempler-Farbe getränkt, stand stets für weitere Schandtaten parat. Hartmut M. nahm sein verstellbares dreistelliges Nummernstempelchen, das er sich genau nach Vorlage hatte machen lassen, und stempelte den gewünschten Wert exakt ein. Ab ging die Post. Und alles gratis.

Ihm kam zur Hilfe, daß fast jede Stempelanstalt die Nummern, die im Freistempler verwandt werden, vorrätig hat. Sonderanfertigungen waren also nicht erforderlich.

Ein Beispiel für Schnorrertum am falschen Ende. Wenn die Bundespost auf diese Weise ins Defizit gerät, sind zum Schluß wieder die schreibfreudigen Alten dran. Zudem soll es auch unter den Postbeamten einige scharfäugige Kriminologen geben. Wenn's auffliegt, geht wirklich die Post ab!

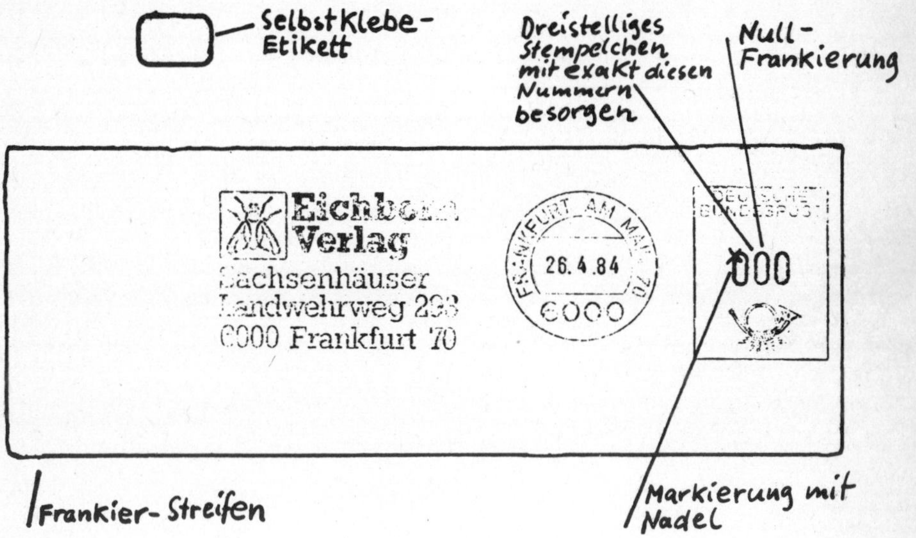

GRENZÜBERTRITT

Herr S. sandte uns einen Hinweis ein, wie Profi-*Schmuggler* sich über die Grenze gemogelt haben; per Mitleidseffekt sozusagen:

»Egal«, schreibt S., »welche heiße Schmuggelware man in größeren Mengen im Kofferraum verborgen hat – noch an jeder Grenze gelingt es, superschnelle, unkontrollierte Abfertigung zu erreichen und selbst von sonst erbarmungslosen Zöllnern mitleiderfüllte Gute-Fahrt-Wünsche mit auf den Weg zu bekommen. Nur ein paar Kilometer vor dem Schlagbaum die vordere Windschutzscheibe zertrümmern, sich dick gegen den Fahrtwind vermummem (fällt in diesem Fall nicht unters Vermummungsverbot) und die Pässe durch die nicht mehr vorhandene Frontscheibe nach draußen reichen.

Dann etwas von elendem Pech murmeln, und daß man geradenwegs in die nächste Vertragswerkstatt fahren will. – Alles ist garantiert in Ordnung.«

Allerdings, eine Frontscheibe ist nicht billig! Für 'ne Stange Zigaretten mehr lohnt's wirklich nicht! Ganz Gewitzte übrigens sollen sich das Geld für die Frontscheibe von ihrer Versicherung wiedergeben lassen. — Wir hoffen, diese Veröffentlichung hält unsere freundlichen Grenzbeamten künftig von falschen Mitleidsregungen ab.

HALBZEIT KOSTENLOS

Theater-Enthusiasten, denen es an Geld mangelt, müssen ihrer Leidenschaft nicht völlig entsagen. Es gibt kaum ein Theater in Deutschland, in dem nach der Pause die Eintrittskarten nochmals kontrolliert werden. Ergo mischen sich mittellose Spezialisten unters festlich gestimmte Publikum, nehmen für den zweiten Teil der Vorführung einen vordem leeren Platz ein und sehen sich die entscheidende Hälfte des dramatischen Geschehens kostenlos und genüßlich an.

Ernsthafte Theaterschnorrer lesen die ersten Akte des Bühnentextes bei *Reclam.* Oberflächliche Fans behelfen sich mit einem Schauspielführer.

Opernfreunde sind nicht dümmer als Schauspiel-Freaks, allerdings meist etwas gesitteter. Ihnen sei gesagt: Es ist keine Sünde, einen leeren Opernhaussessel zu wärmen. Timidität ist unangebracht.

Ballettabende laufen leider vielfach ohne Pause ab. Sorry, *Ballettfreunde.* Ihr seid im Nachteil.

HAPPENING BEI SONNENSCHEIN

Ein kühles Bad für Schwerarbeiter in der *Hitze* des Nachmittags, wer könnte da schon widerstehen? Das Ganze könnte auch zum gesamtstädtischen Happening werden.

Die Belustigung inszenierte sich unfreiwillig. Der Tag war trocken und heiß. Nachmittags um drei stach die Sonne noch gemein vom Himmel. Die brave Weißbinderkolonne plagte sich trotz der Affenhitze im Akkord mit halbfertigen Eigentumswohnungen herum, die für teures Geld an der Promenade einer westdeutschen Kurstadt entstanden.

Das »Mädchen für alles« wurde Wasseranstellen geschickt. Mit seinem Vierkant-Steckschlüssel fummelte der Mensch eilfertig am *Hydranten* auf der Straße herum. Und weil der Absperrhahn nicht so wollte wie unser Weißbinder, versuchte der's mit Gewalt. Ein unkontrollierter Ruck öffnete die Sperre, und oberarmstark schoß eine Fontäne mit hohem Druck in den Himmel. Der Fuzzy, klatschnaß, wurde zur Seite geschleudert. In Null Komma nichts überflutete der Wassersturz die Straße, floß in Kellergelasse, brachte den Verkehr zum Stehen, verscheuchte die Gäste des Straßencafés und lockte Hunderte von Schaulustigen an.

Die Geister, die er rief, zu stoppen, war für Fuzzy unmöglich. Andere Koryphäen der Weißbindertruppe, die sich mutig in die Fluten warfen, mußten sich gleichfalls erfolglos zurückziehen. Die ersten Kinder tauchten in Badehosen auf, um die Gunst der Stunde zu nutzen. Über dreißig Minuten dauerte das Schauspiel – den Erwachsenen zum Frust, den Kindern zur Lust. Dann hatte man die Katastrophe im Griff: Die Hauptleitung war abgestellt. Der Hydrant konnte geschlossen, der Wasserschaden besichtigt werden. Verkehr durfte wieder fließen. Vor dem Straßencafé wurde wieder Platz genommen. Die Badehosen mußten eingepackt werden.

Hydranten findet man in der Stadt überall. Die kleinen ovalen Gußeisendeckel lassen sich leicht abheben. Steckschlüssel ansetzen, aufdrehen, und schon beginnt das Wasserspiel. Findet solch ein Spektakel an zehn Plätzen gleichzeitig statt, ist das Happening perfekt. Wenn sich die »Künstler« nicht durch geschickte Flucht der Verfolgung entziehen können, sollten sie versuchen, Ehre einzuheimsen. Wer vorher das Fernsehen informiert und ein Videoteam von der Akademie mobilisiert, geht in die Kunstgeschichte ein.

Aber bitte immer dran denken: Wasser ist auch bei uns kostbar – auch wenn wir genug davon haben. Nicht auszudenken, wenn die chemische Industrie von solchen Happenings Wind bekäme: die würden doch glatt ihre Kloakenbrühe in die Kanalisation einleiten, um sie per Fontäne zu entsorgen.

HELFERSHELFER

Wer ständig falsche Ausweise benötigt, muß damit nicht unbedingt eine Fälscherwerkstatt beauftragen, er kann auch aufs *Einwohnermeldeamt* gehen. Das jedenfalls hat ein 42jähriger Bauzeichner gemacht, der wegen Urkundenfälschung und Betrugs vor Gericht stand.

Die Methode, die der 42jährige erstmals 1985 in Hamm anwendete, war ebenso einfach wie genial: Beim Einwohnermeldeamt legte er eine gefälschte Geburtsurkunde, eine falsche Abmeldebestätigung seines angeblich früheren Wohnortes und eine ebenso falsche Mietbescheinigung für den neuen Wohnsitz vor. Daraufhin erhielt er ohne Probleme einen echten Personalausweis auf einen falschen Namen. Auf die gleiche Weise beschaffte er sich wenig später Personalausweise in Ahnatal bei Kassel, in Göttingen und Lauenförde an der Weser. Er wurde so zu Peter Stein, Rolf Adam, Rolf Lehmann und Norbert Heine. Mit Hilfe dieser Ausweise machte der 42jährige dann Kasse. Er ließ sich Kredite einräumen, bestellte bei Versandfirmen Kleidung und besorgte sich Autos. Innerhalb kurzer Zeit summierten sich die Rechnungen und Verbindlichkeiten von Peter Stein, Rolf Adam, Rolf Lehmann und Norbert Heine zu einem ansehnlichen fünfstelligen Betrag, auf dessen Bezahlung die Firmen vergeblich warteten.

Zu den Geschröpften gehört auch die Bundesanstalt für Arbeit, von der sich der Angeklagte ebenfalls unter falschem Namen *Arbeitslosengeld* auszahlen ließ. Bemerkenswert an den Aktivitäten des ehemaligen Bauzeichners ist, daß er sie nahezu alle noch aus der Justizvollzugsanstalt Bochum startete, wo er als Freigänger eine vierjährige Haftstrafe wegen schweren Raubes verbüßen mußte.

Erst nach Monaten flog der Fall auf, als das Einwohnermeldeamt Dortmund, wo der 42jährige mit seiner Masche einen weiteren Personalausweis ergaunern wollte, eine gefälschte, angeblich aus Göttingen stammende Abmeldebescheinigung überprüfte. Alle übrigen Ämter hatten dagegen geschlampt und die gefälschten Unterlagen ohne Überprüfung akzeptiert. Dadurch machten es die Behörden dem Angeklagten sehr einfach, sich immer neue Identitäten zu beschaffen. Und hätte es damals die vom Bundesinnenministerium als absolut fälschungssicher gepriesenen neuen Personalausweise schon gegeben, »hätte er sie mit seiner Methode auch bekommen«, bescheinigte ein Sachverständiger.

Der Fall zeigt, daß faule Behörden durch Untätigkeit zu Helfershelfern von Kriminellen werden. Hätten sich alle Beamten korrekt wie der Dortmunder verhalten, wäre es zu den Straftaten gar nicht gekommen!

Der Normalbürger fragt sich überdies, warum er gegenüber den Behörden alle erdenklichen Auskünfte geben muß, wenn diese Daten gar nicht gebraucht, geschweige denn überprüft werden.

HETZE

Es gibt Methoden, die *Konkurrenz* in Mißkredit zu bringen, die nicht nur geschmacklos, sondern volksverhetzend sind. Das Beispiel stammt aus den USA, einem Land mit vielen religiösen und rassischen Minderheiten.

An den Eingangstüren von Restaurants, Hotels und Boutiquen tauchten – geschickt zwischen die Aufkleber von American Express und Touring-Clubs plaziert – sauber gedruckte Sticker auf. Text: »Juden unerwünscht« oder »Kein Zutritt für Neger« oder »Farbige werden aufgefordert, den Seiteneingang zu benutzen«.

Den Sturm der Entrüstung kann man sich vorstellen. Distanzierungen der Geschäftsleute kamen kaum zur Wirkung, weil schlagartig eine emotionsgeladene Diskussion einsetzte. Irrational, wie derartige Auseinandersetzungen verlaufen, wurden die Geschädigten auch noch an den Pranger gestellt.

Auf solche Anschläge sollte jedermann besonnen reagieren. Aufgeregte Schuldzuweisungen machen alles nur noch schlimmer.

HOHEITSZEICHEN

Die Verunglimpfung staatlicher Symbole und *Hoheitszeichen,* das muß an dieser Stelle unmißverständlich klargestellt werden, ist verwerflich.

Der nachfolgend abgebildete Hessenlöwe mit Polizeihelm und Schlagstock zum

Beispiel beschäftigt seit Jahren Staatsanwälte und Gerichte. Repräsentanten des Bundeslandes erlitten verschiedentlich Herzattacken beim Anblick dieser Schändlichkeit, die von Gegnern der berüchtigten Startbahn West kreiert und in vielen Varianten und in subversiver Absicht unters Volk gebracht wurde.
Verbrannte und mit Fäkalien besudelte *Fahnen* sind in den letzten Jahren ebenfalls vorgekommen. Im Hessischen Landtag wurde sogar eine Generalsuniform (eine amerikanische) mit Blut bespritzt.

(Derlei Handlungen fordern unseren Staat heraus. Er muß mit allen Mitteln gegen den inneren Feind vorgehen, will er seine Reputation behalten, die ja doch durch schamlose Politiker schon so sehr gelitten hat.)

HUBSCHRAUBER

Um Polizei-Hubschrauberpiloten vom niedrigen Überflug von Demonstranten abzuhalten, führten Friedensbewegte im Jahre 1986 in der Nähe des Fliegerhorstes Ramstein große Mengen gasgefüllte *Luftballons* mit sich. Beim Anflug eines Helikopters ließen die Demonstranten mit Draht behangene Ballons steigen. Um jedes Unfallrisiko auszuschließen, drehte der Pilot immer wieder ab.

HUNDEHALTER

Mit einer beispielhaften Aktion haben einige beherzte Mütter und ihre Kinder in Hannover unhygienischen Hundehaltern eingeheizt.

Auf den Grünflächen in ihrer Nachbarschaft schmückten sie alle dort abgesetzten *Hundehaufen* mit kleinen Fähnchen, bestehend aus Grillspießchen und bunten Zettelchen. Innerhalb weniger Tage hatten die Frauen über 5000 Stätten der Verrichtung farbig markiert.

Die Öffentlichkeit reagierte spontan; die Frauen erhielten Zustimmung von allen Seiten für ein »hundekotfreies Hannover«. Vor allem die Ärzteschaft stellte sich hinter die Fähnchen der aufrechten Mütter. Professor Peter Hürter wies auf die Gefährdung kleiner Kinder hin, die, im Sand oder auf der Wiese spielend, zwangsläufig mit den im Kot enthaltenen Parasiten in Berührung kämen. Wurmlarven könnten durch kleinste offene Wunden oder auch oral in die Blutbahn des Kindes vordringen. Sie nisten sich z. B. in Hirn, Auge oder Lunge ein und können zu schweren chronischen Entzündungen führen.

Asoziale Hundehalter/innen, die ihre Tiere überall hinkauern lassen und den Dreck nicht beseitigen, haben seither keine ruhige Minute mehr. Gleichzeitig treten die Anti-Hundekot-Aktionist/inn/en engagiert für die Hunde ein: »Sie haben keine Schuld. Wir mögen Hunde. Aber wer einen Hund hält, soll auch den Dreck entsorgen.«

Die »Verminung« der Hannoveraner Grünflächen soll seither spürbar zurückgegangen sein.

INDUSTRIEANSIEDLUNG

Daß *Kommunisten* den Klassenkampf verbissen und erfolglos vorantreiben, wissen wir. Daß sie aber auch mit Humor auf den Klassenfeind losgehen, ist neu. Für letzteres wollen wir sie (über alle politischen Gegensätze hinweg!) loben.

Der Fall

In protziger Mercedes-Limousine fuhren der angebliche Unternehmensberater Dr. Seefelder und Herr Schulz, sein Assistent, beim niedersächsischen Wirtschaftsministerium vor. Die gediegenen dunkelblauen Anzüge der beiden, das teure Leder-Aktenzeug und die Prachtkarosse waren geliehen.

Echt war nur »Seefelders« Doktortitel. Alles andere, Berufsbezeichnung, Name und der Auftrag, einen Standort für einen Industriekomplex zu beschaffen, war aus der Luft gegriffen.

Angeblich sollten drei Milliarden Mark investiert werden. Seefelder behauptete, für einen US-Chemiekonzern zu verhandeln, den er – »Sie verstehen!« – noch nicht benennen könne. Das war der Köder.

Der Leitende Ministerialrat Heinz Brinkmann, zuständig für *Industrieansiedlungen* in seinem Bundesland, biß beflissen an. Für die beiden Kommunisten vom Niederrhein, die den Coup ausbaldowert hatten, lief jetzt alles wie am Schnürchen.

Zunächst wurde ausführlich über die Grundstücksproblematik konferiert. Brinkmann, absolut heiß darauf, die Industrieansiedlung an Land zu ziehen, offerierte eine ganze Reihe von Arealen. Über die Bodenpreise ließe sich auf jeden Fall reden, beteuerte er unaufgefordert, und das Land Niedersachsen könne gern auch 100 Hektar mehr als gefordert zur Verfügung stellen. Die Kosten für den Straßenbau, für Schienen-, Strom-, Gas-, Wasser- und Entsorgungsanschlüsse übernähme selbstverständlich der Staat. Auch eine Hafenanlage könne aus öffentlichen Mitteln finanziert werden. Selbst großzügige Zuschüsse für die Anlaufphase der Produktion wurden dem Verhandlungsführer Seefelder sicher in Aussicht gestellt. Zusammengenommen handelte es sich um Kapitalzusagen in Milliardenhöhe.

Nach seiner Rückkehr aus Hannover erreichte den Unternehmensberater ein richtiggehender Animationsbrief aus dem Ministerium. Mit dem Dank für seinen Besuch sicherte man Seefelder nochmals jede nur mögliche finanzielle, infrastrukturelle und politische Unterstützung zu und empfahl den Standort Peine, wo ausreichendes Gelände kostenlos zur Verfügung gestellt würde.

Der Peiner Stadtdirektor Willy Bosz bestätigte flugs schriftlich, die Stadt sei bereit, »die Fläche kostenlos zu übertragen«. Und anbiederisch brüstete er sich damit, daß angesichts der hohen Arbeitslosigkeit in der Region »das Lohnniveau zur Zeit stark sinkend« sei.

Der dickste Hund folgte im letzten Absatz des Bosz-Schreibens. Der Herr Stadtdirektor bat den Herrn Dr. Seefelder zu einem Gespräch, um ihm Vorschläge darüber zu machen, »was die Stadt für Sie ganz persönlich zu tun bereit ist«.

Das Treffen fand tatsächlich statt. Laut Seefelder wurden ihm 1000 DM für jeden durch den Chemie-Betrieb geschaffenen *Arbeitsplatz* angeboten.

Zum Leidwesen des Ministeriums und der Stadt Peine verwandelte sich die gigantische Industrieanlage in ein entlarvendes Buch, geschrieben von Herrn Heimbrecht, alias Dr. Seefelder.

Ein weiterer Beweis dafür, wie schnell mit Cleverneß und entsprechendem Auftreten der Beamten- und Verwaltungsapparat unseres Staates aufs Glatteis geführt werden kann.

Geradezu entlarvend die schnelle Zahlungszusage von Handgeldern (aus Steuermitteln!), um ein solches Projekt sicherzustellen!

Wie flink und in welcher Höhe Bestechungsgelder hin- und herwandern, haben wir ja in den letzten Jahren zur Genüge erfahren.

Oder glaubt etwa noch jemand daran, daß Politik und Wirtschaft vor allem das Gemeinwohl im Auge haben?

Wir brauchen eben noch viel mehr Seefelders, Wallraffs und Kromschröders.

JUSTITIA MACHT'S MÖGLICH

Wegen insgesamt 60,- DM wurde Horst Stowasser in Beugehaft genommen (s. Abbildung) – und das nicht zum ersten Mal! Justitia macht's möglich.

Der Staat sorgt für die Seinen. Kostenlos bringt er sie unter und ernährt sie. Bis zu sechs Wochen, meist allerdings nur ein paar Tage – im *Knast-Hotel.*

Nr. 25, 4. Jhg. SONDERNUMMER KOSTENLOS (Solidaritätsspende erbeten) D 7489 E

ahn Dill Bote

ZEITUNG FÜR MITTELHESSEN

Wegen insgesamt 60 Mark:

Horst Stowasser in Beugehaft!

»Erpressungshaft, Geiselnahme und Lösegeldforderung« vom Staat / Horst im Hungerstreik / Der Justiz kostet die Haft 90 Mark am Tag

Was Horst Stowasser gelang, kann jeder schaffen – vorausgesetzt, er verfügt über starke Nerven, Beharrungsvermögen und Zeit. Nehmen wir folgenden Fall:

Ein Bußgeldbescheid für eine Verkehrsübertretung wird nicht bezahlt. Auch der Gerichtsvollzieher, der nach mehreren erfolglosen Mahnungen erscheint, wird unverrichteter Dinge wieder weggeschickt. Es folgt ein Brief ans Gericht, man lasse sich nicht zur Zahlung von Bußgeld erpressen.

Die gereizte Justiz schlägt zu und nimmt den »Kandidaten« in Beugehaft. Das kostet den Staat 90,- DM pro Tag. Dafür sind Kost und Logis frei!

Das ist wirklich nur etwas für Leute, die Zeit haben (Arbeitslose, Sozialhilfeempfänger, Privatiers, Rentner etc.) und mal die Tapeten wechseln wollen. Ob die Tapeten allerdings im Knast schöner sind als zu Hause? Vielleicht ein bißchen viel Aufwand für 60,- oder 90,- DM.

Für den, der's dennoch tun will, hier die Adresse von Horst Stowasser (Turmstraße 2, 6330 Wetzlar); er gibt gerne weitere Auskünfte.

KAPITALFLUCH

Der Nabel der weltweiten Steuerhinterziehung ist die Schweiz. Sie lagert das schmutzige – oft auch blutige – Geld der Klepto- und Korruptokraten dieser Erde. Wem gehört das Geld, an dem das solide, friedliebende Schweizer Establishment verdient? Hier ein kleiner Auszug aus einer langen Liste.

Führende Nazis verfügten 1946 über 5 Milliarden Dollar auf *Schweizer Konten.* Damit ließ sich in Südamerika gemütlich ein sorgenfreies Leben beginnen.

Der argentinische ***Diktator Juan Perón*** verfügte nach seinem Sturz 1955 über mindestens 500 Millionen Dollar in der Schweiz.

Der ***Somoza-Clan*** besitzt über 500 Millionen Dollar, die er dem Volk von Nicaragua abgepreßt und in die Schweiz geschafft hat. Die bolivianischen ***Diktatoren René Barrientos*** (1964—69) und ***Hugo Banzer*** (1971—78) haben jeder eine runde Milliarde in der Schweiz liegen. Ihre Nachfolger schaufeln die Millionenprofite, die sie aus verbrecherischen Heroingeschäften ziehen, weiterhin unbehelligt in die Alpenrepublik. Das geschieht neuerdings über eigens eingerichtete Briefkastenfirmen in Liechtenstein. Dort wird die Herkunft des Geldes verschleiert. Die feinfühligen Schweizer benutzen das kleine Fürstentum als Geldwäscherei. Der von Schweiß, Blut und Tränen besudelte Kies wird dort reingewaschen. Dann marschiert er in die Tresore von Zürich. (Was wollen Sie? sagen die Bankiers. Das Geld stinkt nicht. Was ich nicht weiß, muß ich nicht wissen. Wir waschen unsere Hände in Unschuld. Wir sind keine Detektive. Soweit wir wissen, ist das Geld sauber . . .)

Der ***Trujillo-Clan,*** der die Dominikanische Republik ausgeplündert hat, bringt es auf über eine halbe Milliarde Dollar in der Schweiz. Der selbsternannte ***Ex-Kaiser Bokassa*** (Zentralafrika) hat wenigstens 100 Millionen Dollar nach Zürich abgezweigt.

Präsident Mobuto, Zaire, verfügt über ein »Privatvermögen« von 4 Milliarden Dollar in der Schweiz. (Das entspricht exakt der Staatsverschuldung seines Landes. Sonderbar?)

Die Sippe des 1975 gestorbenen Kaisers ***Haile Selassie*** nennt 15 Milliarden Dollar ihr eigen. Alles geklaut und überwiegend in der Schweiz deponiert. (Als Hunderttausende Äthiopier während der Hungersnot Mitte der siebziger Jahre starben, forderte die Selassie-Clique internationale Hilfe an. Gleichzeitig schob sie per Sonderflug noch mal 500 Kilogramm Gold in den Zürcher Safe.)

Die ***Schah-Reza-Pahlevi-Family*** muß mit »kärglichen« 20 Milliarden Dollar auf Schweizer Konten ihr Leben fristen.

Kurz bevor der Schah zum Teufel gejagt wurde, ließ er noch 16 Günstlinge mit insgesamt 2,4 Milliarden Dollar – in die Schweiz transferiert – versorgen. (Netter Kerl, der Schah!)

Überall in der Welt strecken die Schweizer Bankiers ihre Gold-Finger aus. In Panama gibt's z. B. die »Union Bank of Switzerland« und die »Sociedad de Banca Suiza«. Auf den steuerfreien Cayman-Inseln und den Bermudas sind sie eh präsent. Von dort aus greifen die Schweizer ungeniert nach den unterschlagenen Milliarden süd- und mittelamerikanischer Verbrecherregime. Durch Afrika ziehen die alpenländischen Goldsucher wie einst die Missionare. Während die Menschen Hungers verrecken, sammeln die Banker Devisen ein.

Alles, was reich und in großem Stil kriminell ist, gibt sein Geld in »gute« Hände. Dorthin, wo die Gnomen von Zürich und das Rote Kreuz zu Hause sind.

Lichtblicke

Dank eifriger Journalisten und ehrenvoller »Auspacker« sind wenigstens einige große Fische bereits ins Netz gegangen. Man denke nur an die epochemachenden *Enthüllungen* im Flick-Skandal oder an die neue Heimlichkeit der Neuen Heimat. Wenn der Wähler es immer noch nicht begriffen hat, wo der Hase herläuft oder das Kapital hinfließt, ist er selber schuld.

Erfolge im Ausland

Die Mitterrand-Franzosen haben wenigstens ein bißchen Esprit in Sachen Kapitalhatz entwickelt. Nach dem Wahlsieg der Linken fürchtete das Großkapital ums wie auch immer zusammengeraffte Geld. Das mit der *Steuerhinterziehung* würde, da war man sicher, jetzt nicht mehr so reibungslos laufen. Die mißgünstigen Sozialisten würden vielleicht tatsächlich eintreiben, was des Staates ist. Schlagartig flossen die Geldströme (illegal) bergauf, Richtung Suisse.

Die Mitterrand-Leute sagten sich, Geld kriegt man nur mit Geld, richteten eine Art Bestechungskommando ein, das Schweizer Bankangestellte erfolgreich köderte. EDV-Bänder wurden den Franzosen zugespielt. Rund 300 *Kapitalflüchtlinge* fingen sie damit ein.

Am Ende tut es denen sicher nicht weh. Aber immerhin haben sie ein paar unruhige Nächte gehabt, sind durch die Gazetten geschmiert worden und fühlen sich gedemütigt. Und die Schweizer Bankiers haben endlich auch mal ein Feuerchen unter dem Stuhl gehabt. Schließlich wurde der Mythos vom absoluten Bankgeheimnis angekratzt: »Wir haben 17 000 Angestellte, da ist es nicht möglich, Verrat auszuschließen«, lamentierte Präsident Senn von der Schweizer Bank-Gesellschaft. *(Die richtigen Leute sollten halt von den richtigen Leuten zum richtigen Zeitpunkt bestochen werden. Damit die Leute, die viel Geld haben und dem Staat seinen Anteil vorenthalten, wenigstens auch viel Angst drum haben. D'accord?)*

KARREN-SCHIEBER

Zu den *Deputaten* (zusätzlichen Leistungen) einer großen Automobilfabrik gehörte es, daß die Beschäftigten der Werksschreinerei Hobelspäne mit nach Hause nehmen durften. Ein Kollege machte regelmäßig von seinem Recht Gebrauch. An jedem Monatsanfang schaffte er eine Karre Hobelspäne vom Firmengelände.

Der mißtrauische *Werkschutz* stocherte jedesmal in der Fuhre herum, denn in der Firma wurde wahnsinnig viel geklaut (wie fast überall). Der Kollege war aber sauber. Nichts zu finden. Monsieur Ehrlich persönlich.

Erst nach seiner Pensionierung und verstrichener Verjährungsfrist ließ unser Freund die Katze aus dem Sack: Im Laufe seiner gut zehnjährigen Tätigkeit hatte er über 70 Karren aus dem Werk geschoben und für gutes Geld verkauft.

Ist genau das, was die Industrie immer wieder predigt: auf die Verpackung kommt es an. Unser Kollege war ein echter Verpackungskünstler, dessen Praktik wir allerdings nicht billigen können. Schließlich beging er Diebstahl.

KATZENELEND

Katzen sind weitverbreitete Haustiere. Vor allem in städtischen Wohnungen der oberen Mittelklasse werden sie gehätschelt, verwöhnt, sogar mit ins Bett genommen.

Ein junger Widersacher wollte seinem unliebsamen Nachbarn die häusliche *Katzenidylle* offenbar nicht gönnen und ließ sich eine Schikane besonderer Art einfallen.

Der Bösewicht, der eine Abneigung gegen die Tierhalter verspürte, kaufte einen Becher süßer Sahne. In einem unbeobachteten Augenblick stellte er ihn geöffnet in eine Ecke, in die er die Katze spielerisch lockte.

Das Tier machte sich bald gierig über die Delikatesse her. Es ist nicht schwer, sich auszumalen, wie sich der Darminhalt des kleinen Tierchens in Kürze unkontrolliert, vor allem aber stinkend und dünn über die ganze Wohnung verbreitete. Nach Sahnegenuß wird selbst der säuberlichsten Katze der Weg zum Katzenklo zu weit.

Das Drama soll sich in einer mit hellem Teppichboden ausstaffierten Luxus-Eigentumswohnung abgespielt haben. Dem Scherzkeks wäre zu gönnen, mal einen Becher Rizinusöl in einem Zug austrinken zu müssen, damit er nachfühlen kann, wie elend es dem Tierchen ergangen ist.

KLEBE-AKTION

In letzter Zeit häufen sich Nachrichten, daß ganze Supermarkt-Ketten nicht öffnen konnten, weil kurzerhand alle Schlösser unbrauchbar gemacht wurden.

Die »*Kleber*« sind unterwegs: eine Mafia von Frustrierten, die nur mal auf die Tube drücken und damit ein mittleres Chaos anrichten. Die »Scene-Presse« berichtet von folgenden Beispielen:

- Ein Mensch in Spanien spritzte nachts die BKS-Sicherheitsschlösser eines Einkaufszentrums mit Kleber voll: Am nächsten Morgen blieben die Läden geschlossen.
- Schlösser in Tiefgaragen werden als Geheimtip gehandelt.
- Abgestellte Gegenstände und Stühle sind willkommene Testmöglichkeiten.
- Münzen werden mit Klebstoff bestrichen und in Automaten geworfen.
- Ein Elektriker, der von seinem Bauherrn mies behandelt wurde, rächte sich an ihm, indem er die Fassungen der Glühbirnen mit hitzebeständigem Kleber versah, bevor er sie eindrehte: »Damit sie nur schön fest sitzen . . .«
- Aufzugtüren werden blockiert, indem sie am Stoß mit Sofortkleber versehen werden.
- Fotokopierer werden mit verklebtem Papier unbrauchbar gemacht.
- Usw. usw.

Es ist schon beängstigend, was sich die »Kleber« alles einfallen lassen, um irgendwelchen Frust loszuwerden. Man möchte ihnen am liebsten sofort eine kleben (fühlte man sich nicht aus gutem Grund der gewaltfreie Erziehung verpflichtet).

KNÖLLCHEN

Jeder, der ein Knöllchen an der Windschutzscheibe findet, ärgert sich und möchte nicht zahlen.

Was ist zu tun? Alle Zahlungsvermeidungsstrategien laufen darauf hinaus, die Verjährungsfrist von drei Monaten zu überschreiten.

Grundsätzlich ist opportun, gegen den *Ordnungswidrigkeitsbescheid* (so heißt das Ding) Einspruch zu erheben; und zwar ohne irgendeine Begründung. Einfach: »Ich erhebe Einspruch gegen Ihren Bescheid vom Soundsovielten.«

Das bringt Zeitgewinn. Die Behörde muß reagieren. Die Tage verstreichen.

Man wird dann aufgefordert, sich zur Sache zu äußern. Bewährt hat es sich, einen Menschen aus einem EG-Land zu benennen, dem man das Auto zum fraglichen Zeitpunkt geliehen hat.

Profis geben eine c/o-Adresse bei einer Firma an. Am besten in Italien. Dort versandet die Recherche der Behörde mit großer Regelmäßigkeit. Der Sünder ist den Ärger los.

Wiederholt sich dieses Mätzchen mehrfach, wird man allerdings zum Führen eines *Fahrtenbuchs* verdonnert.

Es gibt gut eingespielte Cliquen, die die Geldeintreiber wie folgt austricksen: Warten, bis der Anhörungsbogen ins Haus flattert. Dann ordnungsgemäß ausfüllen und angeben, daß ein Bekannter zu diesem Zeitpunkt den Wagen hatte. Die angegebene Person ist natürlich über den Vorgang informiert und schreibt ihrerseits, daß sie das Fahrzeug ebenfalls verliehen hatte. Bis das Schreiben bei der dritten Person angekommen ist, sind meist die drei Monate der *Verjährungsfrist* verstrichen.

Aber der Staat schläft nicht: Die Gesetze sind inzwischen schärfer geworden. Das mit der unbekannten Person funktioniert heute nicht mehr so einfach wie vor einigen Jahren. Bis vor kurzem half auch schon der lakonische Spruch »Ich berufe mich auf mein Zeugnisverweigerungsrecht gemäß § 52 StPO« weiter. Das Verfahren wurde eingestellt. Auch das ist heute schwerer geworden, funktioniert aber in vielen Fällen immer noch.

Noch eins: Fast in jeder Stadtregion gibt es spezialisierte Anwälte (über *Stadtzeitungen, ADAC* etc. erfragen), die den Strafzettelwust kostenlos für einen erledigen. Honorar holen die sich, weil sie die Gesetzeslücken bestens kennen, aus der Staatskasse. Die eleganteste Lösung. Drum lohnt es, nach solchen Menschen zu fahnden.

Und dann gibt's noch die Möglichkeit, statt Buße zu tun Schadenfreude zu genießen; Henning B. aus E. schrieb:

Ich parke mein Auto, wenn nötig, im Halteverbot und erhalte hierfür eine gebührenpflichtige Verwarnung von z.B. DM 10,-. Als braver Staatsbürger überweise ich das Geld natürlich und sogar noch etwas mehr

Vielleicht anstatt DM 10,- DM 11,73 oder so.
Nach einer Zeit bekomme ich Post von der Inkasso-
abteilung der Bußgeldstelle, die nicht weiß,
wie sie die DM 1,73 zuviel verbuchen soll.
Ich reagiere aber gar nicht und warte auf
die zweite oder sogar dritte Anfrage. Dann
schicke ich eine Postkarte hin, bitte um
Weiterüberweisung an Caritas, Bundeswehr o.ä.
und um eine Spendenquittung fürs
Finanzamt.
Der Verwaltungsaufwand für ein amtliches
Schreiben liegt bei ca. DM 12,- -15,-

KNÖLLCHEN PRIVAT

Diese Story habe ich von Bengt Brogn. Nach seiner Auskunft verfügt die Kopenhagener Scene über eine gut ausgebaute Infrastruktur. Bei einer einschlägigen Druckerei konnte deshalb ein Kollektiv amtlich aussehende *Bußgeld-Zahlkarten* in Auftrag geben. Selbige klemmten die Leute – ordentlich ausgefüllt – hinter die Scheibenwischer von Falschparkern, die es in der dänischen Hauptstadt massenhaft gibt.

Die Zahlungen waren zugunsten eines gemeinnützigen Vereins zur Rehabilitierung von Unfallopfern zu leisten. Für den Phantasieverein hatten die Freaks ein Postscheckkonto eingerichtet. Innerhalb weniger Tage plazierten sie rund 1200 Bußgeld-Zahlkarten. Das Geld von knapp 700 schnellen Zahlern holten die »Verkehrserzieher« schnellstmöglich von ihrem Konto. Immerhin umgerechnet über 7500 Mark.

Danach rührten sie sich nicht mehr. Was noch an Geld einging, ließ sie kalt. Der Kontoinhaber verschwand von der Bildfläche, und als die Polizei hinter den Schwindel gekommen war, stocherte sie nur noch im Nebel.

Keine Frage, daß eine solche Aktion (nicht nur) in Old Germany glatter Betrug ist und mit empfindlichen Gefängnisstrafen geahndet würde. Und daß der Kontoinhaber gefaßt würde, ist doch wohl mehr als wahrscheinlich!

KORRESPONDENZ-KILLER

Herr Neumeier aus Recklinghausen behauptet, durch nachfolgend abgedruckte »Kurz-*Korrespondenz*« jedwede Art von mistigem Schreibkram losgeworden zu sein.

Kurz-Korrespondenz

Ohne weiteres Begleitschreiben

an: ______________________

Betreff: ______________________

____

- ☐ ***Zu dem Unsinn von neulich!***
- ☐ ***Hier haben Sie Ihren Scheiß wieder!***
- ☐ ***Damit Sie etwas auf dem Schreibtisch haben!***
- ☐ ***Den Mist bin ich erst mal los!***
- ☐ ***Bitte keine dummen Rückfragen!***
- ☐ ***Sehen Sie zu, wie Sie das wieder loswerden!***
- ☐ ***Unterschreiben – Widerspruch zwecklos!***
- ☐ ***Können wir nicht ändern – war immer so!***
- ☐ ***Hoffentlich begreifen Sie das!***
- ☐ ***Kann ohne Umweg direkt in den Papierkorb!***
- ☐ ***Vor dem Wegwerfen bitte kopieren!***
- ☐ ***Glauben Sie mir das jetzt?***
- ☐ ***Bloß nicht darüber nachdenken!***

____

Datum ***Unterschrift***

(Bitte in Druckschrift unleserlich schreiben)

Kopieren oder Nachdrucken der Karte ist erlaubt.

KOSTENLOSE WARENPROBEN

Probenjäger, die den Hals nicht voll kriegen können, lesen hier weiter.

Regelrecht aufs Musterversenden geeicht sind die Hersteller von Werbeartikeln. Vom liebenswürdigen Georg Jowitsch, Postfach 103103, 6900 Heidelberg, erhält man Füllfederhalter und Kugelschreiber; Johannes Ohlig, Postfach 2207, 6053 Obertshausen 2, verschenkt Brieftaschen und andere Kleinlederwaren; Feuerzeuge spendiert die Reinhold-Werbung, Hersbrucker Straße 116, 8500 Nürnberg; und mit Lupen versorgt Interessenten die Steffin & Bildt GmbH, Friedrichstraße 14, 8510 Fürth. Kerzenfreunde wenden sich an S. Weis, Wiesenweg 1, 6415 Petersberg 5.

Interessierte lassen sich kostenlos Probehefte des »Werbeartikel-Beraters« schicken, und zwar vom Vogel Verlag, Postfach, 8700 Würzburg – oder auch das Fachorgan »DEDICA« aus dem Überseeverlag, Findelgasse 10, 8500 Nürnberg. In diesen Blättern wird offeriert, was das Herz begehrt. Die wundersamsten Sachen liegen in den dunklen Regalen der Versand- und Werbeabteilungen zahlloser Firmen.

Kinderfreunde bedienen sich bei REWO, Postfach 393, 7300 Esslingen. Die nette Firma schickt ein prächtiges Sortiment Luftballons.

Angehende Hasardeure lassen sich vor dem großen Börsen-Coup erst einmal kostenlos »Das neue Börsen ABC« kommen, das 700 Fachausdrücke plausibel macht (Bundesverband Deutscher Banken, Gereonstraße 58, 5000 Köln 1). Und der Arbeitskreis Förderung der Aktie, Berliner Allee 4, 4000 Düsseldorf, wird um das hervorragende kostenlose Büchlein »Alles über Aktien« angegangen.

Zeitschriften aller Art, auch wertvolle Sonderhefte und Romanhefte gibt's umsonst, wenn man mit Firmenbogen Anzeigenunterlagen und einige »für die redaktionelle Leistung repräsentative Hefte/Ausgaben« anfordert.

Geradezu unter die Menschheit gestreut werden Warenmuster von den Inserenten der Zeitschriften »Handelsmagazin«, Postfach 4770, 3000 Hannover, und vom »Zentralmarkt« aus dem ehrenwerten Vogel Verlag, 8700 Würzburg.

Lukrativ sind auch Abonnenten oder die *Werbeprämien* von Buchclubs und Publikumszeitschriften. Die Prämien sind häufig weit mehr wert, als die Abo-Verpflichtung ausmacht. Mit Radios, Armbanduhren, Dampfkochtöpfen, Heimcomputern, Fernsehgeräten, elektrischen Küchengeräten, Porzellan, Phonogeräten, Videorecordern, Warengutscheinen etc. sollen neue Abonnenten oder Mitglieder angelockt werden. Die Geschenke sind so aufwendig, weil die Anbieter vom statistischen Durchschnitt der Kundentreue ihrer Abonnenten oder Mitglieder ausgehen. Mit Leuten, die planmäßig bei der erstbesten Gelegenheit wieder kündigen, rechnet man dort nicht.

Und so wirbt oft einer den anderen, und der andere wirbt wieder den einen, ständig wird gekündigt – und die Werbeprämien werden verschickt.

The Taiwan Chamber of Commerce, 22 Hankow St., Taipei/Taiwan. Unter dieser Adresse kann man kostenlos inserieren und um bemusterte Angebote ersuchen. Auf diese Weise erhält man viel Plastik- und Blech-Zeug, Billig-Elektronik etc. – Chinesisch muß man nicht beherrschen, aber ein bißchen Englisch. Holper-Englisch reicht schon aus, z. B.: Dear Sirs, we are looking for trade contacs with manufacturers, producing articles for the daily use. Please put our request and address in your monthly publications and send us some copies of them. Yours sincerely.

In dem 400-Seiten-Adreßbuch »Sources for Supply« steht alles, was man sich bemustern lassen kann. Erhältlich beim Hong Kong Trade Development Council Connaught Centre, 1 Connaught Place Hong Kong.

Doch auch die Handelsabteilungen der Botschaften zeigen sich kooperativ, was Bezugs- und Kontaktstellen ihrer Länder betrifft.

Im Gegensatz zu einigen Schnorrern, denen es nur darum geht, gratis durchs Leben zu kommen, gehen wir bei den genannten Tips natürlich von echtem Interesse aus, auch wenn es sich erst später einstellt nach dem Motto: L' appétit vient en mangeant (Der Appetit kommt beim Essen).

KOTPROBEN

Es ist noch nicht lange her, da lieferten etwa 200 Personen ihre *Stuhlproben* beim Landratsamt in K. ab. Was sollte der Schitt?

Die eifrigen Stuhlbringer waren einem gefälschten Rundschreiben aufgesessen, das die Bürger aufforderte, dem Landratsamt entsprechende Proben vorbeizubringen, zwecks Früherkennung von Krebs. Die Stuhluntersuchung sei notwendig wegen der Reaktorkatastrophe von Tschernobyl, so war's zu lesen.

Wahrlich raffiniert ausgeheckt von dem bislang unbekannten Schreibtischtäter. *(Trotzdem ein makabres Spielchen. Zumal – wie uns die Lebenserfahrung lehrt – im Ernstfall einer solchen Reihenuntersuchung dann jeder seinen Mist daheim läßt.)*

KUCKUCKSEI

Sie nannten ihn Knopf. Er gehörte einer linken politischen Splittergruppe an, die sich in den siebziger Jahren als GIM an Landtags- und Bundestagswahlen beteiligte. Ob aufgelöst oder weggeschlummert, es gibt sie nicht mehr, die GIM.

Knopf, schon immer ein humoriger Mensch, gab den politischen Kampf dennoch nicht auf. Und weil er als Buchhändler interessiert die Angebotslisten der Antiquariate studierte, stieß er wohl oder übel auf Hitlers »Mein Kampf«. Spaßeshalber überlegte er, ob sich hiermit nicht Schabernack veranstalten ließe. – Ja, da war was zu machen!

Er besorgt sich das Buch. Er kann den Leiter der *Stadtbücherei,* einen Konservativen, nicht leiden. Er geht in die Bücherei. Er trennt aus einem beliebigen Buch die mit Tesafilm eingeklebte Bibliothekskarte heraus. Dort sind qua Datumstempel bereits elf Ausleihen bestätigt. Er klebt die Karte zu Hause fachkundig in »Mein Kampf«. Er nimmt das Buch mit in die Bibliothek und legt es in einem unbewachten Augenblick ins Regal »Politik«.

Die Folgen kann man sich vorstellen.

Die Bibliothek kam mächtig ins Rotieren. Zum Glück für den Bibliotheksleiter entdeckte ein »braver« Bürger das kompromittierende Werk. Der zeigte sich befremdet, machte aber keinen Spektakel. Die hochnotpeinliche Untersuchung des Vorfalls konnte deshalb behördenintern geführt werden. Erst nach vielem Hin und Her wurde die

Erklärung, es handele sich um ein Kuckucksei, vom Kulturdezernenten und vom Personalrat akzeptiert.

Den einfallsreichen Knopf muß man dafür loben, daß er auf Schlimmeres verzichtet hat, denn erstens hätte Knopf den Skandal mit viel Tamtam selbst aufdecken können; zweitens wäre nach der politisch-moralischen Wende das Einschleusen von pornographischen Schriften viel spektakulärer gewesen; drittens sah Knopf davon ab, Propaganda-Broschüren für Pädophilie (Kinderliebe), etwa versehen mit den Initialen des Gemeindepfarrers, in die katholische Bücherei zu schmuggeln. Nein, das wäre ihm zu weit gegangen. Schließlich hat er Lebensart. Nur sein politisches Späßchen, das konnte er sich nicht verkneifen.

KUNSTREGEN

Was in der Natur der Regen, ist in Gebäude-Großkomplexen die Sprinklerberieselung. Leider herrscht unter überdachten Räumen absolut noch kein Ökobewußtsein. Trockenheit allenthalben. Nichts wächst, nichts gedeiht – keine Pilze, kein Moos. Selbst anspruchsloser Schimmel hat keine Chance.

Nun kann man *Sprinkleranlagen* nicht einfach andrehen, denn sie sind schon in Bereitschaft, versprühen nur noch kein Wasser. Das geschieht erst, wenn ihre Sensoren gereizt werden – zum Beispiel bei einem Brand. Aber Brandstifter wollten die eingefleischten Ökofreaks nicht sein, die mit Campingkocher und Fleischerhaken unterwegs waren. In einer stillen Ecke eines Einkaufszentrums befestigten sie den Kocher mittels Haken irgendwo an der Decke (entsprechende Einhängedecken liefern die Architekten heute fast immer mit) und setzten das Flämmchen in Gang. Schon bald funktionierte die Sprinkleranlage und versuchte, großflächig die kleine Flamme zu löschen.

Die Putzkolonne konnte an diesem Tag die Wassereimer vergessen und arbeitete garantiert staubfrei, und die längst überfällige Kontrolle der Anlage durch technisches Personal konnte auch entfallen.

Dennoch, ein übler Dummejungenstreich, der den Tätern Schadensersatzforderungen seitens der Geschädigten bescheren kann.

KURZSCHLUSS-HANDLUNG

Alle großen Bahnstrecken sind elektrifiziert. Damit alles seine Ordnung hat, sind die Gleise gegen Kurzschluß gesichert.

In Holland haben Demonstranten *Kupferdraht* quer über die Schienen gelegt, um Munitionszüge anzuhalten. Es funktionierte.

In der Bundesrepublik würden die Täter wegen Gefährdung der Verkehrssicherheit strafrechtlich verfolgt.

LADENDIEBE

Die Zahl der Ladendiebstähle ist im letzten Jahr erstmals seit langem nur in geringem Ausmaß gestiegen. Rund 343 000mal wurden *Langfinger* ertappt. Die Bundesarbeitsgemeinschaft der Mittel- und Großbetriebe des Einzelhandels (BAG) meint dazu, vor allem die vorbeugenden Maßnahmen, wie zum Beispiel der Einsatz von elektronischen Sicherungsanlagen und Hausdetektiven, hätten im Kampf gegen Ladendiebstähle große Erfolge erzielt.

Nach Auffassung des Handels dürfe diese jüngste Entwicklung jedoch nicht über das »erschreckende Ausmaß« des Massendelikts hinwegtäuschen. Jede zwölfte Straftat war 1986 ein Ladendiebstahl. Seit 1960 ist die Zahl der Delikte um fast 700 Prozent gestiegen. Dem Einzelhandel entsteht nach Angaben der BAG jedes Jahr ein Schaden in Milliardenhöhe. In vielen Unternehmen sei der Verlust durch Ladendiebstähle höher als der erwirtschaftete Gewinn.

Zwei Dinge sind hier allerdings noch anzumerken: Zum einen dienen die Einzelhändler ihre Waren oft schamlos verführerisch an. Schwache Charaktere sind da in großer Gefahr, und eigentlich gehören die Händler wegen »*Verführung* zum Diebstahl« angezeigt.

Zum zweiten sei darauf verwiesen, daß die sogenannten *Hausdetektive* sich schon häufig als kriminelle Elemente — zumindest aber als rüde Burschen — entpuppt haben. *(Lesen Sie mehr darüber bei Gerhard Kromschröder. In seinem Buch »Ich war einer von ihnen« berichtet er über bestürzende Fälle von Selbstjustiz).*

LANGSAMFAHRER

Der Streit ums *Tempolimit* auf bundesdeutschen Autobahnen ist alt. Es gibt Befürworter des Limits und Schnellfahrer, die Freie-Fahrt-für-freie-Bürger-Pressure-Group, die beim Gesetzgeber die Oberhand behielt. In der Praxis allerdings nicht immer:

Eine Stuttgarter Umweltgruppe hat mit nur zwei geliehenen Drei-Tonner-Lkw unter verschiedenen Verkehrsbedingungen und bei schwankendem Verkehrsaufkommen die Wirkungen des »Go slow« getestet. Danach lassen sich durch träge Überholvorgänge mit unübersichtlichen Kastenwagen gigantische Staueffekte erzielen. Wenn während des Überholens noch erhebliche, untereinander abgestimmte Temposchwankungen zustande gebracht werden und hohes Fahrzeugaufkommen herrscht, wird mit hoher Wahrscheinlichkeit *Verkehrsstillstand* erreicht.

Zeitweiliges Kolonnenfahren zweier Lkw bei schwankenden Geschwindigkeiten provoziert zudem andere Lkw zum Überholen. Auf diese Weise lassen sich Unbeteiligte in staustrategische Handlungen einbeziehen.

Nach Berechnungen der Stauexperten können die Aktionen auf besonders staugefährdeten Autobahnabschnitten erhebliche Auswirkungen zur Folge haben. An Lkw-freien Wochenenden könnten Pkw mit Wohnwagen-Anhängern eingesetzt werden. Die

Fahrzeuge verlassen die interessanten Streckenabschnitte an der nächsten Ausfahrt, fahren zurück und fädeln sich vor der kritischen Wegstrecke erneut ein. Man prognostiziert, daß an verkehrsreichen Tagen mit nur ca. 50 strategisch richtig eingesetzten Fahrzeugen die Stillstandszeiten auf den Autobahnen der Bundesrepublik verdoppelt werden können.

Ein bißchen kurzsichtig, was die »Umweltschützer« da erwägen: Durch mehr und längere Staus laufen die Motoren länger, und der Schadstoffausstoß steigt erheblich an. Zu glauben, daß durch mehr Staus den Autofahrern der Spaß am Herumkutschen vergehen würde, ist etwas naiv. Wer den deutschen Autofahrer kennt, weiß, daß dadurch nur mehr Aggressionen und damit mehr unfallträchtige Situationen entstehen. (Die jährliche Urlaubskarawane läßt grüßen!)

LANGZEITFERIEN

Arbeitsämter wissen ein Lied davon zu singen. Nicht wenige, scheinbar problemlos zu vermittelnde, jüngere Fachkräfte werden partout nicht eingestellt; trotz guter Zeugnisse, Referenzen und manierlichen Aussehens.

Es handelt sich um Leute, die ihnen »zustehende« Ansprüche aus der Arbeitslosenversicherung abfeiern wollen und für eine bestimmte Dauer *überhaupt* kein Interesse an einem neuen Arbeitsplatz haben.

Ihr beliebtester Trick: sie verhalten sich absolut kooperativ; melden sich umgehend bei der vom Arbeitsamt nachgewiesenen Firma und legen ordentliche Bewerbungsunterlagen vor. Formal läuft alles tiptop, so daß die Arbeitsbehörde keine Handhabe findet, die Arbeitslosenunterstützung zu unterbrechen.

Bei der persönlichen Vorstellung aber scheitern die Bewerber regelmäßig. Grund: sie tragen eine *Knoblauchfahne* vor sich her, die selbst hartgesottene Nasenbären unter den Personalchefs umhaut. — Ist der Sommer vorbei und läuft das Arbeitslosengeld aus, wird sich wieder ohne Duftnote und mit Erfolg beworben.

LÄRM-SOLDATEN

Nach Angaben der Bundestagsabgeordneten Angelika Beer werden die *Bundeswehr-Soldaten* immer lästiger. Wochentags dem »System von Befehl und Gehorsam unterworfen«, lassen sie während der Bahnfahrt ins Wochenende ihre »aufgestauten Aggressionen an Mitreisenden aus«. Besonders Frauen würden von »den grölenden und betrunkenen« jungen Männern angepöbelt.

Ein Armutszeugnis ist allerdings die Forderung der Abgeordneten, Frauen sollten in diesen Fällen zuschlagfrei in die Erste Klasse umsteigen dürfen. Das käme einer Sanktionierung des Soldaten-Psycho-Terrors gleich. Richtiger wäre es, von unseren Jungs beim Bund Disziplin auch außerhalb der Kaserne zu verlangen.

LYNCHJUSTIZ

In der Rotterdamer U-Bahn gerieten zwei Männer in Streit. Der eine, 44 Jahre alt, mochte als eingeschworener *Nichtraucher* nicht dulden, daß ein 38jähriger im Abteil rauchte. Weil der eine die Nase des anderen beleidigte und dessen Einsprüche ignorierte, biß kurzerhand der andere dem einen die Nase ab und spuckte sie auf den Boden.

Einerseits ein Beweis dafür, daß Rauchen unangenehme Folgen haben kann; andererseits ein Fall von Selbstjustiz, der nie und nimmer geduldet werden kann.

MAFIA IM KOHLENPOTT

Tatort: Bochum. Ein schwarzer Citroën 11 CV hält mit quietschenden Reifen vor dem Bochumer Schauspielhaus. Drei schwarzgekleidete Männer mit entsprechenden Hüten stürmen aus dem Wagen heraus und ballern mit ihren MPs auf einen harmlosen Passanten, steigen wieder ein und rasen in Windeseile davon. Das Opfer bleibt reglos in seinem Blut liegen, entsetzte Schaulustige eilen heran, Polizei und Krankenwagen werden alarmiert.

Dies ist kein schlechter Krimi, aber auch nicht der tragische Vorfall, den das Leben schrieb.

Was geschah wirklich?

Die „Mafiosi" waren schlicht und einfach Abiturienten, die das oben beschriebene »*Blutbad*« als Abschlußgag inszenierten. Mit Erfolg, wenn man an den Effekt denkt. Mit Verlust, wenn man an die 3000 Mark Strafe denkt, zu denen die schnell Ermittelten verdonnert wurden.

Bleibt nur zu erklären, woher die Blutlache kam, die das »Opfer« umgab. Der Fünfte im Bunde hatte unter seinem weiten Mantel ein paar mit Blut gefüllte Schweinsblasen angebracht, die – zur richtigen Zeit zum Platzen gebracht – für die nötige Wirkung sorgten.

Ob die Möchtegern-Mafiosi noch heute das Bußgeld abbezahlen? Stets trifft's die kleinen Spaßvögel, daher Hände weg von Plastik-MPs!

MALERTRICK

Mit der Zeitungsannonce: »Mal-Modell gesucht! Sitzung 100,– DM + Fahrtkosten, kein Akt, absolut seriös«, lockte der *Maler* Daniel G. sowohl leichtgläubige wie auch eitle und abenteuerlustige Mädchen und junge Frauen in sein Atelier. Sie standen dem gealterten Lüstling mehr oder minder bedeckt Modell.

Von »seriös« könne keine Rede sein, erklärte ein Modell gegenüber der Polizei und erstattete Anzeige, weil es sich durch den »eher unbegabten Maler« bedrängt und genötigt gefühlt hatte. Vor Gericht rechtfertigte der eloquente Angeklagte die sexuellen Handlungen an den Modellen mit der Erklärung, es habe sich lediglich um »Stimulierung« gehandelt, deren einziger Zweck es gewesen sei, bei den zum Teil sehr jungen *Modellen* einen »erotischen Blick hervorzuzaubern«.

Der Mann wurde zu einer Buße von 4000 Mark zugunsten eines Frauenhauses verurteilt, was ihn aber nicht darin hinderte, weiterhin per Inserat Modelle zu suchen. Obwohl die Polizei öffentlich vor dem sexbesessenen Stümper warnte, strömten ihm weiterhin Frauen zu. Von über 140 war zuletzt die Rede. Die meisten waren – wie es scheint – auf die Manipulationen eingestellt; unter denen, die sich überrumpelt fühlten, brachte schließlich eine resolute 23jährige den Mann erneut vor den Kadi.

In ihrem Plädoyer stellte die Staatsanwältin die rhetorische Frage, »ob die Arglosigkeit mancher junger Frauen nicht auch unter Strafe gestellt werden sollte«.

MATERIALSCHWUND

Büromaterial – das weiß jeder, der sich professionell damit eindecken muß – ist sehr teuer und deshalb gerade für kleinere Alternativbetriebe eine oft überproportionale Belastung.

In »einschlägigen Kreisen« ist daher immer wieder zu hören, man solle doch die »bürokratischen Wasserköpfe« der Betriebe und Verwaltungen »anstechen«, die sich ja nun tatsächlich Massen an Büromaterial anschaffen.

Da wird dann z. B. der Tip gegeben, daß man sich in der Verwaltung X einen »Büromaterial-Paten« aussuchen solle, der – nach einer geordneten Liste – nach und nach die gewünschten Materialien beschafft: halbvolle Uhu-Tuben, Scheren, Tesafilm, den Abroller dazu, Farbbänder, Kugelschreiber, Filzstifte, Bleistifte, Büroklammern, Stempel, Batterien usw.

Alles in Maßen, nicht zuviel auf einmal, so daß kaum Gefahr besteht, erwischt zu werden.

Es soll Leute geben, die es bei dieser Form von »Abstauberei« zu weltmeisterlichen Fähigkeiten gebracht haben. Zigtausende von Angestellten und Beamten haben auf diese Weise ihr kleines Privatbüro eingerichtet.

Daß es sich dabei um Diebstahl handelt, müßte eigentlich jedem klar sein. Das hat Folgen für alle, die dabei erwischt werden.

MATTSCHEIBE

Immer mehr Häuser werden an das *TV-Kabelnetz* angeschlossen. Die Gemeinschaftsantennen auf den Dächern verschwinden. Sie werden im Keller durch einen kleinen Blechkasten ersetzt, von dem aus die Programmversorgung der Wohnungen erfolgt.

Um ganze Wohnblocks und Hochhäuser aus Ärger über das Programm vom TV-Erlebnis auszuschließen, wäre bisher eine riskante Aktion an der Antenne auf dem Dach notwendig gewesen. Künftig können Fernsehhasser durch eine kleine Manipulation in dem Blechkasten im Keller ihr Mütchen kühlen.

Etwas für technisch Vorgebildete. Und außerdem familienfreundlich. Schon Helmut Schmidt forderte (damals noch Bundeskanzler) einen fernsehfreien Tag in der Woche...

Und außerdem ist's strafbar, weil das Kästchen Eigentum der Post ist. Deshalb: Finger weg!

MAX UND MORITZ IM SUPERMARKT

Max und Moritz wollen wir das eingespielte Duo nennen, das sich auf Kaufhausschikanen spezialisiert hat. Moralische Motivation: Große Supermarktketten, SB-Warenhäuser und Kaufhäuser verdrängen die Kleinen mit Dumpingpreisen vom Markt. Überwachung per Kamera, Spiegel und Hausdetektiv ist eine unangenehme Begleiterscheinung dieser Giganten. Nicht genug, daß Überwacher geheimen Einblick in diverse Umkleidekabinen haben. Auch stichprobenartige Taschenkontrollen werden praktiziert. Kaum ein Kunde kann sich in seiner Verblüffung wehren. Denen ein Schnippchen zu schlagen, war Max und Moritz mehr als ein Anliegen. Also schritten sie zur Tat.

Erster Streich: Max geriet in eine *Taschenkontrolle.* Er hatte – man höre und staune – nichts »mitgehen« lassen. Dennoch hielt er bewußt seine Tasche ungeschickt zaudernd in der Hand. Als der Ladendetektiv nach seiner Tasche griff, haute Max ihm mit der freien Hand »abwehrend« über die Finger und fing ein Riesengezeter an: »Unverschämt! Beleidigend! Lassen Sie Ihre Hände von meinem Eigentum! Ich verlange, daß man die Polizei holt! Räuberhöhle!«

Er ließ sich nicht, wie es häufig praktiziert wird, in einen Nebenraum komplimentieren. Auch von Entschuldigungen wollte er nichts wissen. Er baute sich wie ein Monument im Laden auf und bestand darauf, daß die Polizei kam. Die Zeit bis zum Erscheinen der Ordnungshüter nutzte er zum Herumpolemisieren. Von den Polizisten verlangte er, daß sie den Fall aufnähmen. Max lamentierte weiter, man habe ihn in aller Öffentlichkeit verdächtigt und beleidigt und zudem versucht, ihm die Tasche zu entreißen. Er verlangte, daß man gegen diese Nötigung durch das Ladenpersonal strafrechtlich vorgehe.

Der Streich war gelungen. Max hatte seinen großen Auftritt, den er gewiß nicht selbst provoziert hatte. Er nimmt nun mal gern verschiedene kleine Teile in die Hand, um sie zu betrachten. Das scheue Um-sich-herum-Blicken ist eine Eigenart von ihm.

Der zweite Streich: Max und Moritz besuchten zu zweit ein (anderes!) Geschäft, traten aber getrennt auf. Zum besseren Gelingen hatten sie sich einen Laden herausgesucht, der für seine strenge Überwachung bekannt war.

Moritz begann geschickt, Kosmetik- und Delikatessen-Diebstahl vorzutäuschen. Trick: Er legte da Entnommene unauffällig an anderer Stelle ab. (Ebensogut hätte Max die Sachen an der Kasse bezahlen können — nur interessierten diesen Kosmetika herzlich wenig.)

Wie erhofft, wartete an der Kasse schon der *Detektiv*. Zwei weitere Angestellte hatten sich bereits im Ausgangsbereich hinter den Kassen aufgebaut.

Doch Pech gehabt! Moritz war unschuldig.

Mit dem oben beschriebenen Geschrei verwahrte er sich gegen sämtliche Unterstellungen. Andere Kunden (lautstark Max vor allen anderen) mischten sich ein und solidarisierten sich mit Moritz. Der Ladenleiter geriet in Konfusion. Totales Chaos! Wieder mußte die Polizei her.

Die armen Kaufhausangestellten können einem doch leid tun. Sie wollten nur ihre Pflicht tun und mußten sich dann den Stempel der Denunziation und Selbstjustiz aufdrücken lassen.

Die weiteren Streiche der beiden sind uns bislang nicht bekannt. Wir hoffen, sie haben sich geläutert.

Die rechtliche Seite: *Nach Auskunft der Verbraucherzentrale sind »systematische oder stichprobenweise« Taschenkontrollen »rechtlich nicht zulässig«. Dies gilt auch für Hausdetektive.*

Ebensowenig darf ein Unternehmen ohne Verdacht von einem Kunden verlangen, zum Feststellen der Personalien dazubleiben oder zu warten, bis die Polizei eintrifft. Wie die Verbraucherzentrale weiter mitteilt, hat auch »ein herbeigerufener Polizist nicht das Recht, eine Durchsuchung – ohne Verdacht – vorzunehmen«.

Anders sieht es aus, wenn ein Kunde beim Ladendiebstahl beobachtet wird. Doch auch in diesem Fall darf eine Firma den ertappten Dieb nur dann festhalten, wenn er »der Flucht verdächtigt ist oder wenn die Personalien nicht festgestellt werden können«.

MÄZENATENTUM

Vernünftige alleinstehende Beamte heiraten gegen Ende ihrer Karriere vernünftige Frauen. Vernünftige alleinstehende Beamtinnen heiraten gegen Ende ihrer Karriere vernünftige Männer.

Auf diese Weise gehen die Witwen-/Witwer-Versorgungsleistungen des Staates nicht verloren.

Ganz so hat sich's der Gesetzgeber zwar nicht vorgestellt. Legal ist die Handlungsweise aber allemal. Wir kennen z. B. einen »brotlosen *Künstler*“, der, derart versorgt, erheblich an Produktivität gewann. Mittlerweile, so beteuert er, zahlt sogar er Steuern, weil seine Kunstwerke neuerdings Abnehmer finden.

MEDIKAMENTENMISSBRAUCH

Das brutale Mittel Antabus soll Alkoholiker von der Sucht befreien. Die Wirkungsweise: dir wird es speiübel, du bist regelrecht seekrank, wenn du das Mittel eingenommen hast und Alkohol trinkst. Antabus wird bei ambulanten Entziehungskuren angewandt, um den Patienten auch in unbeobachteten Zeiträumen trocken zu halten.

Übles Beispiel: Alfred Bayer erzählte von einer Party, zu der irgendein infamer Suffkopf eine feine, mit Antabus versetzte Pastete ins Kalte Buffet schmuggelte. Die Folgen waren verheerend. Toilette und Bad blockiert, Treppenhaus vollgebrochen. Grüngelbe Gestalten krümmten sich unter Krämpfen. »So stelle ich mir eine Szene aus dem Jüngsten Gericht vor«, konstatierte Alfred.

Diese Sorte »Humor« kann schlimme Konsequenzen haben. Deshalb teile ich Alfreds Schadenfreude überhaupt nicht. Schließlich können bei bedenkenlosem Umgang mit Medikamenten leicht tragische Folgen auftreten.

MEMOIREN EINES FENSTERPUTZERS

Fensterputzer kommen herum. *Fensterputzer* werden nicht von armen Schluckern beschäftigt. Fensterputzer sehen Wohnungen nicht nur von außen, sondern auch von innen. Sie registrieren unwillkürlich, was Feines in den Wohnungen steht.

Zum Beispiel Fensterreiniger Erwin B: Er hat auf seiner Tour durch die Villen und Eigentumswohnungen immer seinen Fotoapparat dabei. Weil er einen Hang zum Schönen, Wahren und Guten hat, knipst er unbemerkt wertvolle Teppiche, Antiquitäten, teure Uhren, hochwertige Stereogeräte.

Das ist doch nicht schlimm! Die schönen Sachen nutzen sich durchs Fotografieren schließlich nicht ab.

Außerdem kann man *Antiquitäten*-Händlern mit den Bildern richtiggehend Freude machen. Die kaufen einem die Bilder sogar ab und entwickeln oft eine derart innige Liebe zu den Besitzern der abgebildeten Gegenstände, daß sie gegen Barzahlung auch noch deren Adressen wissen möchten. Ein adretter kleiner Nebenverdienst für den Fensterputzer.

»Es ist verblüffend«, sagt unser Gewährsmann aus der Fassadenreinigerbranche, »wie der Zufall oft spielt. Kaum hab' ich ein unwiederbringlich schönes Stück fotografiert, wird eingebrochen, und weg ist das Prachtexemplar. Schon sonderbar. Gell?«

Aber bitte Vorsicht vor Verallgemeinerungen: Nicht jeder fotografierende Fensterputzer ist ein Ganove! Schließlich gibt es ja auch fensterputzende Fotografen – und die sind keinem verdächtig!

Vielleicht sollten Leute mit teurem Inventar vorsichtshalber ihre Fenster selbst putzen.

MIETER

Mieter dürfen eine ganze Menge. Viel mehr als die meisten glauben. Hervorragend aufgemacht, für Rechtsbewußte ausgesprochen phantasieanregend und dazu noch billig ist das Heft »Mieter aufgepaßt«. Zu haben bei der Verlagsgesellschaft des Deutschen Mieterbundes, Postfach 19 03 80, 5000 Köln 1, Tel. 02 21 – 51 51 54. Sechs Mark aufs Postscheckkonto Köln 7521-504 einzahlen und Heft anfordern.

MITLEIDSEFFEKT

Offensichtlich fühlte er sich fachlich qualifiziert. Die Rede ist von einem Vierundfünfzigjährigen, gegen den in Rheinland-Pfalz wegen Totschlags, Raubes, Einbruchs, Betrugs und Zuhälterei ermittelt wurde. Er gründete nämlich im Südhessischen ein *Bewachungsunternehmen*, auch Sicherheitsdienst genannt.

Da der tüchtige Mann die Durststrecke, die eine neue Firma durchzustehen hat, finanzieren mußte, begab er sich wieder einmal auf die schiefe Bahn.

Der Mann machte sich die Tatsache zunutze, daß Politiker und Behörden zwar ein Staatsbegräbnis für zwei von Terroristen an der Frankfurter Startbahn-West erschossene Polizisten ausrichteten und staatstragende Reden hielten, für die Hinterbliebenen aber relativ wenig taten, was in der Öffentlichkeit mißbilligt wurde. Er wandte sich an Privatunternehmen und wohlhabende Personen mit der Bitte um *Spenden* für die Familien der im Dienst ermordeten Beamten. Die erklecklichen Beträge, die spontan zur Verfügung gestellt wurden, wanderten leider nicht auf das Spendenkonto, sondern in die Tasche des Chefs des Sicherheitsdienstes. Sicher ist sicher, dachte der sich wohl. Als die Polizei ihm auf die Schliche am, war er bereits außer Landes.

Zum einen ist es eine Schande, die Hilfsbereitschaft mitfühlender Bürger so nichtswürdig zu mißbrauchen; zum anderen ist es aber auch verwerflich, mit welcher Arroganz die Repräsentanten unseres Staates die Trauer um ermordete Staatsdiener zur Selbtdarstellung nutzen, die Angehörigen der Toten aber kleinlich abspeisen lassen.

MONOPOLY

Mit *Spielgeld* hat ein Mann bei einem britischen Flugverein ein kleines Flugzeug »gekauft« und ist damit nach Frankreich geflogen. Wie die Polizei mitteilte, übergab der Mann den Eigentümern der Maschine, einer einmotorigen, viersitzigen Cessna-172, einen Geldgürtel mit »Banknoten«, eilte dann schnurstracks zu dem auf dem Flugfeld Barton bei Manchester stehenden Flugzeug, startete und entschwand vor den Augen der Geprellten, die zu diesem Zeitpunkt erst feststellten, daß es sich bei dem gezahlten Betrag um Geldscheine eines Monopoly-Spiels handelte.

»Wie ein Windhund ist er über das Rollfeld gerannt«, erzählen die Vereinsmitglieder jedem, der es hören will, kopfschüttelnd. Dann sei er in die Maschine gesprungen und einfach davongeflogen. Erst fünf Stunden später habe er in der Nähe von Paris zur Landung gezwungen werden können. Das sei schon ein »besonderer Vogel« gewesen. Das Flugzeug übrigens sei zurückgegeben worden. »Unbeschädigt«, betonen sie jedesmal. »Dort hinten im Hangar können Sie's anschauen, wenn Sie wollen.«

MUNDRAUB

Gärtner sind geduldig. Sie beobachten ihre Pflanzen, hegen sie und warten ohne Hektik auf das Reifen der Früchte. So auch Thomas G., von dessen Grundstück ein prächtiger Goldparmänenbaum seine Äste weit hinaus über den Zaun bis zur Straße reckt.

Obwohl Thomas G. auf seine zuckersüßen *Äpfel* ungeheuer scharf ist und im Bekanntenkreis auch nicht als besonders freigebig gilt, hat er nichts dagegen, wenn Passanten seine Früchte herunterreißen und sich die Taschen damit vollstopfen. Nein, er hat sich sogar ein verstecktes Aussichtsplätzchen hergerichtet, von dem aus er die Apfelklauerei genau begutachten kann. Selten nur schreitet er ein. »Meistens sind es die Richtigen, die zulangen«, vertraute er dem Schreiber dieses Lexikons an. »Wenn die Äpfel reif werden, spritze ich sie alle zwei Tage. Wer reinbeißt, kriegt garantiert Dünnpfiff. Seitdem ich das praktiziere, ärgere ich mich überhaupt nicht mehr darüber, daß ich selbst von den überhängenden Ästen nicht einen einzigen Apfel abkriege.«

Schon reichlich pervers, seine Schadenfreude über den eigenen Genuß zu stellen! Vielleicht käme dieser Herr beim Ball der einsamen Herzen mal auf andere Gedanken.

NACHLASS

Wer zu den Glücklichen gehört, viel Geld, Häuser oder Ländereien zu besitzen, diese aber seinen treulosen Kindern nicht in den unverdienten Rachen stecken möchte – nach dem Ableben, versteht sich –, hat immerhin die Möglichkeit, einen sympathischen Partner zu ehelichen. Ein Anwalt des Vertrauens kann diese delikate Angelegenheit regeln. Rechtzeitig in die Wege geleitet, kann ja aus der Schein-Ehe obendrein noch die Traumehe werden.

Vor allem aber kann für den Fall, daß man kinder- und erbenlos ist, nicht Vater Staat des *Vermögen* kassieren, wenn man das Zeitliche segnet. Zum Trost kann der sich freuen, daß eine Eheschließung mehr in die Statistik einfließt.

NACHLASS-HANDEL

Feilschen ist »in«: Der STERN schickte einmal einen ganzen Redaktionsstab durch den deutschen Einzelhandel. Je nach Talent und Geschäft gelang es den STERN-Menschen, hochpreisige Waren, Einrichtungsgegenstände, HiFi-Anlagen etc. um bis zu 25% runterzuhandeln.

Man muß natürlich einen Nerv für das Gefeilschte haben. Vor allem heißt's ruhig bleiben, wenn man abgebügelt wird. Immerhin ist *Feilschen* angesichts wachsender Freizeit ein wunderbares Unterhaltungsspiel. Wenn man sportlichen Ehrgeiz entwickelt und häufig trainiert, bleibt der Erfolg nicht aus. (Ein Tip für erfahrene Mitbürger aus dem Vorderen Orient: Richtet für uns Mitteleuropäer Feilschkurse ein!

Zehn Tips für Feilscher
(Vom STERN mitgeteilt):

1. Es läßt sich um alles handeln, aber es lohnt sich meist erst bei Waren ab 100 Mark.
2. Wer sich das Handeln nicht zutraut, sollte wenigstens den Barzahlungsrabatt von drei Prozent verlangen.
3. Erst wenn sich der Verkäufer richtig ins Verkaufsgespräch gesteigert hat, ist die Frage nach Preisermäßigung angebracht.
4. Kleine Kratzer oder Schrammen sind oft ein willkommener Vorwand für Preisnachlaß.
5. Feilschen am Nachmittag hat bessere Chancen. Das sind die Verkäufer nicht mehr so widerstandsfähig.
6. Kreditkarten-Clubs buchen fünf Prozent vom Einkaufspreis als Provision ab. Wenn der Karteninhaber bar bezahlt, erhält er diese Ermäßigung meist als Rabatt.
7. Käufer haben als Pärchen mehr Erfolg. Während sie ihre Konsumabsicht betont, zögert er mit dem Portemonnaie. Der Verkäufer versucht dann zu vermitteln.
8. Wer genau weiß, was er kaufen will, kann einen befreundeten Firmeninhaber vorschicken. Geschäftsleute bekommen höhere Rabatte als Normalverbraucher.
9. Wenn Verkäufer nicht mit sich reden lassen, empfiehlt sich die Frage nach dem Chef oder dem Abteilungsleiter.
10. Verweigert der Händler den *Rabatt,* etwa beim Kauf eines Anzugs, so sollte wenigstens eine passende Krawatte oder ein entsprechender Gürtel gratis dabei herausspringen.

NASENKITZEL

Zugegeben, der Trick, der von Stefan Machon angewandt wurde, ist nicht jedermanns Geschmack. Er gehört trotzdem hierher. Allein schon, weil er dem mit Schauspielertalent ausgestatteten Akteur Erfolg brachte.

Machon, er ist von einer Indienreise nicht mehr in unsere gesegnete Demokratie zurückgekehrt, war bildender Künstler. Er verdiente nicht schlecht, aber unregelmäßig. Hatte er viel Geld, so zog er die Spendierhosen erst dann wieder aus, wenn die Taschen leer waren.

In schlechten Zeiten schnorrte er sich durch. Und die, die er freigehalten hatte, ließen Machon nie hängen. Niemand fühlte sich übervorteilt.

Nur das *Finanzamt* machte da eine Ausnahme. Es wollte seinen Anteil vom Einkommen Machons und bekam ihn nicht.

Machon war ein friedliebender Mann und wollte keinen Streit. Und so entschloß er sich, was korrekt und von Gesetzes wegen legitim ist, einen Antrag auf Erlaß der Steuerschuld zu stellen.

Machon begab sich – durchaus ordentlich gekleidet – auf den Amtsweg! Von fern war nichts Auffälliges an ihm zu entdecken. Aber aus der Nähe!!! Der Mensch roch penetrant. Nein, er stank. Machon hatte sich höllisch parfümiert. Alter Körperschweiß mischte sich mit Kellermuff und Schwefelwasserstoff.

Die Ankunft im Amtszimmer muß eine endzeitliche Stimmung ausgelöst haben. Machon aber tat, als wäre nichts. Mit einiger Weitschweifigkeit trug er vor, er wolle einen Antrag auf Steuererlaß zur *Niederschrift* abgeben.

(Man muß wissen, daß jeder Steuerbürger das Recht hat, Anträge zu stellen, und daß er sie mündlich zur Niederschrift durch einen Beamten abgeben kann. Der Beamte ist verpflichtet, das Diktat entgegenzunehmen.)

Machons von intensiven Düften begleitetes Ansinnen brachte den Beamten aus der Fassung. Er fragte Machon, was hier so übel rieche.

»Oh«, antwortete Machon leichthin, »ein altes Leiden. Ich war deswegen schon beim Arzt. Aber Sie wissen ja um meine Finanzen. Mir fehlt das Geld für eine wirksame Behandlung.«

Zum Glück für den Beamten (und gleichermaßen für Machon) gibt es auch für Amtspersonen *Ermessensspielräume.* Der Beamte nutzte sie in größter Eile zugunsten Machons und gegen den *Geruchsterror.* Der Staatsdiener selbst formulierte einen knappen, absolut hieb- und stichfesten *Antrag,* ließ Machon unterschreiben und sorgte dafür, daß dem Antrag ohne eine weitere Anhörung des Steuerschuldners stattgegeben wurde. Der kooperative Machon belohnte das Entgegenkommen durch unverzüglichen Abgang aus dem Amtsgebäude.

Bei späteren Steuerterminen zeigte Machon gegenüber seinem Sachbearbeiter außerordentliches Feingefühl. Er beschränkte sich darauf, seine miserable Finanzlage telefonisch zu erklären. Auf die Frage, wie es ihm gehe, pflegte Machon zu antworten: »Immer noch das alte Leiden.« Und im Freundeskreis beteuerte er mehrfach, seit seinem damaligen Behördengang habe sich das Finanzamt ihm gegenüber stets verständnisvoll gezeigt.

NEPPER PER PROSPEKT

Er ist pfiffig und wirbt mit einem Briefbogen, der einer Weltfirma gut zu Gesicht stünde: der Herr Erich E. J. May.

Er handelt mit Druckwerken für alle, die Geld, Häuser, Firmen, Grundstücke oder andere weltliche Dinge im Übermaß besitzen; mit Tips und Tricks, wie dieses Vermögen weiter vergrößert werden kann.

Seinen Kunden, die um ihre Sicherheit, Gesundheit oder ihr Vermögen besorgt sind, nimmt er für seine Dienstleistungen ordentlich Geld ab. Seine *Ratgeber* haben gesalzene Preise.

Man sollte die wunderbar bauernfängerischen Prospekte des Herrn May anfordern. Da wird die »Schwarze Trickkiste« angepriesen. Oder die Trickkiste für Hausbesitzer, in der so ziemlich alle Bosheiten erwähnt sind, die Vermieter ihren Mietern antun können.

Bei der Lektüre ist eine Menge zu lernen. Interessant vor allem, wie die, die was haben, sich nach allen Regeln der Kunst gegenseitig reinlegen und gemeinsam den Staat schröpfen.

Es ist nie falsch, den »Großen« auf die Finger zu schauen!

Noch eine einschlägige Adresse: Business Success 119/121 Falcon Road, GB-London-SW 112 PQ

- Erich May Finanzservice -

Verlag + Buchhandel (Verk.-Nr. 868 77)

Erich-May-Finanz-Service-Postfach 1165-D-7813 Staufen

Eichborn Verlag
Sachsenhauser Landwehrweg 293

6ooo Frankfurt/Main 7o

Besuchsanschrift und Pakete
Schmidhofener Straße 1
D-7843 Heitersheim 2
(Gallenweiler)
(076 33) 73 36

Konto:Dresdner Bank
Bad Krozingen, Nr.
5302365(BLZ 680 800 30)

NICHTRAUCHER-RACHE

Laut afp ist er passionierter Nichtraucher und pensionierter Oberstudienrat in einer Stadt im Elsaß. Er hat Zeit und liebt Gemeinheiten. Also füllt er schon seit Jahren überall, wo sich die Gelegenheit bietet, die Schubladen von *Zigarettenautomaten* mit Erde und anderem Unrat.

Die vielen Zigaretten, die er ziehen muß, nimmt ihm ein Händler ab, der zwar von den Rauchern lebt, sie aber haßt. (That's live.)

NIERENSPENDER

In Bangladesch blüht der Handel mit Menschen. Verkauft werden vorzugsweise *Kinder.* Kinder »bringen« etwa 100 Mark. Sie werden nach Indien und Pakistan geschmuggelt, getötet, und ihre Nieren werden an Organ-Exporteure weitergegeben, die sie international »vermarkten«. Hauptabnehmer sind vor allem Transplantationskliniken in Nordamerika, Europa und Japan.

Major Mohammed Noor, Leiter einer Spezialeinheit der Grenzpolizei von Bangladesch zur Bekämpfung von *Menschenschmuggel,* kommentiert die Entwicklung so: »Der Handel mit Frauen und Kindern war im armen Bangladesch schon immer ein Geschäft. In letzter Zeit ist er jedoch alarmierend angestiegen, weil offensichtlich immer bedenkenloser Organtransplantationen vorgenommen werden.«

NIESPULVER

»Damit kann man doch niemand mehr hinter dem Ofen hervorlocken«, ist die landläufige Meinung zum Niespulver. Tüchtig wird's dennoch angeboten, erst recht zur »Narrenzeit«. Den Niespulvereinsatz, auch außerhalb der Saison, probierte ein besonders schadenfroher Uz-Vogel aus:

Opernball. Die Debütanten und Debütantinnen schritten festlich zum Tanz. Ein Niespulver-Wölkchen breitete sich aus. – Das Fest war gelaufen. Die junge Elite nieste. Enttäuschte Mütter weinten.

Vernissage. In diesem Forum für Kunstinteressierte und solche, die Kennerschaft vortäuschen, gedachte der Mäzen eine geistreiche Eröffnungsrede zu halten. Der Kulturgenuß war dahin, denn das erlauchte Publikum war zu sehr mit seiner Nieserei beschäftigt.

Peinlich wirken derlei Attacken vor allem auch bei ernsten Anlässen; etwa bei der Verleihung eines Bundesverdienstkreuzes, wenn die Laudatio in Niesen untergeht!

Merke: Nicht jeder Niesanfall ist auf einen Niespulver-Übeltäter zurückzuführen. Bevor falscher Verdacht aufkommt, sind psychosomatische Leiden (manche Leute reagieren auf verlogene Reden allergisch) abzuklären.

NOBODIES

Es gibt in unserem Land Tausende von Sachbearbeitern für *Personalausweise* in den Rathäusern und Einwohnermeldeämtern. Fragt sich, wie viele unentdeckt das treiben, was ein entlarvter städtischer Angestellter aus Bergkamen praktizierte.

Der Schelm füllte Antragsformulare mit frei erfundenen Namen, Adressen und Daten aus. Seinen Dienststempel knallte er drauf, und seine Unterschrift schnörkelte er drunter. Mit diesen Weihen versehen, gab er die Anträge auf den Dienstweg und erhielt vorbildliche Pässe von *Phantombürgern* zurück.

Die getürkten Papiere sind absolut fahndungssicher und fallen bei Polizeikontrollen nicht auf, weil alle Daten vorschriftsmäßig registriert sind.

Dem Angestellten aus Bergkamen geriet man deshalb auf die Schliche, weil ihn jemand, dem er einen Paß verabreicht hatte, bei der Polizei meldete. Bis heute ist ungeklärt, wieviel Phantome der Mann aus Bergkamen in die Welt gesetzt hat. Nur eine detaillierte Überprüfung aller Bergkamener Bürger könnte Aufschluß bringen, die ist aber aus Datenschutzgründen nicht möglich.

Nicht auszudenken, wenn nur einige Sachbearbeiter dieses Schlages ihr Unwesen treiben. Womöglich gibt es einen Teil unserer Neubürger nur auf dem Papier.

Die Deutschen, ein Volk von demographischen Blindgängern!? Sind wir dem Untergang noch näher, als bisher angenommen? Das sind Fragen, die nicht nur den Bevölkerungswissenschaftler betroffen machen.

NOSTALGIE

Die Älteren kennen sie noch, die Karbidlampen. Sie waren in den Kellern und Bunkern während des Zweiten Weltkriegs massenhaft verbreitet.

Als der Krieg vorbei war, lag Karbid fast in jedem Haus herum. Wenn man draufpinkelte, fing das Zeugs ganz aufgeregt an zu zischen, dampfen und brutzeln.

Die Jugendbanden von damals machten sich diese Reaktion für unhöldisches Treiben zunutze. Karbid wurde in Bierflaschen mit *Bügelverschluß* gefüllt; reinpinkeln, Verschluß runterklappen und das Weite suchen waren eins. Rumms, schon explodierte die Flasche.

Nicht selten bekamen die Bastler selbst gefährliche Splitter ab. Aber vermutlich gehörten diese Bomben »Marke Eigenbau« zur schrittweisen Kriegsentwöhnung.

NOTENNUMMERN

Der hundsgemeine Trick, mit dem zwei pensionierte Bankangestellte einen Kellner hereinlegten, war diesem hoffentlich eine Lektion:

Der eine speiste in einem Lokal, zahlte mit einem Hundertmarkschein und ging. Dann betrat der andere die Gaststätte, setzte sich in den Bereich des Kellners, der den Freund bedient hatte, trank ein Glas Wein und zahlte mit einem Zehnmarkschein.

Der Kellner steckte den Schein sofort in seine Tasche und gab erst dann das Restgeld heraus. Darauf der Gast höflich, aber bestimmt, er habe doch einen Hunderter hingelegt. Auf die Gegenbehauptung des Kellners holte der Rentner ein kleines Notizbuch hervor, in dem eine lange Reihe von Banknotennummern vermerkt war.

Mit dem Hinweis auf die letzte *Nummer* bat der »saubere« Gast den Kellner, doch bitte nachzuschauen, ob er einen Schein mit dieser Nummer in seiner Geldtasche habe. Als ehemaliger Bankangestellter – so der Gast – habe er nun mal die Angewohnheit, sich stets die Nummern seiner Geldscheine zu notieren.

Natürlich führte die Überprüfung des Kellners zum gewünschten Erfolg des Schnorrers. Mit dem Effekt, daß der nun herbeigerufene Geschäftsführer die Angelegenheit im Sinne des Rentners erledigt – um unnötiges Aufsehen zu vermeiden. Man kann sich vorstellen, wie es einem Kellner – doch wirklich nur ein ganz normaler Gehaltsempfänger – ergeht, wenn sich solche Vorfälle häufen. *Deshalb ein heißer Tip an Kellner und alle, die Geld kassieren müssen: Nie den gezahlten Betrag einstecken, bevor nicht das Wechselgeld herausgegeben worden ist!*

OLYMPISCHER ZAUBER

1988 – das Jahr der Olympischen Spiele! Dem, der's vergessen hat, hier eine Erinnerung an den Marathonlauf, München 1972: Der »Sieger« war ein unbekannter junger Mann. Er genoß das Olympia-Feeling. 80 000 begeisterte Zuschauer brachten ihm Ovationen entgegen, während er die letzte Runde des mörderischen Laufs im Stadion absolvierte. Sein *Triumph.*

Wie hatte er das geschafft? Nicht durch Doping, nicht durch entsagungsvolles Training. Er hatte sich schlichtweg vor dem Stadion auf die Piste geschmuggelt und war ungehindert ins Stadion gespurtet. Erfolge sind nun mal relativ. Für den beherzten »Seiteneinsteiger« war die Stadionrunde bestimmt eine Superleistung, wie die Zuschauerbegeisterung gezeigt hat.

Die feine Art ist es allerdings nicht, dem eigentlichen Sieger die Show zu stehlen. Andererseits kann es nicht schaden, wenn ein bißchen Ulk den tierischen Ernst im Sport vertreibt.

ORCHESTERPROBE

Die Katze ist das verbreitetste Haustier in unserer Republik. Vor allem in Villenvierteln läßt man die netten Hausgenossen viel im Freien herumlaufen. Und in Villenvierteln wohnen nun mal auch diejenigen, die man am liebsten von hinten sieht.

Was tun geknechtete Hausangestellte? Sie besorgen sich das gute alte Hausmittel, das Menschen beruhigt, Katzen aber in Liebesräusche versetzt: nämlich *Baldrian*-Tropfen.

Diese Tropfen werden nächtens unters (wegen der guten Luft hier draußen!) offene Schlafzimmerfenster der ruhebedürftigen Topmanager etc. plaziert.

Schon bald stellt sich ein ganzes Pussy-Orchester ein und veranstaltet *Höllenspektakel.*

PARKHAUSFREUDEN

Alexander B. aus Köln bestimmt die Höhe seiner *Parkhausgebühren* selbst, wie er uns mitteilt. Egal, ob er nach einer oder nach acht Stunden die ungemütliche Parkanstalt verläßt, stets zahlt er nur für eine einstündige Parkdauer.

Im Gegensatz zu Otto Normalverbraucher, der beim Einfahren ins Parkhaus eine maschinenlesbare Magnetstreifenkarte zieht und beim Hinausfahren diese Karte zwecks Zahlung in den Parkscheinautomaten steckt, geht Alexander folgendermaßen vor: Kurz bevor er wegfahren will, zieht er in einem unbeobachteten Moment eine neue Karte. Der Automat berechnet aufgrund der neuen Karte nur eine Stunde.

Nachteil: Da zwischen dem Ziehen der Karte und dem Einschieben in den Gebührenautomaten eine gewisse Zeit verstreichen muß, heißt es warten; ein Ritual, das sich Alexander gern mit Schokoriegeln und Zigarren verschönt.

Wer die Luft und bedrückende Häßlichkeit von Parkhäusern kennt, wird sich dennoch überlegen, ob er die Mogelei nicht lieber läßt und die Genußmittel an einem angenehmeren Örtchen konsumiert.

PERSÖNLICHE DATEN

Persönliche Daten sind nun mal persönlich, d. h. sie treffen auf eine Person zu und machen sie identifizierbar. Es muß ja nicht die eigene sein, dachte sich Kalle H. aus Duisburg.

Seine Geschichte: Er geriet in eine *Polizeikontrolle*. Er hatte seinen Ausweis nicht bei sich. Vielleicht war ihm aber auch das Kramen in seinem alten Parka zu mühsam. Prinzipielle Vorbehalte gegen eine Erfassung seiner Daten wollen wir ihm nicht unterstellen. Man sagt ihm eher Gedächtnisschwankungen und phantastische Neigungen nach. Wie sonst wäre er darauf gekommen, den Polizisten alle möglichen Angaben über Geburtsdatum, Körpergröße, Adresse, Beruf, Führerschein, Familie, äußere Merkmale etc. zu machen, aber nicht die eigenen?

Bei den körperlichen Merkmalen waren seiner Phantasie natürliche Grenzen gesetzt, denn die Polizei ist ja weder blind noch dumm.

Von dem Computer, in den die übrigen Daten eingefüttert werden, kann man das jedoch nicht behaupten. Er frißt, was man ihm gibt, und sucht und sucht und sucht ... die erfundene Person, die Kalle ihm beschrieb.

Wenn sie mit einem unbescholtenen Bürger übereinstimmt, signalisiert das Datensystem Unbedenklichkeit.

Die Polizisten waren es zufrieden. Kalle durfte weiterziehen.

Und wenn alles mit rechten Dingen zugeht, wird die ihm verhaßte Person, deren Daten er verwendet hatte, im Zentralcomputer der Polizei nicht gespeichert. Das jedenfalls sieht unsere Datenschutzgesetzgebung so vor.

PETITION

Wenn man sich über Behörden, Gesetze oder Verordnungen ärgert, sollte man als verantwortungsbewußter Bürger den Petitionsausschuß anschreiben.

Geht's um Bundesbehörden, Bahn, Post, Bundeswehr oder Bundesgesetze, so ist der *Petitionsausschuß* des Bundestages zuständig. Bei regionalen Institutionen oder Landesgesetzen steht der Petitionsausschuß des Landtages Rede und Antwort. Hier die Adressen:

Deutscher Bundestag, Petitionsausschuß, Bundeshaus, 5300 Bonn 1

Landtag von Baden-Württemberg, Petitionsausschuß, Haus des Landtages, 7000 Stuttgart

Bayerischer Landtag, Ausschuß für Eingaben, Maximilianeum, 8000 München 85

Abgeordnetenhaus von Berlin, Petitionsausschuß, John-F.-Kennedy-Platz, 1000 Berlin 62

Bremische Bürgerschaft, Petitionsausschuß, Haus der Bürgerschaft, 2800 Bremen 1

Bürgerschaft Hamburg, Eingabenausschuß, Rathaus, 2000 Hamburg 1

Hessischer Landtag, Petitionsausschuß, Schloßplatz, 6200 Wiesbaden 1

Niedersächsischer Landtag, Präsidium, Hinrich-Wilhelm-Kopf-Platz 1, 3000 Hannover 1

Landtag Nordrhein-Westfalen, Petitionsausschuß, Haus des Landtags, 4000 Düsseldorf

Land Rheinland-Pfalz, Bürgerbeauftragter, Mittlere Bleiche 61, 6500 Mainz

Landtag des Saarlandes, Ausschuß für Eingaben, Hindenburgstraße 7, 6600 Saarbrücken

Schleswig-Holsteinischer Landtag, Eingabenausschuß, Landeshaus, 2300 Kiel

Beschwerden müssen schriftlich vorgetragen werden. Eine bestimmte Form ist nicht vorgeschrieben. Ob es sich nun um die überheizten Räume des Postscheckamts, die Verunreinigung der Bürgersteige durch Polizeihunde, das Fehlen von Bildern des Bundespräsidenten in Diensträumen oder ähnlich gravierende Ärgernisse handelt – der Petitionsausschuß hat sich mit den Anliegen des Bürgers zu befassen. Den Anschuldigungen wird prinzipiell nachgegangen.

Es geht eben nichts über bürgernahe Einrichtungen.

POST-SPAREN

Unter Freunden schickt man sich ja manchmal – vielleicht sogar regelmäßig – Briefe, Päckchen etc. Irgendwie geht das auch ins Geld.

Da gibt's ganz »Findige«, die mit zweifelhaften Tricks Geld einsparen: Vor dem Versand werden die Briefmarken leicht mit *Seife* eingerieben. Der Stempel der Post ziert die Seifenschicht und nicht die Marke.

Der Empfänger wischt die Marke ab – schon ist sie wieder gebrauchsfertig.

Andere nehmen sich einen Tintenkiller-Stift und reiben den Poststempel damit ab. Die Marke ist ebenfalls wiederverwendbar.

Ein zweifelhaftes Recycling deshalb, weil es sich bei solchen Vorgehensweisen um Betrugsdelikte handelt. Läßt man sich dabei erwischen (und das soll schon vorgekommen sein), wird man selbst abgeseift.

POSTWERTZEICHEN

»Guckt euch mal«, schreibt Peter L. aus B., »die 50er *Briefmarke* an. Ich hatte mal 'nen ganzen Bogen, vor ungefähr zehn Jahren, von der *Roten Hilfe.* Ich hab 'ne Menge Briefe damit verschickt; sind immer unbeanstandet angekommen. (Hoffentlich auch bei euch.)«

Ist er, lieber Peter.

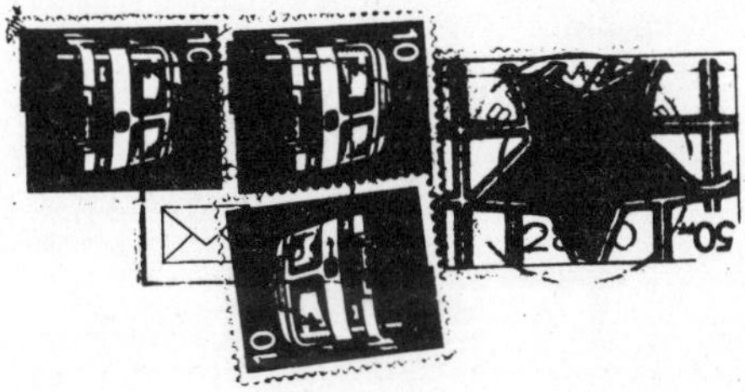

Jeder Postkunde weiß, daß das Fälschen von Postwertzeichen strafbar ist. Dennoch sind Falsifikate sehr begehrt. Sie sind sogar im Deutschen Postmuseum ausgestellt. Abgestempelte »echte« Rote-Hilfe-Marken zum Beispiel dürften als Raritäten längst zum Philatelisten-Hit geworden sein.

In solchen Fällen obsiegt dann häufig die Sammelleidenschaft über rechtsstaatliche Bedenken.

PRESSESCHMAROTZER

Der Presseausweis öffnet einem nahezu alle Türen, hinter denen im Dienste der Schönfärberei und Volksverdummung kalte Buffets, Sekt und gelegentlich auch attraktive Flirts warten.

Zahllose Firmen, Verbände, Interessengruppen, Promotion-Agenturen, Messegesellschaften, diplomatische Vertretungen, Verkehrsvereine, Industrie-Clubs und gemeinnützige Stiftungen veranstalten Empfänge, Pressekonferenzen, Präsentationen, Reisen, Besichtigungen, Vorführungen, Modeschauen, und so weiter und so fort.

Die Menschen, die sich alle erdenkliche Mühe geben, anderen Menschen Gutes zu tun, haben nur eine Absicht: Sie wollen, daß über ihre Belange öffentlich berichtet wird, *und zwar positiv.* Sie bewirten fast immer im Namen und auf Rechnung anderer. Das heißt, sie sind angestellt oder angeheuert, um für eine Firma, ein Produkt oder eine Veranstaltung gut Wetter zu machen, koste es, was es wolle.

Diese lohnabhängigen Goodwill-Büttel träumen unisono einen einzigen, immer wiederkehrenden Alptraum: daß zu ihrer nächsten Pressekonferenz kein Mensch kommt. Deshalb sind sie für jeden Teilnehmer, der sich halbwegs glaubwürdig als Journalist geriert, dankbar.

Die Auftraggeber solcher Veranstaltungen lassen sich zumeist durch Masse blenden oder doch wenigstens beruhigen. Ihr Motto lautet: Voller Saal, voller Erfolg, Klasse zählt erst in zweiter Linie. (Hartgesottene Promotion-Agenturen scheuen nicht mal davor zurück, bezahlte Statisten einzuschleusen. Die Welt will halt betrogen sein!)

Dazu eine Geschichte: Zwei arbeitsscheue Studiosi, die pro forma einem betriebswirtschaftlichen Studium nachgingen, »beschafften« sich *Presseausweise,* wie sie von Zeitungen, Illustrierten, Magazinen und Rundfunkanstalten an Mitarbeiter ausgegeben werden.

Die beiden findigen Burschen ließen sich – warum sollen wir's verschweigen? – alles Notwendige von einem Drucker auf ein Stück Karton drucken. Auf den Ausweisen befestigten sie mit zwei Ösen je ein farbiges Paßbild von sich und setzten ihre Unterschrift darunter. Im Fotogeschäft ließen sie sich die Ausweise in Klarsichthüllen einschweißen.

Presse-Ausweis

Franz Schreiber (Farbbild)
Korrespondent Unterschrift

Hamburger Zeitung · Einzelhandels-Journal · Die Wochenillustrierte · Der Bergfreund · Arbeitsgemeinschaft der Rundfunkanstalten

Ein unauffälliger Straßenanzug, ordentliches Schuhwerk, passendes Hemd, Krawatte und, bei einem der beiden Nicht-Brillenträger, eine Quelle-Brille aus Fensterglas rundeten das Erscheinungsbild ab.

Die beiden freundeten sich mit der *PR-Dame* eines ortsansässigen *Nobelhotels* an. Folge: Sie wurden regelmäßig über bevorstehende Tagungen, Empfänge und Pressekonferenzen unterrichtet.

Zu attraktiveren Anlässen meldeten sich die Herren beim Veranstalter grundsätzlich telefonisch an, und zwar so kurzfristig, daß die schriftliche Einladung nicht mehr zuverlässig versandt werden konnte. Die gängige Verabredung: »Melden Sie sich doch am Eingang bei Soundso, dann werden Sie eingelassen.«

Das funktionierte immer. Man klappte die Brieftasche auf, heraus leuchtete das Wort »Presseausweis«, man nannte seinen Namen, und drin war man. – Zu Feld-, Wald- und Wiesen-Veranstaltungen gingen die beiden – faul, wie sie nun einmal waren – ohne Voranmeldung. Einfach Brieftasche auf, Presseausweis aufblitzen lassen, und Sesam öffnete sich.

Von besonderem Vorteil erwies sich die »Partnerschaft« der beiden Herren. Es mangelte ihnen nie an einem Kollegen, den sie begrüßen und mit dem sie fachsimpeln konnten. Sie kamen nie in die Verlegenheit, bedeppert herumzustehen. Sie wirkten dadurch wesentlich professioneller als mancher echte Journalist, der keine bekannten Gesichter ausmachen konnte.

Zur Ehrenrettung der beiden sei gesagt, daß sie sich längst als Journalisten einen Namen gemacht haben, *kalte Buffets* nicht mehr ausstehen können und ihre pseudojournalistische Schmarotzer-Ära dankbar als lehrreiches Praktikum in Erinnerung behalten haben.

Die o. g. Investitionen zahlen sich für den Pressehochstapler nur aus, wenn er in Großstädten wie Frankfurt, München, Berlin, Hamburg oder Düsseldorf sein Unwesen treibt. Interessant sind auch typische Tagungsorte wie Baden-Baden oder Travemünde. Dort wechseln die *PR-Veranstalter* ständig. Sie kommen meist von außerhalb. Die Gefahr, daß man jemand auf die Schliche kommt, ist gering.

Regelmäßige Auftritte in kleineren Städten führen bald zur Enttarnung der Betrüger. Einmalige Teilnahme als angereister Journalist ist dagegen unproblematisch. Sie lohnt selbstverständlich nur, wenn man ohnehin am Ort ist.

PRESSEUNRAT

Die üblichen *Zeitungsenten* sind jedermann hinlänglich bekannt. Eine Formulierung besonderer Pikanterie befand sich vor einiger Zeit in einer Bielefelder Zeitung, in der es hieß:

»Die neuen leitenden Mitarbeiter des Johanneswerkes wurden von Oberfeldwebel Dr. Martin Stieve (9. von rechts) während der Euthanasietagung in einem festlichen Götzendienst in ihre Kammern geführt.« Das Foto zeigte die neue Mannschaft des gemeinnützigen Johanneswerks.

Richtig ist jedoch, daß Stieve nicht Oberfeldwebel ist, sondern Oberkirchenrat. Auch hat er selbstverständlich nicht die Mitarbeiter während der Euthanasietagung in einem festlichen Götzendienst in ihre Kammern geführt.

Da Redaktion und Technik sowie die Kriminalpolizei vor einem Rätsel stehen – immerhin hat bei der Korrektur keiner den Spuk bemerkt – ist folgendes denkbar:

Da hat sich doch ein in elektronischer Satzherstellung versierter Querkopf einen makabren Scherz erlaubt!

Porno auf der Schulbank: In diesen Zusammenhang paßt eine andere „Bleiente“, die sich vor Jahren in einem rheinländischen Schulbuchverlag ereignete. Ein religiöses Schulbuch lag dem technischen Betrieb druckreif vor.

Verlag und Religionslehrer fieberten dem Erscheinungstermin des längst überfälligen Druckerzeugnisses entgegen. Schließlich war es soweit: Die ersten Exemplare konnten ausgeliefert werden. Welch ein Schock und Graus überfiel den verantwortlichen Schulbuchredakteur, als er in dem mystischen Werk blätterte! – Zwischen einzelnen Seiten befanden sich Großabbildungen harter *Pornographie!* Voller Entsetzen wurde zunächst die Auslieferung gestoppt. Die belieferten Schulen wurden benachrichtigt. Eine Grundschullehrerin schilderte die Peinlichkeit aus ihrer Sicht: »Ich merkte, daß die Kinder eifrig blätterten und zu tuscheln begannen. Als ich mir die Bücher vornahm, erstarrte ich innerlich zu Eis, versuchte aber, mir nichts anmerken zu lassen.«

Ende vom Lied: Jedes Buch wurde nach den einschlägigen Hämmern durchforstet. Denn, man höre und staune, nicht alle Bücher wiesen die Schweinigeleien auf. Auflösung ist ganz einfach. Ein so gut wie gefeuerter Druckereiangestellter hatte sich beim Binden der Bücher den »Spaß« erlaubt, hin und wieder einige »Delikatessen« einzustreuen. *Falsche Zielgruppe, kann man da nur sagen.*

PROMINENTENJAGD

Aus verständlichen Gründen ist es bei vielen Prominenten sehr schwierig, auf normalpostalischem Weg die Adressen herauszubekommen. Dabei gibt es viele Bürger, die ein Ärgernis gern einmal persönlich besprochen oder schriftlich dargelegt hätten. Die im Rampenlicht vielgepriesene »*Bürgernähe*« scheint im Alltag zur Berührungsangst zu degenerieren.

Um den Bürgerkontakt zu erzwingen, ist es daher sehr beliebt, die lang recherchierte Adresse des Kontaktscheuen in Form einer Anzeige in die Zeitung zu setzen. Eine kostenlose Anzeige im Stadtblättchen mit dem Text:

FUHRE MIST ABZUGEBEN

samt der Adresse des Polizeichefs, Wohnungsspekulanten oder Stadtrats kann nur als Rachefeldzug eines einzelnen gegenüber der durch die Medien aufgebauschten Prominenz verstanden werden.

Zugegeben: Den Großen einmal auf den Pelz zu rücken, bringt hier und da ein Stückchen Schadenfreude. Doch ein Recht auf Privatheit sollte auch jenen (meist) Herren zugebilligt werden, schließlich geht es ja nicht jeden an, mit wem sie's treiben.

PROMINENTENSPÄSSE

Der Fall wirbelte damals ziemlich Staub auf: Im Münchner Prominentenlokal »Donisl« waren jahrelang Gäste nach entsprechendem Alkoholgenuß von den eigenen Angestellten gefilzt worden. Es gab Anzeigen über Anzeigen von braven Bürgern, die im »Donisl« eigentlich nur einmal einen Hauch von *Schicki-Micki*-Atmosphäre schnuppern wollten.

Dabei hatte alles ganz anders angefangen. Seit vielen Jahren drängte sich in dem berühmten Lokal am Marienplatz die ganze halbseidene Prominenz (von Beckenbauer bis zum Fürsten von Thurn und Taxis, von F. J. S. bis »Bläcki«). Und natürlich viele unsägliche Möchtegerns.

Dazwischen, vom Donisl-Geschäftsführer sauber gemanagt, immer ein paar malerische Stadtstreicher, die – mit Freibier versorgt – für die nötige Morbidität sorgten, die man hier erwartete.

Die Angestellten pickten sich mit Raffinesse und Routine jede Nacht einige besondere Protze heraus, gaben ihnen *K.-o.-Tropfen* ins Bier und erleichterten die Halb-Bewußtlosen schließlich, bevor sie sie aus dem Lokal mehr oder weniger sanft hinauskomplimentierten.

Das System war wasserdicht, solange man sich wirklich auf die echten Karrieretypen beschränkte. Die hatten viel zuviel Angst, eine Anzeige zu erstatten, die ihrem Ruf geschadet hätte.

Dann allerdings schlug das bis dahin selektive Vorgehen der Kellner(innen)riege in undifferenzierte Geldgeilheit um. Auch normale Donisl-Besucher wurden erleichtert. Die Folge: das Ganze flog auf.

Aus der Geschichte ist zu lernen, daß der Kampf gegen die ungerechte Geldverteilung auf dieser Welt nur so lange erfolgreich verläuft, wie er die Richtigen trifft. Gemeine Sünden aber bestraft der liebe Gott sofort.

PUNKS

Poeten neigen nicht selten zur Verklärung dekadent-chaotischer Zustände. Hier ein Beispiel für viele – geschrieben hat es William S. Burroughs, Autor von »The Naked Lunch«.

»*Punks* überrennen die Straßen aller Länder. Sie stürmen den Louvre und schütten der Mona Lisa Säure in ihr Lächeln. Sie öffnen Zoos, Irrenanstalten, Knäste, demolieren mit Preßlufthämmern die Hauptwasserleitungen, hacken die Böden aus den Flugzeugtoiletten, schießen die Lichter aus den Leuchttürmen. Sie leiten die Jauche aus den Kloaken in die Trinkwasserversorgung, setzen Spritzen mit Luftpumpen, reißen die Stecker künstlicher Nieren aus den Dosen. Sie scheißen das UNO-Gebäude zu und wischen sich mit Verträgen, Resolutionen und Kommuniqués die Ärsche.«

RACHE PER FUNK

Funken ist ein kommunikatives Hobby, bei dem man neue Bekanntschaften schließen kann. Auch unliebsame, wie der Unternehmer Jonas Knebel indirekt erfahren mußte.

Einer seiner Mitarbeiter war auch so ein Funker, der einen Großteil seiner Freizeit dem unsichtbaren Kontakt widmete.

Am Tage X muß ihn wohl der Teufel geritten haben. Sei es, daß er schon seit langem auf die richtige Gelegenheit für seinen Rachefeldzug gewartet hatte, auf jeden Fall rief der *Amateurfunker* atemlos in sein Gerät: »Kollegen, ein grüner Opel Rekord, Kennzeichen soundso, hat einen unserer Wagen schwer gerammt. Der Saukerl macht Fahrerflucht in Richtung Autobahn.«

Natürlich wußte unser Funker genau, daß sich sein Chef zu diesem Zeitpunkt mit dem grünen Opel auf der Heimfahrt befand. Wie erwartet, schossen die Taxifahrer einem Hornissenschwarm gleich hinter dem armen Opfer her. Sie stellten ihn, zerrten ihn aus seinem Wagen und drohten ihm Schläge an. Zu seinem Glück konnte der Bedrängte die Aufmerksamkeit seiner Verfolger auf sein unversehrtes Auto lenken. Die Sache klärte sich insoweit auf, daß die Prügel unterblieben.

Auch wenn westliche Leinwand-Cowboys in die hohe Politik Einzug gehalten haben, wären wir doch wieder ganz am Anfang, wenn sich jeder das Recht auf Lynchjustiz herausnehmen wollte.

RATTENEINSATZ

Aufgrund der verbreiteten *Ratten-Phobie* sind die niedlichen Pelztierchen mit den entzückend nackten Schwänzen die ideale GSG 9 eines jeden Übeltäters. Es ist nicht mal nötig, die Tierchen in freier Wildbahn zu fangen. Die Biesterchen werden für medizinische Zwecke gezüchtet und können deshalb problemlos erworben werden.

In die Schreibtischschublade der Direktion gesteckt oder unter eine Käseglocke des kalten Buffets geschmuggelt, wirken diese harmlosen, intelligenten *Tierchen* Wunder. Es soll Leute gegeben haben, die ein paar Ratten während einer Schulabschlußfeier oder während eines Hochzeitsgottesdienstes (weil von Braut oder Bräutigam verschmäht) laufen ließen. Ratten bei öffentlichen Gelöbnissen oder Staatsakten in die Freiheit zu schicken, muß wohl als symbolische Handlung verstanden werden (die ich für verwerflich halte).

Zwei Beispiele aus dem Leben:

1.

Weiße Mäuse im Café Kranzler

BERLIN, 17. Februar (dpa). Im Berliner Café Kranzler tanzten die Mäuse auf den Tischen. Unbekannte hatten am Donnerstagabend rund 50 weiße Mäuse im Terrassenvorbau des Cafés am Kurfürstendamm ausgesetzt. Kurz darauf meldete sich nach Angaben der Polizei ein anonymer Anrufer, der behauptete, daß die Mäuse mit Typhusbazillen infiziert seien. Das Café sei daraufhin geschlossen worden. Die rund 40 Gäste, die sich in diesem Teil des Cafés aufhielten, reagierten nach Angaben eines Sprechers des Kranzler relativ gelassen auf die Mäuseschar. Augenzeugen hätten berichtet, daß junge Leute einen Koffer mit den Tieren in das Café geworfen hätten. Die Räume seien am Freitagvormittag desinfiziert worden. Ein Ergebnis der amtstierärztlichen Untersuchung liege noch nicht vor.

2.
Ratten von Göteborg

Ausgemachte Chauvis in Göteborg setzten eine 20köpfige Pelztierfamilie mit nachhaltigem Erfolg ein. Sie fühlten sich von ihren Frauen, die sich nach der Herren Ansicht allzu hemmungslos der *Emanzipationsbewegung* hingaben, vernachlässigt, ausgebeutet und was sonst noch alles. Das Frauencafé, in dem die Damen tagein, tagaus zusammengluckten, war den Männern besonders unsympathisch. Also warteten sie eine Vollversammlung der *Frauengruppe* ab und scheuchten die Ratten in das von Emanzen vollbesetzte Domizil. Frauen und Ratten quietschten um die Wette. Das emanzipatorische Selbstbewußtsein und die Ratten blieben im Café zurück. Es gab Damen, die sich noch nach Wochen weigerten, das Etablissement wieder zu betreten. In der Tat hatten die Kerle den aufmüpfigen Frauen eine bittere Niederlage zugefügt.
(Erfahrene Feministinnen wissen heutzutage allerdings mit Ratten umzugehen; egal, ob es sich um männliche handelt oder solche mit Pelz und Schwanz hinten.)

RAUBDRUCKE

Bei diesem Stichwort zieht Verleger Eichborn ein langes Gesicht. Einerseits sauer, weil die Raubdruckszene noch keines seiner Bücher mit einem Nachdruck »gewürdigt« hat*, hat er natürlich Angst, daß es einmal dazu kommen könnte; denn *Raubdrucke* können einem Verleger ganz schön das Geschäft vermiesen.

Am liebsten wäre es Eichborn, wenn dieses Thema hier weggelassen würde. Kommt aber nicht in Frage: GG Artikel 5 gilt auch bei Eichborn!

Also Raubdrucke: Wenn Eigentum Diebstahl ist, ist geistiges Eigentum erst recht Diebstahl – wie Anarcho-Raubdrucker Hermann Cropp betont.

Man selbst kann sich zu dieser Aussage stellen, wie man will: Raubdrucke nehmen immer mehr zu, und jede kleine Firma kann heute fast alles nachdrucken. Ein ganzer Polizeiapparat ist heute in Bewegung, um wenigstens die Spitze des Eisbergs abzutragen.

Geldscheine nachzudrucken, fällt meist sofort auf und wird mit empfindlichen Strafen »geadelt«. Also doch lieber Bücher – aus Kulturbewußtsein und eigenem Profitstreben? Wenn's Großverlage trifft, mag man sich ja noch denken, daß es dabei die Richtigen trifft, denn die können das noch am ehesten verschmerzen. Für Kleinverlage allerdings wird's schnell existenzgefährdend. Besonders trifft's auch die Autoren, denn die bekommen schließlich von den Raubdruckern keine Honorare.

Wie auch immer – Raubdrucken ist strafbar, und das sollte sich jeder überlegen, der auf diese Weise zur »Kulturvermittlung« beitragen will – selbst dann, wenn er wirklich Originelles nachdruckt, z. B. *Schulungsbriefe* für Bundeswehroffiziere. Oder

Instruktionen für die Handhabung von Waffen der Polizei und der Bundeswehr. Man könnte die streng vertrauliche Betriebsanweisung einer *McDonald's*-Filiale vervielfältigen. Oder *Essensmarken* von Betrieben. Oder *Zeugnisformulare* zum Selberausfüllen. *Eintrittskarten* oder *Messeausweise* sind auch Raubdruckmöglichkeiten, die häufig in die Tat umgesetzt werden. Und verdienstvoll ist's natürlich, vergriffene *Bücher* nachzudrucken, wenn Verlage aus kommerziellem Interesse die Rechte blockieren.

Marktwirtschaftliche Ergänzung
Verlage sind oft *Monopolisten.* Sie verfügen absolut über die Rechte an einem Werk. Kein anderer darf's anbieten. Ist die Nachfrage nach einem Buch sehr groß, kann es passieren, daß sich der Verlag knallhart wie ein Monopolist verhält: Obwohl er Riesenauflagen druckt und die Herstellung immer billiger wird, erhöht er den Preis. Er nimmt die Leser tüchtig aus. In solchen Fällen wäre es strenggenommen im Sinne unserer marktwirtschaftlichen Ordnung, das Monopol zu brechen.

Anmerkung des Verlegers*
Hier irren die Autoren. Den Sponti-Sprüche-Band »Lieber intim als in petto«, in meinem Verlag 1984 erschienen, gab's raubgedruckt. Habe ich dem Börsenverein des Deutschen Buchhandels e. V. gemeldet; zwecks Strafverfolgung.

Nachbemerkung der Autoren
Recht so, Herr von Eichborn. Wo geraubt wird, muß auch Druck gemacht werden.

RAUCHMELDER

Rauchmelder sind hochsensible, reaktionsschnelle Kerlchen. Sie kommen in jedem modernen klimatisierten Gebäude vor. Auf jeden Fall aber in jedem *Rechenzentrum.* Die *Sensoren* sollen schlicht und ergreifend verhindern, daß alles abbrennt und's keiner merkt.

Wichtig: der Rauchmelder schaltet als erstes – wenn er funktioniert, was nicht sein muß, falls Brandstifter professionell arbeiten – das *Lüftungssystem* ab. Das wiederum haben EDV-Anlagen gar nicht gern. Sie hören auf zu arbeiten. Und wenn in einem perfekt organisierten Betrieb die EDV streikt, geht nichts mehr.

Kleine Geschichte: Beim letzten großen Abeitskampf in der Metallindustrie drohte in einem Betrieb mit geringem Organisationsgrad (wenig Gewerkschaftsmitglieder) die Streikfront zusammenzubrechen. Eine Gruppe von Streikbrechern, leitende Mitarbeiter und die Betriebsleitung wollten die Produktion demonstrativ wieder in Gang setzen. Die Streikposten waren machtlos.

Hilfe brachte ein kleines Rauchpatrönchen. Unter einem Rauchmelder in Aktion gesetzt, erinnerte es diesen an seine Pflicht. Ohne Belüftung war das Rechenzentrum und damit der Betrieb lahmgelegt.

Da auch Spezialisten im Ausstand waren, gelang es der arbeitswütigen Truppe nicht, die Situation zu bereinigen.

Die Geschlossenheit der Streikbewegung blieb gewahrt. Daß und wie die Gewerkschafter gemogelt hatten, wurde nie groß ausposaunt.

Es lohnt also, was ohnehin empfohlen wird: sich genau mit den Sicherheitsbestimmungen und Anweisungen für den Katastrophenfall zu beschäftigen. So findet man trotz mangelnder Solidarität schnell kleine Helfer, die im Arbeitskampf nützlich sein können.

RAUBKOPIEN

Tresore knacken ist out. Das neue »Verbrechen aus Leidenschaft« heißt Code knacken.

Geknackt werden vor allem die Codes von *Computerspielen* und Programme, die Kleinbetriebe für Buchführung, Kostenrechnung, Adreßspeicherung und Textverarbeitung gebrauchen können. Und was geknackt ist, wird kopiert.

Als Ausgleich zu den teuren Programmen der Konzerne werden in jedem *Computerclub* Raubkopien angeboten; zu Spottpreisen. Auch mit den Verkäufern in den Computerabteilungen der Kaufhäuser läßt sich oft ins Gespräch kommen. Wenn sie genug Leute kennen und über die Firma alle möglichen Verbindungen geknüpft haben, widmen sich die meisten den Vergnügungen im »Hacker-Knacker-Kopierer-Untergrund«. Diese Leute vermitteln also ebenfalls Software für jede Gelegenheit. Und wer auf dem Land wohnt, schreibt auf Kleinanzeigen in Computer-Fachzeitschriften. Dort zahlt er fürs Programm ein Drittel des Originalpreises.

Jeder Computer-Fan kann selber knacken. Erfahrungsaustausch ist hilfreich. Wer sich nicht allein auf seine Ausdauer und wachsende Computerintelligenz verlassen will, kann seine Erfolgsaussichten durch den Erwerb einer *»Happy-Disc«* erhöhen. Sie wurde eigens zum Codesknacken ertüftelt.

In den großen Rechenzentren gibt es übrigens bereits ein dünnes Netz menschenfreundlicher Spezialisten, die sich in ruhigen Zeiten von ihren Kumpels in den USA brandneue Programme überspielen lassen. Wenn der offizielle Anbieter bei uns endlich auf den Markt kommt, sind seine Produkte längst kostensparend verbreitet.

Die Segnungen der Technik sind scheinbar ungeahnt groß für den, der sie zu nutzen weiß. Und da die elektrischen Impülschen keine Spuren hinterlassen, haben es die Hüter der Gesetze gegen Computerkriminalität besonders schwer. *Schon beginnt man mit nostalgischen Gefühlen den Tresorknackerwitzen und den spektakulären Verfolgungsjagden nachzuhängen.*

Komisch. Aber so ist der Mensch.

RAUSSCHMISS

Ziemlich gemein geht Liberias Staatschef Samuel Doe mit seiner Administration um. Wie einst Harun al Raschid pflegt er selbst in entlegensten Dienststellen aufzutauchen. Und wehe, die Mitarbeiter sitzen nicht hinter ihrem Schreibtisch! Da hilft keine Entschuldigung, sie fliegen gnadenlos aus dem Amt. Anfang März 1988 erwischte es sogar John Bestman, den Finanzminister des afrikanischen Landes. Schon der Vorgänger Does, der beim Volk äußerst beliebte William Tolbert, hatte in den *Ministerien* stets mit eisernem Besen gefegt. Wer zu spät zur Arbeit erschien und sich erwischen ließ, flog; darunter nicht weniger als vier Minister.

Manchmal wünscht man sich ein wenig mehr Liberia in den Amtsstuben deutscher Behörden.

RECHTSHILFEN

Es gibt jede Menge *Rechtsberater,* die diese Bezeichnung eigentlich nicht verdient haben.

Rühmlich ist folgende Ausnahme:

Hermann Messmer, »Mein Recht gegenüber Polizei und Staatsanwaltschaft«, Goldmann-Taschenbuch (Nr. 10767), kostet *6,80* DM.

Hier bekommt man wirklich vernünfig und kurz erklärt, was Sache ist, wenn man mit der Polizei aneinandergerät, z. B. bei Razzien, Blutprobe, Festnahme, Hausdurchsuchung, Verwarnung, Strafanzeige, Personenüberprüfung, Zeugenladung, Verkehrsübertretung, Leibesvisitation etc.

RECHTSWIDRIGE NÄCHSTENLIEBE

Marlies Broscheit arbeitete als Sachbearbeiterin in der Fachstelle für Asylbewerber in Frankfurt. In den Jahren 1979, 80 und 81 zahlte sie in eigener Verantwortung Sozialhilfegelder in Höhe von 180000 Mark an Bedürftige aus. »Die gute Fee vom Gallus« (Bild-Zeitung) hat Asylbewerbern, die aus warmen Ländern kamen und frierend vor ihr standen, unbürokratisch warme Sachen verschafft. Durch ihre großzügige Anwendung des Asylantengesetzes hat sie »durch rechtswidriges Handeln einen verfassungswidrigen Zustand aufgehoben«, argumentierte ihr Anwalt. Durch einen afghanischen Flüchtling, der sie verraten hatte, flogen ihre humanen Praktiken auf, und sie wurde zu fünfzehn Monaten Gefängnis mit Bewährung verurteilt. Die fristlose Kündigung von seiten der Behörde mußte Frau Broscheit obendrein hinnehmen. Erkenntlich zeigte sich dagegen die »Initiative gegen Ausländerfeindlichkeit«, die ihr den Preis »Solidarität mit Asylanten« verlieh für »korrekte Behandlung der Ausländer/Asylanten«.

Zwar räumte der Richter ein, die Angeklagte habe die unmittelbare Not der Asylbewerber vor Augen gehabt, weshalb sich das Gericht »der Anerkennung für dieses Verhalten nicht erwehren« könne. (Er meinte, er hätte das nicht gebracht, fände es aber ganz, ganz toll. Und weil er nun mal ein Dünnmann sei, riskiere er halt kein mutiges Urteil.)

Einzelkämpfer — auch wenn sie sich für die richtige Sache engagieren — werden leider allzuoft nur moralisch anerkannt. Aber das ist schließlich auch schon etwas. Demokratie kann Robin-Hood-Mentalität brauchen, wo immer die Moral es erfordert.

REGENERATIONSPHASEN

Jeder schwer schuftende Arbeitnehmer weiß selbst am besten, wann er Erholung braucht. Schließlich kann man frisch gestärkt doppelt soviel leisten wie zuvor. Die Zeiten, wo eine Entschuldigung – von Mami geschrieben – respektierte Gültigkeit hatte, sind lange vorbei. Und da wir uns nicht selbst die Diagnose stellen können, und merkwürdigerweise befallen einen fast immer Beschwerden, die schlecht nachzuweisen sind, braucht es einen klugen Ratgeber. Und wirklich, es gibt ihn. Er heißt: »Wege zu Wissen und Wohlstand – oder: Lieber krankfeiern als gesund schuften«. Erhältlich in allen fortschrittlichen Buchläden oder auch beim Prolit-Buchvertrieb, Daubringerstraße 32, 6304 Lollar. Hier ist das aufschlußreiche Inhaltsverzeichnis:

Inhaltsverzeichnis

»Herr Doktor....« (B. Brecht) 46
Die kranke Halswirbelsäule (HWS-Syndrom) 48
Lendenwirbelsyndrom 52
Der Tennisellenbogen 57
Verstauchungen 59
Die sogenannte »Weiche Leiste« 61
Narbenschmerzen 65
Sehnenscheidenentzündung 72

TEIL III Tricks und Tips gegen Arzt und Kasse
Was kannst du machen, wenn du nicht krankenversichert bist? 76
Tricks und Tips I 83
Tricks und Tips II 86

Simulanten sollten sich allerdings in acht nehmen; allzu leicht kann man nämlich in der Psychiatrischen landen. Und dort ist's gar nicht lustig.

REICHE LEUTE

Reiche Leute, die nichts Rechtes mit ihrem Geld anzufangen wissen, gibt es mehr, als man gemeinhin für möglich hält. Es ist nur schwer, sie zu finden.

Aufspüren kann man sie mit dem akademischen *Mäzenaten-Trick.* Man rückt solche oder ähnliche Anzeigen in die meinungsbildenden überregionalen Zeitungen ein:

> **1. staatl. Universität**
> im Ausland, gegr. 1832, mit allen Fakultäten, wünscht Kontakt zu privatem Förderkreis zwecks Realisierung von Forschungsprojekten. Zuschriften bitte nur von adäquaten Persönlichkeiten mit genauer Anschrift u. Tel. unter **391697** an die Frankfurter Allgemeine, Postfach 100808, 6000 Frankfurt am Main 1.

> **Renommierte Universität**
> (staatlich, Ausland) sucht private Förderer. Zuschriften unter **392933** an die Frankfurter Allgemeine, Postfach 100808, 6000 Ffm. 1.

Auf diese Annoncen reagieren meist Vermögende, die sich gesellschaftlich nicht angemessen beachtet und geehrt fühlen oder die über Fördermittel zu akademischen Würden gelangen möchten. Da gibt es viele Sehnsüchte!

Sind diese eitlen, einfältigen, vielleicht auch einsamen, aber geldschweren Leute gefunden, ist es nur noch eine Frage des guten oder schlechten Geschmacks, ob sie von White-Collar-Kriminellen ausgenommen oder von humanitär gesinnten Menschen zu guten Taten bewegt werden. Die *Goldader* jedenfalls ist gefunden.

REITKÜNSTLER

Wie immer, wenn ein eigentlich schöner Sport durch diejenigen kaputtgemacht wird, die ihn plötzlich aus modischen Gründen betreiben, müssen sich die echten Fans etwas einfallen lassen. Keine Frage, daß jeder, der etwas auf sich hält, heute meint, sich ein *Pferd* anschaffen und reiten zu müssen. Sport als Statussymbol – das kennen wir ja nicht nur vom Tennis.

Echten Pferdeliebhabern ist die Möchtegernreiterei der »Emporkömmlinge« natürlich ein Dorn im Auge – und so lassen sie sich etwas einfallen:

Beispiele: Auf einem Reiterhof in Oberhessen tränkte ein *Pferdeknecht* zwei Rösser unmittelbar vor dem Ausritt mit Bier, eine Leckerei für Pferde. Das reiterlich gar nicht mal unbeleckte Architektenehepaar kam lädiert und zu Fuß vom Ausritt zurück. Die besoffenen Pferde mußten eingefangen werden.

In einem zum Reitstall umgewidmeten Schloß im Fränkischen lockte ein verschmitzter Naturfreund einen »versierten« Reiter samt Roß über eine Freitreppe auf die Aussichtsterrasse. Die Treppe rauf sind Pferde willig, aber runter kriegt man sie weder mit Zuckerstückchen noch mit guten Worten. Peitsche hilft schon gar nichts.

So mußte mit großem Aufwand eine schiefe Ebene errichtet werden. Dann erst ließ sich das Tier zum Abstieg bewegen.

(Ob es allerdings von großer Pferdeliebe zeugt, dem Vierbeiner Bier zu verabreichen, muß bezweifelt werden.)

REKLAMATION

Reklamationen sind nicht nur häufig unumgänglich, sondern können jedem, der viel Zeit und gute Nerven hat, auch erheblichen Spaß bereiten.

Die Lieblingsfirma von Rentnerinnen und Rentnern, *Aldi,* nimmt zum Beispiel alle angegessenen und angebrauchten Dinge zurück, wenn man nur behauptet, sie sagten einem nicht zu. Geld erhält man zurück.

Weitere Beispiele:

- Ein Schreiben an Onko, Bünting (oder andere Kaffeefirmen), die letzte Pfundpackung Kaffee sei nicht in Ordnung gewesen. Ein Tütchen mit einer Probe beigefügt und eine Bitte um Stellungnahme und Ersatz;

- Einschicken von halb leergegessenen Pralinenpackungen;
- Reklamationen von seltsam riechenden Nudeln;
- Beschwerde über verdorbene Konserven der Luxusklasse usw.

Man wird sehen: je mehr reklamiert wird, um so mehr Paketpost erhält man in nächster Zeit. Es geht dabei gar nicht einmal um den Wert der Pakete – das Schöne sind die Abwechslungen, die damit verbunden sind, und die Überraschungen. Lustig ist's auch, Fleisch mit angeekelter Miene und großem Lamento in den *Supermarkt* zurückzubringen. Man kauft zu unterschiedlichen Zeiten gleiche Mengen. Kurze Zeit nach dem letzten Kauf bringt man das alte, angegammelte Fleisch zusammen mit dem neuen Kassenbon zurück und inszeniert einen richtigen Aufstand...

Wenn man teure Gebrauchsgegenstände reklamiert, sollte man sich unbedingt an die Regel halten, nur unbezahlte Artikel zu reklamieren! Solange die Rechnung noch offen ist, sitzt man am längeren Hebel. (Die Gegenseite macht's genauso: Ist das Gerät erst einmal bezahlt, läßt sie einen ganz schön zappeln.)

Merke: Ein gewisser Winfried Bornemann ist durch seine Reklamationsbriefwechsel mit Firmen und Behörden ein bekannter Mann geworden. Er hat seine närrische Korrespondenz als »Bornemanns Briefmacken« veröffentlicht und damit eine Menge Geld verdient.

Ist ja schließlich auch ganz richtig, viel zu reklamieren. Nur dadurch kann man erreichen, daß unsere Hersteller hellwach bleiben und Qualität liefern.

Noch ein Tip: Es gibt jetzt eine Spezialveröffentlichung zum Thema: »Geld zurück – Die Kunst, erfolgreich zu reklamieren« heißt das nützliche Werk. Geschrieben hat es Wolfgang Fienhold.

ROBIN HOODS

Ihre eigene Art, *Sozialhilfeempfängern* Rückendeckung zu geben, haben die »Anti-Schnüffler-Gruppen«, die sich den Sozialamtsfahndern an die Fersen heften und jeden ihrer geheimen Schritte öffentlich machen.

Die Methode: Das Sozialamt von Glasgow versucht, wie woanders auch, gegen das zunehmende Erschleichen von Sozialgeldern sowie gegen die anwachsende Schwarzarbeit vorzugehen. Zu diesem Zweck gibt es ein paar Beamte, die herumreisen und nach Sozialamtsschnorrern fahnden.

Um diesen Leuten die Arbeit schwer zu machen, haben sich in Glasgow »Anti-Schnüffler-Gruppen« gebildet. Aus dem Bericht die Zeitschrift WILDCAT: Eine der Gruppen »produzierte schnell Tausende von Flugblättern, in denen sie die Sozialhilfeempfänger vor den Fahndern des Sozialamts warnte. (...) Die Fahnder selbst wurden photographiert und überallhin verfolgt, sogar in ihre Wohnungen und Hotelzimmer. Während ihres Aufenthalts in der Gegend hatten sie unglücklicherweise eine Panne nach der anderen. Überhaupt hatten sie nur Pech. Ihre Dienstwagen hatten ständig Plattfüße; dauernd waren die Scheiben kaputt. Ein Fahnder wurde eingelocht, weil man ihn des Einbruchs verdächtigte. Nach drei Wochen (...) gaben die Fahnder schließlich auf und verließen die Gegend.«

Nachahmenswert? Nein danke? Soziales Engagement in Ehren, aber erstens wird sich der Staat nicht so schnell in die Knie zwingen lassen. (Die Methoden werden nur subtiler.) Zweitens führen kriminelle Akte mit Recht in die Sackgasse bzw. ins Kittchen. Drittens leben wir in der Bundesrepublik, wo sich Recht und Ordnung hoffentlich immer (auch gegen Widerstände) durchsetzen.

Robin Wood

Wirklich aktiv und phantasievoll sind die Leute von »*Robin Wood*«. Sie sind unter anderem die Erfinder der Giroblau-Bewegung, die unsere Energieversorgungsunternehmen dazu bewegen soll, hochwirksame Abgasreinigungsanlagen in die *Kraftwerke* einzubauen. Man will die Elektrizitätsleute da treffen, wo's weh tut: bei den Kosten. Jeder kann mitmachen. Völlig legal. Ohne großen Aufwand. Wirksam. – Originalton Robin Wood:

Was muß der einzelne tun?

1. Kündigen Sie Ihre Einzugsermächtigung oder Ihren Dauerauftrag. (Muster siehe weiter unten)

2. Benutzen Sie auf keinen Fall die vom Energieversorgungsunternehmen vorgedruckten Zahlscheine.

3. Zahlen Sie die fälligen Beträge pünktlich. Folgende Zahlungswege sind möglich:

a) Zahlen Sie direkt bar bei der Bank oder Post ein.

b) Zahlen Sie direkt an die Kundenkasse des Energieversorgungsunternehmens.

c) Bei Scheckzahlung: Stellen Sie immer Verrechnungsschecks aus, das macht dem Empfänger besonders viel Arbeit.

4. Auf dem Einzahlungsbeleg, der bei Ihnen verbleibt, müssen folgende Angaben stehen: Ihr Absender, Name des Empfängers, Verwendungszweck.

Heben Sie alle Zahlungsunterlagen als Beleg gut auf.

Was Sie zusätzlich tun können:

1. Vergessen Sie, auf den Zahlscheinen Ihre Kundennummer anzugeben, oder schreiben Sie sie versehentlich falsch.

2. Schreiben Sie Ihren Namen oder die Anschrift unvollständig auf den Empfängerabschnitt oder machen Sie unleserliche Angaben.

3. Zahlen Sie fristgerecht, aber in mehreren verschieden hohen Teilbeträgen.

4. Zahlen Sie mehr als den fälligen Betrag und fordern Sie den Differenzbetrag nach einigen Tagen zurück.

5. Zahlen Sie für mehrere Haushalte eine Gesamtsumme ein. (Keine Kundennummer, aber alle Namen angeben.)

6. *Richten Sie die Einzugsermächtigung wieder ein und kündigen Sie diese nach ca. zwei Wochen wieder.*
7. *Finden Sie Ihre eigene Methode durch Kombination aus 1. bis 6.*

Kündigung der Einzugsermächtigung

An das
Energieversorgungsunternehmen ....

in ....

Hiermit kündige ich meine Einzugsermächtigung (Kunden-Nr. ..../Kassenzeichen ....) mit sofortiger Wirkung. Ich zahle in Zukunft anders.

Name ....

Anschrift ....

....

Datum .... Unterschrift ....

✂— — — — — — — — — — — — — — — — — — — —

Muster für einen Zahlschein

Empfänger:	Energieversorgungsunternehmen Konto 4711 XY-Bank
Verwendungszweck:	Licht und Gas für September
Betrag:	50,– DM
Einzahler:	K. Mayer Große Straße

Muster für eine Einzugsermächtigung

An das
Energieversorgungsunternehmen ....

Hiermit ermächtige ich Sie, die fälligen Beträge von meinem Konto Nr. 4711 bei der XY Bank abzurufen.

Name ....

Anschrift ....

....

Datum .... Unterschrift ....

Die Robin-Wood-Leute lassen sich ständig Neues einfallen. Kontaktadresse *Robin Wood* (Gewaltfreie Aktionsgemeinschaft für Natur und Umwelt e. V.); Postfach 10 21 22, 2800 Bremen 1, Telefon 04 21 / 7 86 80, ist von 16 bis 18 Uhr besetzt.

ROHRSCHNAPS

Niemand kann wissen, ob nicht irgendwann einmal die *Prohibition* über Mitteleuropa hereinbricht oder sonstwie Schnaps zur Mangelware wird. Für diesen Fall empfiehlt sich folgende, in Skandinavien verbreitete Produktionsmethode, die Freund Herbert so beschreibt:

Wer in einem Haus allein oder mit verläßlichen Freunden lebt, benötigt zur Wodka-Herstellung keine besondere *Destillationsanlage.* Der Haupthahn der häuslichen Wasserzufuhr wird abgedreht, und das Rohrsystem muß am Entleerungsventil im Keller leerlaufen. An der obersten Stelle der Wasserleitung, etwa auf dem Dachboden, wird der Waschkessel mit der Maische aufgestellt, für deren Verdampfung eine Schlauchverbindung mit der Steigleitung des Wasserrohrs hergestellt wird. Das Leitungssystem des Hauses wird so zum Kühler für das Destillat. Im Keller am Entleerungshahn kommt dann der Wodka zum Vorschein, zuerst freilich kognakbraun (wegen des Rostansatzes in der Wasserleitung), dann aber immer klarer und schließlich trinkbar. Der Ortspolizist kann während der Prozedur ruhig mit in der Küche sitzen, er merkt bei guter Abdichtung des Brennkessels auf dem Dach nichts von dem Vorgang. Ist der Brennvorgang beendet, bleibt nur der Waschkessel übrig, und auch bei einer Hausdurchsuchung wird keine Destillationsanlage gefunden.

(Na denn »Zum Wohl!« und »Prost!« und »Skol!«)

ROLLTREPPEN

Einen eigenwilligen Beitrag zur *Trimmbewegung* haben sich ein paar Schüler in Köln ausgedacht. Sie legten die Rolltreppen lahm. Stolz gaben sie nun ihre Tricks preis.
Rolltreppenstopp

- Nothalt-Kästchen eindrücken; abhauen. Treppe steht.
- Auf die Gummi-Kontaktmatte springen. Je wuchtiger, um so wirkungsvoller. Am besten hopsen drei Kids auf einmal. Der Notstopp-Kontakt wird ausgelöst. Treppe steht.
- Mehrere Kids lassen sich durch die Handläufe der Treppe nach oben befördern. Die Gummi-Zugbänder werden überdehnt. Treppe steht.
- Erbsen auf die Treppe schütten. Die geraten in die Kammrechen an den Stufeneinläufen. Die Sicherheitsautomatik, die Unfälle mit eingeklemmten Kleidungsstücken etc. verhindern soll, tut ihre Pflicht. Treppe steht.

Die Quälgeister hätten doch besser ihre Aktivitäten mit dem Kaufhausmanager absprechen sollen. Mit Sicherheit wäre für sie im Zuge einer Kampagne »Halt dich fit im Kaufrausch« eine Belohnung herausgesprungen.

Aber im Ernst: Halten Sie die Augen offen und verständigen Sie sofort die Ordnungskräfte, wenn Sie solch unholdisches Treiben bemerken.

RUFMORD

Daß einem nicht jeder gefällt, ist mehr als logisch, ebenso wie man selbst nicht jedem paßt.

Renate P. aus Mülheim ersann sich eine besonders boshafte Rache gegenüber Nachbarn, deren Nase sie nicht leiden konnte.

Sie fand die Nachbarfamilie Heidrun, Norbert und Tochter Chantal (18) immer unsympathischer, seit Norbert in seiner Firma aufgestiegen war und sich Heidrun neuerdings mehr herausputzte als üblich.

Kurzerhand setzte R. P. zeitlich abgestuft mehrere *Anzeigen* in einschlägige Sexmagazine. Wortlaut: »Heidrun, reif und erfahren, macht alles, wenn Männe jobt. (Tel. 16—18 Uhr, Nr. . . .).«

Man kann sich denken, wie die arme Heidrun um den Verstand gebracht wurde. Wer den zufälligen *Telefonterror* einiger Telefonmuschellüstlinge kennt, weiß, wovon die Rede ist. Das Ganze, noch derart kanalisiert wie beschrieben, weckt andere Gelüste, nämlich mörderische!

(Der Hinweis auf das 9. Gebot sollte genügen, um die Verwerflichkeit von Renates Tun zu brandmarken.)

SABOTAGE

Sabotage ist der Feind Nummer eins für Betriebe, Verwaltungen oder Institutionen. Welche Anstrengungen unternommen werden, um diese Gefahr in den Griff zu bekommen, zeigen die folgenden Auszüge:

Aus: »Die Polizei«: Als erstes Bundesland hat Niedersachsen eine Beratungsstelle für den vorbeugenden materiellen Sabotageschutz eingerichtet. Wie der Sprecher des Innenministeriums am Freitag in Hannover mitteilte, erarbeitet diese Beratungsstelle auf Wunsch von lebens- und verteidigungswichtigen Einrichtungen Schwachstellenanalysen der sicherheitsempfindlichen Bereiche. Seit Herbst 1983 können sich die betreffenden Betriebe mit der von einem Diplom-Ingenieur geleiteten und in der Verfassungsschutzabteilung des Innenministeriums angesiedelten Stelle in Verbindung setzen. Die Adresse lautet: Niedersächsischer Minister des Innern, Abteilung 4, Postfach 4420, 3000 Hannover 1.

Aus einem Tagungsbericht der »Gesellschaft für Sicherheitswissenschaft«: »Der Mensch als statisch oder dynamisch wirkender ist eine der wesentlichen Betrachtungsgrößen bei der sicherheitstechnischen Analysierung von Prozeßablaufketten. Als Gefahrenquelle kann man neben der psycho-physiologischen und der kognitiven Über- und Unterforderung (Übermüdung, Monotonie) zu hohe Risikobereitschaft (Wechselspiel von Aktion und Reaktion, Auslebenstendenz) und möglicherweise Obstruktion (Erpressung, Terror) nennen. Liegt aber dann die Lösung zur maximalen Ausschaltung von Gefährdung in der völligen Substitution des Gefahrenfaktors ›Mensch‹?«

Nach *»Batelle* aktuell«, den Mitteilungen des Batelle-Instituts: Unter der Überschrift »Der Mensch ein Risikofaktor« wird berichtet, daß Batelle im Auftrag des Bundesforschungsministeriums die Arbeitsplätze des Personals in *Kernkraftwerken* und anderen vergleichbaren technischen Anlagen untersucht. Ziel: Erarbeitung einer besseren empirischen Basis, die eine bessere Eingrenzung des Risikofaktors Mensch ermöglichen soll. Zu den »anderen vergleichbaren technischen Anlagen« zählen die *Rechenzentren* großer Unternehmen, Gebietsrechenzentren und die Einrichtungen von EDV-Anbietern. Einbezogen in die Batelle-Untersuchung werden bekannte Sicherheitsvorkehrungen wie Feuer-, Sabotage-, Zugangsschutz und die permanente Überwachung der Mitarbeiter im und außerhalb des Rechenzentrums. Ausgewertet werden auch die Erfahrungen sogenannter »Tiger-Teams«, die in den USA gegen hohe Bezahlung Lücken in Sicherheitssystemen aufspüren. Erwähnt wird in diesem Zusammenhang auch eine Studie der US-Atombehörde, in der über vier Sabotagefälle in AKWs im Jahre 1981 berichtet wird. Wörtlich: »Der dem Kongreß gemeldete ›Beaver Valley‹-Fall, bei dem ein kritisches Ventil in falsche Stellung gebracht wurde, wird als ›eine der ernstesten Bedrohungen in der Geschichte der Atomkraft angesehen‹ und konnte nur von jemandem ausgeführt werden, ›der sehr vertraut mit dem Kraftwerk ist‹ (Critical Mass). Die Tatsache, daß viele der in den letzten Jahren festgestellten Sabotageakte offensichtlich von Zugehörigen der Werke ausgeführt wurden, da sie ein gründliches Verständnis der Reaktoren voraussetzen, beurteilt ›Critical Mass‹ als besonders bedenklich.«

In der Bundesrepublik ist allerdings in den letzten Jahren eine Umkehr der Verhältnisse zu beobachten. Subversion geht nicht mehr von den Unterprivilegierten aus. Sie ist längst in die Chefetage aufgestiegen.

Von Gewinnstreben verführte Topmanager vergiften ganze Regionen, indem sie überhöhte Schadstoffemissionen aus ihren Produktionsstätten entweichen lassen (z. B. Buschhaus); sie versetzen einen halben Kontinent in Schrecken, weil sie ihn mit gefährlichem Atommüll übersäen (Transnuklear); sie richten Meere (z. B. die Nordsee) zugrunde, indem sie gigantische Mengen schädlicher Säuren hineinkippen (verklappen) lassen (Chemische Industrie); sie bringen eine Nation zum Kotzen, weil sie verwurmte Lebensmittel vertreiben (Fisch-Industrie) und und und ...

Wollen wir hoffen, daß sich diese Entwicklung als vorübergehende Modeerscheinung entpuppt.

SAUBERER TOD

Unglaublich, aber wahr! Obwohl ihre Gefährlichkeit schon seit Jahren bekannt ist, werden noch immer hypochloridhaltige Sanitärreiniger für den bundesdeuschen Markt produziert. Wenn sie mit säurehaltigen Stoffen (z. B. Salzsäure) zusammengeschüttet werden, entsteht *Chlorgas.* Wird es eingeatmet, kann es tödlich wirken.

Diese mörderischen Produkte sollten ohne Rücksicht auf die Profitgier ihrer Produzenten aus dem Verkehr gezogen werden.

SCHAULUST

Szene aus einer deutschen Großstadt: Es ging um ein Menschenleben. Doch den Schaulustigen, die die Straße bevölkerten, stand der Sinn nach *Sensation.* Im vierten Stock eines Hauses stand ein junger Mann auf dem Fenstersims, rief wirres Zeug in die Nacht und drohte, in die Tiefe zu springen. Das Schicksal des Mannes da oben schien keinen zu interessieren. Die allgemeine Frage hieß nur: Springt er, oder springt er nicht? Vereinzelt wurden auch Rufer laut, die ein blutiges Ende des Spektakels offenbar kaum noch erwarten konnten. Unterdessen wieselte die schlimme Karikatur eines *Boulevardreporters* zwischen Polizisten und Rettungsleuten umher und bedrängte den Freund des Verzweifelten mit dem schamlosen Angebot: »Exklusiv für uns! Exklusiv!«

Ein Polizeibeamter versuchte derweil vom gegenüberliegenden Trottoir aus über ein Megaphon mit dem Mann auf dem Fenstersims ins Gespräch zu kommen. Kaffee und Brötchen, die der Siebenundzwanzigjährige verlangt hatte, waren längst in die Wohnung gebracht worden. Doch der Mann an der Hauswand redete sich immer mehr in Rage. Einen neuen Ausweis forderte er, seinen Vermieter wollte er sprechen, Arbeit wollte er haben, und schließlich sollte seine Mutter angerufen werden. »0 61 03« schrie er die Vorwahl in Richtung des Polizisten. Als der nicht genau verstand und nachfragte, verlor der Mann auf dem Sims offenbar völlig die Beherrschung. Er gestikulierte wild, rief noch etwas, was unten nicht zu verstehen war, und stürzte in die Tiefe.

Auf dem Bürgersteig schlug er auf einem Absperrpfosten auf, trug offensichtlich schwere Verletzungen davon, war aber bei vollem Bewußtsein, als er auf eine Trage gelegt und in die Klinik gefahren wurde.

Die Freundin des jungen Mannes brach mit einem Schock neben der Absturzstelle zusammen und wurde ebenfalls ins Krankenhaus gebracht.

Die Umstehenden und viele Anwohner schien das alles nicht zu berühren. Im Haus um die Ecke öffnete einer nur kurz das Fenster und wollte wissen: »Isser jetzt gesprungen oder nicht?« Nach der positiven Antwort drückte er die Scheibe wieder zu. Basta. Wer wird sich schon seinen Feierabend verderben lassen. Der schlimme Reporter hatte sich unterdessen den Freund des Verletzten endgültig exklusiv gesichert und verließ mit ihm den Tatort. Und ein Polizeibeamter, der die Schuhe wegtrug, die der Verzweifelte beim Aufprall auf dem Pflaster verloren hatte, bekam von einem Jugendlichen zu hören: »Ach, die hat er wohl vergessen.«

DER SCHECK IST WEG

In den USA tauchten in letzter Zeit falsche *Schecks* auf, die nach kurzer Zeit zu Staub zerfallen. Nach Angaben der Polizei in Chicago sind Banken in Illinois und Tennessee innerhalb eines Monats dadurch 500 000 Dollar Verlust entstanden. Die Schecks sind mit einer geheimnisvollen chemischen Substanz behandelt, die sie nach einiger Zeit zu Papiermehl zerfallen läßt. Die Betrüger reichten solche »Selbstzerstörungsschecks«, die auf hohe Summen ausgestellt sind, bei Banken ein. Kurze Zeit später werde ein ebenso hoher Betrag abgehoben, beschrieb die Polizei den Trick.

Wenn die Banken dann feststellten, daß der Scheck gefälscht sei, fänden sie nur noch Stückchen vor, auf denen nichts mehr zu lesen ist. Die Substanz, die dem Papier eine leicht fettige Oberfläche verleiht, konnte noch nicht analysiert werden.

Die Gerichte sind durch die chemisch versierten Betrüger in Beweisnot geraten: Wie sollen sie Fälscher anklagen, wenn das belastende Beweisstück nur noch Staub ist?

SCHIFFEVERSENKEN

Klingelt weniger Geld in der Kasse, heult öfter die Feuersirene auf den *Schiffen.* Sind schlechte Zeiten für ehrliche Geschäfte, verschwindet mehr Ladung auf den Weltmeeren: Die Betrugsfälle häufen sich. Die Gelackmeierten sind immer die Versicherungen. Sie müssen für die Schäden geradestehen, es sei denn, ihnen gelingt der Nachweis eines Verbrechens. Und das ist, trotz intensiver Bemühungen, selten.

Beispiel: Verdacht auf Brandstiftung bestand, als im Maschinenraum eines unter griechischer Flagge fahrenden Kühlschiffs, das vor dem jordanischen Hafen Akaba auf Reede lag, ein Feuer ausbrach. Der Frachter war nur noch Schrott und die Ladung – Gefriereier – hin. Alles deutete auf »heißes Abwracken« hin, der seemännische Ausdruck dafür, daß mutwillig an Bord gezündelt worden war. Beweise allerdings fehlten.

Für den Eigentümer des Dampfers war das »Unglück« gleichwohl ein gutes Geschäft: Die Versicherung mußte zahlen, und zwar nicht den Marktwert des Schiffs, sondern die weit höhere volle Versicherungssumme. Damit waren auch die Hypothekenbelastungen abgedeckt, die der Besitzer aus dem laufenden Geschäft mit Fracht nicht hätte abtragen können. Eine Hamburger *Assekuranz* hatte den Schaden.

Weltweit nehmen die *Versicherungsschäden* durch manipulierte Havarien, Ladungsunterschlagung, Schiffsbrände etc. ständig zu. Das International Maritime Bureau in London meldete allein für das Jahr 1987 eine Schadenssumme von zehn Milliarden Dollar. Und kaum fünf Prozent der angenommenen Betrugsfälle können aufgedeckt werden; vor allem, weil Reeder, Behörden und Assekuranzen einander bei der Aufklärung torpedieren.

Besonders beliebt soll es seit dem Ausbruch des Golfkrieges sein, schrottreife, aber gut versicherte Kähne in die irakisch-iranische Schußlinie zu manövrieren. Nach Einschlag eines Geschosses wird durch Öffnen der Ventile dem Schiffsuntergang nachgeholfen. Wer will dann rechten, ob das Schiff durch Kriegseinwirkung oder auf betrügerische Weise verlorenging?

Die großen britischen Versicherer versuchen den Banditen neuerdings per Computer auf die Schliche zu kommen. Die Angaben der Kapitäne gesunkener Schiffe werden genauestens gecheckt. Sinkt beispielsweise ein Schiff zu schnell, liegt der Verdacht geöffneter Flutventile nahe. – *Erfolg wäre den Computerfahndern zu wünschen; über steigende Versicherungskosten zahlen letztendlich wir alle für die Betrügereien einiger weniger.*

SCHLÖSSER DICHTEN

Kranke Ingenieursgehirne haben für Autos der *Luxusklasse* die Zentralverriegelung erfunden. Das ist ein supersicheres Verschlußsystem mit Präzisionsschlössern, registrierten Schlüsseln usw. An der ganzen Karosse gibt es nur ein Schlüsselloch: an der Fahrertür. Ist diese Tür abgeschlossen, gleicht der Wagen einer uneinnehmbaren Festung. Alle Türen verriegelt, Kofferraum zu, Motorhaube dito, Schiebedach erst recht.

In Italien, genauer auf einem der großen Parkplätze Venedigs, hatte es eine Gruppe Jugendlicher auf eben diese Modelle der gehobenen Klasse abgesehen. Nein, ausnahmsweise räumten sie die Limousinen nicht aus. Ihnen war lediglich – wie man annehmen darf – nach Jux zumute.

Sie spritzten bei einer Reihe von zentralverriegelten Autos ein Tröpfchen des

Import-Produkts *UHU-hart* ins *Schüsselloch.* Damit waren die Fahrzeuge stillgelegt, und Zugang war nur noch mit Gewalt möglich.

Die durchweg ausländischen Fahrzeughalter konnten außer Worten des Bedauerns von den Carabinieri keine Unterstützung erlangen. Italien ist und bleibt für Autotouristen ein riskantes (aber unbeschreiblich schönes) Land.

SCHMIERGELDER

Bestechungen wie in einer Bananenrepublik waren über Jahre hin (bis Ende 1986) bei der Hanauer Transnuklear an der Tagesordnung. ›Schmieren und salben hilft allenthalben‹, wird da manch einer achselzuckend denken. Bestürzend war unterdessen, daß es sich bei dem Unternehmen nicht um einen Bananenspediteur, sondern um ein Transportunternehmen für atomare Stoffe handelte. Strahlendes Material, das eigentlich unter höchsten Sicherheitsvorkehrungen hätte transportiert und gelagert werden müssen, wurde überall in Europa hin- und hergeschoben. Es wurde nicht sorgfältig und teuer entsorgt, sondern billig irgendwo untergestellt und Schmiergeld kassiert.

Der neu berufene Geschäftsführer des Unternehmens, Hans Joachim Fischer, der den Skandal aufdeckte, sprach von »schlichtweg grauenvollen Zuständen«. Es liefen Bestechungsgelder durch die Kassen der Transnuklear, die das Stammkapital der Firma noch überstiegen. Fischer stellte fest, daß »jeder Buchhalter erkennen mußte, daß da etwas nicht stimmt«. Rechnungen ohne Bestellungen und Lieferungen hätten auch subalternen Mitarbeitern auffallen müssen. Die Manipulationen seien »ohne Deckung von ganz oben« nicht möglich gewesen.

Bedenkt man, daß der Energiekonzern RWE, die DEGUSSA und das Land Hessen maßgebliche Beteiligungen an der Transnuklear besitzen, möchte man fast allen Glauben an Recht und Ordnung in unserem Land aufgeben. ›Der Fisch stinkt von oben‹, sagt ein Sprichwort. Bleibt zu hoffen, daß der neue Kopf des Unternehmens Wert auf ein weniger penetrantes Odeur legt.

SCHNELLKLEBER

Ein Vertreter für Elektrogeräte, der mühsam seine Waren an Wohnungstüren anbieten muß, ist es gewohnt, schroff abgewiesen zu werden. Gelegentlich muß er sich auch rüde Beschimpfungen gefallen lassen. An Bewohnern von Häusern, in denen er mit Gemeinheiten bedacht wird, rächt er sich, indem er beim Verlassen die Haustür rundum mit einem Schnellkleber (»Cyanacrylat klebt innerhalb von Sekunden Haut und Augenlider zusammen. Darf nicht in die Hände von Kindern gelangen«) bestreicht. Wenn es die Zeit erlaubt, beobachtet der Klebeschließer aus angemessener Entfernung die Wirkung seiner Arbeit und freut sich, wenn alles Rütteln an der Tür vergeblich bleibt.

Gemein ist es, die Sitzfläche eines Stuhls mit Cyanacrylat zu bestreichen. Der Hosenboden bleibt kleben. Das ist Sachbeschädigung.

Und ausgesprochen kriminell ist die Handlungsweise von Berliner Berufsschülern, die ihren Lehrer zwangen, sich auf eine mit *Schnellkleber* bestrichene Tischplatte zu stützen. Sofort waren seine Hände fest mit dem Möbel verbunden. Die Typen ließen den Pädagogen stehen, schlossen die Tür des Klassenraumes ab, warfen den Schlüssel weg und gingen. Erst drei Stunden später entdeckten Putzfrauen den Haftengebliebenen. Nach langwieriger Prozedur lösten Ärzte und Chemiker den Mann vom Pult.

Klar, daß das sehr gefährlich werden kann! Für den Geschädigten, weil er sich verletzen kann. Für die Täter, weil sie mit einer Anklage wegen Freiheitsberaubung und Körperverletzung rechnen müssen.

SCHNELLZULASSUNG

Schreibt uns Lars D. aus St.: Die *Schnellzulassungsstelle* in eigenen Haus erspart viel Lauferei. Für kurze Probefahrten genügt es, das Kennzeichen eines Freundes auszuleihen und am eigenen Fahrzeug zu befestigen. Falls man angehalten wird, hat man die Papiere vergessen. Bei einer Überprüfung kommt über Funk die Bestätigung über die ordnungsgemäße Zulassung. Besonders einfach bei Motorrädern, da sie nur ein Kennzeichen haben. Auf die Fahrzeugmarke wird meist nicht geachtet.

Meist nicht, wenn aber doch... Außerdem kosten vergessene Papiere – wenn die Streife nicht zu faul zum Protokollieren ist – mindestens 20,— DM. Also: Portemonnaie nicht vergessen!

SCHNORREN

Renata Steinhusen aus W. schafft leidenschaftlich gerne an. Nein, nicht was Sie denken! Sie umgibt sich mit allem mehr oder weniger sinnvollen Kram. »Leider hapert es oft an der Finanzierung«, klagte sie uns ihr Leid. Doch findig, wie sie ist, entdeckte sie in einer öffentlichen Bücherei dieses Werk. Es umfaßt 2000 Seiten und heißt »Wer liefert was?« (erschienen im gleichnamigen Verlag, Steindamm 71, 2000 Hamburg 1).

Sie studierte in Ruhe die Geschäftsempfehlungen. Hier fand sie alles, was ihr Herz begehrte. 60 000 Firmen offerieren – fein nach Produkten geordnet – ihre Waren. Renata entwarf einen Briefbogen, von dem sie sich gleich tausend Stück anfertigen ließ (50 Mark im Copyshop), und forderte damit fleißig *bemusterte Angebote* an.

Südwest-Deutsche Warenvertriebsgesellschaft
Inh. Thomas Mann, Nassauer Straße 69, 4700 Greifzu/Westfalen.
Betreff: Preisanfrage
Sehr geehrte Herren, unsere Gesellschaft nimmt im 2. Quartal 1988 die Produktgruppe »Kosmetik-Artikel« neu in ihr Vertriebsprogramm auf. Wir bedienen rund 2000 Kunden im Einzelhandel und Haus-zu-Haus-Vertrieb.
Bitte senden Sie uns zunächst unverbindlich ein bemustertes Angebot Ihrer Augenbrauen-Stifte-Kollektion. Nennen Sie uns Ihre Preise für einen Jahresabschluß über 10 000, 25 000, 50 000 und 100 000 Stifte. Lieferung 5000-stückweise frei Lager Greifzu.
Für Ihre Mühewaltung besten Dank im voraus.
Hochachtungsvoll
Südwest-Deutsche Warenvertriebsgesellschaft

Renata empfiehlt, Preisangaben für Abnahmemengen zu verlangen, die einerseits glaubwürdig sind, andererseits dem Anbieter aber ordentlichen Umsatz versprechen. Gern schreibt sie auch an Firmen im benachbarten Ausland. Bisher habe ihr Trick immer funktioniert. Vor kostenlosen, unverbindlichen *Proben* könne sie sich nicht retten, versicherte sie uns.

(Anscheinend haben die Firmen bisher geschlafen und sich noch keinen Handelsregisterauszug schicken lassen. Was übrigens interessant an dieser Geschichte ist, sind die Selbstheilungskräfte unseres Wirtschaftssystems. Bei ihrer Schnorrerei kam Renata nämlich ein Artikel unter die Augen, der sie absolut überzeugte. Seit neuestem ist sie selbständig – als Importeurin eben dieses Artikels.)

SCHULDEN ADE

Es gibt nicht wenige Zeitgenossen, die es mit zum Teil skrupellosen Tricks schaffen, sich den Start in ein neues Leben im fernen Ausland zu finanzieren. Was da bei intensiver Zeitungslektüre nicht alles zusammenkommt:

Sie sammeln über einen längeren Zeitraum *Euroschecks* verschiedener Kreditinstitute. Die werden eingelöst, und zwar unmittelbar vor der Abreise. Viele kleine wertvolle Sachen werden dafür erstanden und möglichst viel Bargeld ertauscht.

Über einen längeren Zeitraum hat man sich durch kleine Käufe zum kreditwürdigen Versandhauskunden gemausert. Rechtzeitig vor der Abreise werden lukrative Bestellungen aufgegeben. Die ausgesucht hochwertige Ware wird noch in Empfang genommen, aber nicht mehr bezahlt.

Die *Kreditlinie* verschiedener Konten wird vor der Abreise schnell noch in Anspruch genommen.

Kleinkredite werden auch mal eben mitgenommen. Soll sich der Kreditvermittler ruhig erst mal die Hände reiben; später guckt er doch in die Röhre.

Natürlich verkaufen sie an ahnungslose Menschen *teure Elektro-, TV- und Phonogeräte,* die nicht bezahlt sind.

Fazit: Der Auswanderer mit starken Nerven nutzt alle ihm zugänglichen Kreditmöglichkeiten aus und verschwindet. Mit dem ergaunerten *Startkapital* glaubt er in der *neuen Heimat* ein ehrliches Geschäft beginnen zu können.

Wirklich nicht zur Nachahmung empfohlen, denn abgesehen davon, daß sich im Ausland irgendwann vielleicht doch einmal so etwas wie ein schlechtes Gewissen einstellt, dürfte eine eventuelle spätere Rückkehr ins »Heimatland« ein absoluter Nervenkrieg werden! Und Selbstverbannung will doch keiner, oder?

DIE SCHULE KLEBT

Die lernwilligen Schüler und genervten Lehrer standen vor einem Rätsel. Das Adam-Kraft-*Gymnasium* in Schwabach bei Nürnberg konnte nicht betreten werden. Unbekannte hatte nachts zwölf Schlösser mittels eines Klebers unbrauchbar gemacht. Zur Erleichterung – besonders der Schüler – fand man schließlich im Keller einen Zugang zur Schule, so daß der Unterricht, wenn auch mit erheblicher Verspätung, beginnen konnte.

SCHUMMELN

Aus der Sicht der Prüflinge ist jede *Prüfung* Streß, von wenigen Überfliegern abgesehen. Da erdreisten sich irgendwelche Kommissionen, Menschen objektiv beurteilen zu wollen, obwohl längst erwiesen ist, daß bis auf das Multiple-chase-Verfahren (= Mehrfach-Jagd auf Prüflinge) jede Leistungsbeurteilung mehr oder weniger willkürlich ist.

Für adäquates Prüfverhalten gibt es jetzt einen Spezialisten: Thomas Brockmann. In seinen beiden Zehn-Marks-Büchern »Schummeln – aber richtig!« und »Schummeln aktuell« findet man Schummelmethoden in Fülle: bewährte, neue, einfache, komplizierte. Wie jeder Experte hebt auch Thomas manchmal ab, wenn er beispielsweise mit dem UKW-Sender ins Prüflokal reinspicken will und einem auseinandersetzt, wie man eine Sendelizenz bekommt. Angesichts der vielen brauchbaren Anregungen sollte man aber durchaus Nachsicht walten lassen und getrost die paar Mark in Thomas' Bücher investieren.

SCHUMMELPAKET

Unbekannte erkletterten, was ziemlich einfach ist, den Mast einer elektrischen *Überlandleitung* zur Hälfte und befestigten dort flugs und solide mit Industrieband ein mysteriöses Paket. Das taten sie des Nachts und an einer Stelle, wo die vielbefahrene Autobahn Mannheim — Frankfurt die Hochspannung unterquert.

Ein Leitungsprüfer des zuständigen Energieversorgungsunternehmens entdeckte das unbekannte Objekt, das natürlich alles mögliche enthalten konnte. Schlimmstenfalls Sprengstoff.

Aus Sicherheitsgründen wurde die Autobahn für eine Stunde gesperrt, was zu erheblichen Stauungen und Verkehrsbehinderungen in der gesamten Region führte. Sprengmeister des Landeskriminalamtes und Feuerwehren rückten an. Das Areal wurde abgesperrt, die Überlandleitung außer Betrieb gesetzt und endlich das Paket mit einem mächtigen Wasserstrahl aus der Feuerwehrspritze vom Mast gespült. Es enthielt Sägemehl, sonst nichts.

Daß derlei grober Unfug keinen Beifall verdient, ist wohl selbstverständlich. Außerdem ist es für jeden potentiellen Scherzbold vielleicht ernüchternd zu wissen, daß das unbefugte Erklettern von Elektromasten strafbar ist.

SCHWARZER HUMOR

Schwarzen Humor bewies die Düsseldorfer »Wandmalergruppe«. Sie nutzte die allgemeine Unsicherheit, die durch die kriminellen Machenschaften der Atomindustrie in der Bevölkerung und bei den Behörden entstanden ist, für einen makrabren Scherz, der, wie beabsichtigt, viel Aufregung und Ämteraktivität verursachte.

Auf einem Hinterhof zwischen Gerümpel hatten die Wandmaler acht täuschend echt bemalte gelbe Fässer mit dem schwarzen Flügelrad als Zeichen für *Radioaktivität* abgestellt. Passanten meldeten diesen Fund, und schon rückte in Begleitung von Sensationsjournalisten und Lokalpolitikern ein ansehnlicher Trupp von Sicherheitstechnikern und Beamten des Gewerbeaufsichtsamtes mit Meßgeräten aus, um den Inhalt der Fässer zu verifizieren.

Die Geigerzähler blieben allerdings cool; Entwarnung konnte gegeben werden. Bei den Fässern handelte es sich um Überbleibsel vom Düsseldorfer Fastnachtszug. Diese Tatsache schützte die listigen Wandmaler unter den gegebenen Umständen vor Strafverfolgung wegen groben Unfugs. Denn wer hätte böse Absicht nachweisen können?

SCHWARZFAHREN

Ein altes Thema; ein Thema, das zahllose Benutzer der öffentlichen Verkehrsmittel beschäftigt und immer wieder in Rage bringt.

Unsere Meinung dazu: Wenn die Benutzung der öffentlichen Verkehrsmittel nichts mehr kostet, ist das Problem gelöst. Der Fahrscheinerlös bringt bei den Verkehrsverbünden ohnehin nur einen Kostendeckungsgrad von 25 %. Das ist etwa soviel, wie Kartenverkauf, Fahrscheinkontrolle und die damit zusammenhängende Verwaltung an Geld verbraucht. Der *»Null-Tarif«* wäre sozial, umweltfreundlich und letztlich am preiswertesten.

Aus Geiz und auch wegen der einfachen Handhabung würden wesentlich mehr Leute die Nahverkehrsmittel frequentieren. Geringere Straßenbelastung, Ersparnisse beim Ausbau der Straßen, weniger Schadstoffe, weniger Verkehrstote und -verletzte wären die Folge. Jede Menge sozialer Kosten entstünden erst gar nicht.

Folgerung:
Schwarzfahren ist politisch. Es gibt schon viele gute Bürger in allen Landesteilen, die ein entsprechendes Sozialverhalten an den Tag legen. Wegen der unfreundlichen Rechtsverhältnisse sind sie allerdings auf Tricks angewiesen, um nicht in die Bredouille zu geraten. Hier ein paar Beispiele:

Frankfurt
Die Stadtillustrierte »AZ« berichtet, wie man im Frankfurter Verkehrsverbund schummeln kann:

»Ein neuer Weg, sich um sich das Bezahlen der Fahrscheine im Bereich des Frankfurter Verkehrsverbundes (FVV) zu drücken, wird derzeit bei hartnäckigen Schwarzfahrern beobachtet. Diese skrupellosen Schädlinge des Gemeinwesens fragen nämlich an der jeweiligen Haltestelle von Bus, Straßen- oder U-Bahn aussteigende Fahrgäste nach deren Billetts, die in der Regel sonst im nächsten Papierkorb landen, und fahren damit weiter.

Es ist auch aufgefallen, daß manche FVV-Benutzer von sich aus ihre Fahrscheine Neuzusteigenden in die Hand drücken. Diese Praxis ist allerdings illegal, da die Beförderungsbestimmungen des FVV eindeutig aussagen, daß die Fahrscheine nicht übertragbar sind . . .«

Hamburg
G. M. empfiehlt:

»Geübte Fahrgäste haben einen Blick dafür, wenn Kontrolleure einsteigen. Blitzschnell brüllt der Fahrgast: ›Die Fahrkarten, bitte!‹ Wer will, kann schnell noch aussteigen.«

C. G. macht's so:

»Ich kaufe mir für 9,50 DM ein Stadtticket. Ich unterschreibe das Ding, womit es zu meinem ›persönlichen Fahrausweis‹ geworden ist. Jetzt das Besondere: Datum und Uhrzeit des Fahrtantritts trage ich nicht ein.

Fast völlig legal benutze ich oft monatelang ungeschoren die U-Bahn und so weiter. Keine Kosten. Taucht ein Kontrolleur auf, habe ich auch schon meinen Kugelschreiber draußen und Datum und Uhrzeit eingetragen. – Das System hat sich tausendfach bewährt und meinen Bafög-Etat wesentlich entlastet.«

Stuttgart

Dort werden Mehrfachfahrscheine mit Automaten durch Stempeln und Abknipsen einer Ecke entwertet. Der Trick:

Fahrschein wird mit einer selbstklebenden Transparentfolie überzogen. Bei der ersten Fahrt wird normal entwertet. Nach der Fahrt wird die Stempelfarbe mit Spucke oder Parfüm abgewischt. Die ausgestanzte Ecke wird mittels Tesafilm und einem Stückchen Papier hinterklebt. Der Automat nimmt den »reparierten« Fahrausweis ein zweites Mal an. Nach der Entwertung die Hinterklebung sofort entfernen (damit der Kontrolleur nichts merkt). Weitermachen, bis die Karte unansehnlich geworden ist.

Auch bei den anderen Verkehrsverbünden in unserer Republik werden Tricks angewandt, um die z. T. sehr hohen Ticket-Preise zu umgehen. Jeder sollte sich allerdings darüber im klaren sein, daß er jederzeit mit Bußgeld rechnen muß. Solange parlamentarische Mehrheiten den Null-Tarif nicht beschlossen haben, bleibt Schwarzfahren Betrug. Und der wird geahndet, wenn man sich erwischen läßt.

SCHWARZFAHRER

Emil N. und seine Freunde Bernd und Holger spielen ab und zu aus Jux Kontrolleure. »Die *Fahrausweise* bitte!«, dröhnen sie duch die U-Bahn-Abteile von M.

Die Fahrgäste zücken eilfertig ihre Karten und lauern begierig aus den Augenwinkeln, ob Schwarzfahrer ertappt und blamiert werden.

Hat die Crew endlich ein verdattertes Würstchen »ohne« ausfindig gemacht, streckt Emil seine Hand aus, gratuliert herzlich, greift in seine Jacke, holt eine Pralinenschachtel heraus und überreicht sie dem Fahrscheinlosen mit den Worten »Glückwunsch! Sie sind mein tausendster Schwarzfahrer. Hier ihr Präsent. Und weiterhin gute Fahrt!« Für die Mitfahrenden brechen Welten zusammen. »Die verwirrten und enttäuschten Gesichter der anderen«, sagt Emil, »machen uns jedesmal wieder einen Heidenspaß.«

Dieser Trick funktioniert natürlich nur bei einigermaßen seriösem Outfit. Falls dieses nicht vorhanden, sollten sich die Möchtegern-Kontrolleure zumindest eine alte Hundemarke zum Vorzeigen besorgen.

SELBSTBEWEIHRÄUCHERUNG

Potentaten möchten geehrt und geliebt werden – um jeden Preis! So auch der rumänische Partei- und Staatschef Nicolae Ceaucescu, der durch Vetternwirtschaft, Protzsucht und Unfähigkeit sein Heimatland ruiniert hat und vom Ausland verachtet wird.

Als die *Glückwünsche* zu seinem siebzigsten Geburtstag ausblieben, ließ er welche erfinden und in die regierungsamtliche Zeitung rücken. Besonders scharf war der kommunistische Diktator auf königliche Grußadressen. Der lieben Elizabeth II. von England legte er einen Spruch vom »großen Staatsmann Ceaucescu« in den Mund. König Juan Carlos von Spanien dichtete er gleich eine ganze Suada des Lobes an: »Ich habe das Vergnügen, Herr Präsident Ceaucescu, Ihnen meine Bewunderung für Ihre Unermüdlichkeit auszudrücken, mit der Sie tragfähige Schritte vorschlagen, um Gefahren einer Konfrontation zu vermeiden und um den Frieden in der Welt zu unterstützen.«

Zwar lachte alle Welt über diese kindischen Fälschungen, was den Ceaucescu-Clan allerdings nicht daran hindert, das rumänische Volk weiterhin zu unterjochen und in allen internationalen Gremien legal als Mitglied zu agieren.

SELBSTJUSTIZ

Es ist schon verblüffend, was sich so einige Zeitgenossen einfallen lassen, um unbelehrbare *Autofahrer* zu zügeln.

Der Schichtarbeiter jedenfalls, der das Auto seines Nachbarn an die Drahtleine legte, weil dieser jeden Morgen laut donnernd sein frisiertes Gefährt um die nächste Kurve zog, war sich über die Konsequenzen seines Handelns wohl nicht voll im klaren.

Bei Dunkelheit verband der Arbeiter die Stoßstange über ein Drahtseil mit einem schweren Kanaldeckel. Der Kanaldeckel hielt; die Stoßstange dagegen riß am nächsten Morgen mit einem schlimmen Geräusch ab. Nur der Tatsache, daß der rasante Fahrer angeschnallt war, verdankte dieser, daß er unverletzt aus dem Auto steigen konnte.

Ob sich unser Schichtarbeiter die schlimmen Folgen seines Handelns wohl genau überlegt hatte?

Zwar ist der Nachbar seitdem von seiner rasanten Starttechnik abgekommen – dafür hätte aber wahrscheinlich auch ein offenes Wort vorher ausgereicht.

Wäre ja verheerend, wenn jeder Selbstjustiz anwenden würde...

SENIORENFREIHEIT

Die *Altenhilfe* gehört zu den schwarzen Kapiteln hierzulande. Einmal ins Räderwerk der Altenheime geraten, sind die Senioren oft Mißständen erschütternden Ausmaßes ausgeliefert. Doch nicht alle Alten lassen sich die Freiheit nehmen.

Zum Beispiel entgehen sie dem Terror und der Langeweile der Altenbewahranstalten durch Entweichen. Sie verschwinden aus dem Heim, ohne Nachricht zu hinterlassen. Sie halten sich bei einem Komplizen versteckt. Dieser beobachtet aufmerksam, wie Suchaktionen anlaufen, Erregung sich hochschaukelt, Schuldzuweisungen ins Kraut schießen.

Mit viel Brimborium berichtet er dem Untergetauchten, wieviel Wirbel und Aufhebens um sein Verschwinden gemacht wird. Die Alten kichern, juchzen und haben ihren Spaß. Sobald die Suchaktionen nachlassen und das Interesse sich legt, kehrt der Flüchtige, als sei nichts gewesen, ins *Altendomizil* zurück.

Passieren kann ihm nichts. Schließlich ist er ein freier Mensch. Er genießt den neuerlichen Wirbel, den die Heimleitung um ihn veranstaltet, und läßt sich von den Mitbewohnern bewundern. Er verhält sich cool und ruhig. Wenn ihn die Langeweile aufs neue überkommt, zieht er wieder los.

Es hat noch niemand geschadet, sich dem Seniorenschutzbund oder den Grauen Panthern anzuschließen. Denn wo die Altenhilfe noch in den Babyschuhen steckt, hilft nur organisierte Gegenwehr. Damit die anderen alt aussehen.

EIN SKANDAL

Ein Test ergab, daß dieses Buch auf Bestellung noch immer in der Bundesrepublik zu haben ist. Es beschreibt, wie man Drogen herstellt, elektronische *Spionagegeräte* beschaffen, installieren und nutzen kann, wie man Waffen gebraucht und Sprengstoff selbst herstellen kann etc. Es ist ein Skandal, daß die Behörden den Import dieser gefährlichen Anleitung für aggressive Wirrköpfe nach wie vor nicht wirkungsvoll unterbinden.

SPENDENSUMPF

In einem richtigen *Wohltätigkeitsverein* tun sich die Wohltäter zunächst einmal selbst wohl. Drum gründen sie einen Verein. Das geht ganz einfach. Broschüren »Wie gründe ich einen Verein« geben Auskunft. Steht der Verein, kann die Sammeltätigkeit beginnen. Für die Beteiligten am einträglichsten ist es, nach dem Steyler/Flick-System zu arbeiten. Die haben's laut STERN nämlich so miteinander getrieben:

Die Steyler Missionare aus St. Augustin bei Bonn haben angeblich vom Flick-Konzern 10 Millionen Mark Spendengelder erhalten. Die Missionsbrüder haben das Moos ins Ausland geschafft und Flick 8 Millionen zurückgegeben. Mit den 2 Millionen taten sie sich und Armen und Bedürftigen im der Dritten Welt Gutes. Flick machte gegenüber dem Fiskus 10 Millionen geltend und sparte dadurch über 5 Millionen an Steuern. Flicks »*Spende*« hat ihm also einen Profit von über 3 Millionen gebracht. *(Wenn's so läuft, gibt doch jeder gern.)*

SPIEGELREFLEXE

Taschenspiegel sind harmlos. Erst strahlendes Sonnenlicht macht sie zu blendenden Waffen. Demonstranten haben sie im Jahrhundertsommer 1983 angewendet und das Licht per Spiegel auf Polizistenvisiere gelenkt. Viele Spiegel auf einen tieffliegenden Hubschrauber-Piloten gerichtet, lassen diesen schnell wieder abdrehen. Auch das Fotografieren hat durch Blenden ein Ende!

Von Historikern verbürgt ist eine Uralt-Geschichte:

Die Engländer wollten sich im vorigen Jahrhundert Afghanistan aneignen. Indien hatten sie schon. Sie schlossen die Hauptstadt Kabul ein. Weder Mann noch Maus konnten raus oder rein. Keine Boten, nichts.

Die Afghanen brauchten die damals übliche Nachrichtenübermittlung aber gar nicht. Sie verständigten sich über weite Entfernungen mit *Spiegelreflexen.* Auf diese Weise konnten sie den sicher geglaubten britischen Nachschub vernichten, genau abgestimmte Scheinangriffe an den verschiedensten Stellen gleichzeitig vortragen und die überhebliche Kolonialmacht tüchtig geprügelt zurück über den Hindukusch schicken.

STANDARDFORMULAR

Unser Freund Starringer schlägt sich seit über einem Jahrzehnt mit wachsender Routine (und vor Vergnügen blitzenden Äuglein) mit Justiz-, Verwaltungs-, Finanz-, Kommunal- und was wissen wir noch für *Behörden* herum. Er schwört auf sein hier abgebildetes *Formblatt.* Erstens habe es ihm viel Arbeit erspart; zweitens habe es seine Möglichkeiten, die Bürokratie in Atem zu halten, vervielfacht.

(Wir halten ihn für einen Bösewicht, der unsere Staatsdiener nicht liebt.)

FORMULAR - BRIEF von Reinhold F. J. Starringer

Absender

Werner von Siemens-Str. 2
D-8450 A m b e r g 1

(Datum/Zeichen)

Betrifft: ( )Ihr/e ( )Dein/e ( )Mein/e ( )Unser/e vom:..................

( )Brief ( )Karte ( )Anruf ( )Telegramm ( )Blumen ( )Bescheid
( )**Telex** ( )Beschwerde ( )Angebot ( )Order ( )Mahng. ( )Zahlung
( )Besuch ( )Durchsuchg ( )Rechnung ( )**Anruf** ( )**Gespräch** ( )**Stellungnahme**
( )Scheck ( )**Kopie** ( )**Auftrag** ( )**Lieferung/Päckchen/Paket**
( )____________________________

Sachlage:

( )falsch ( )richtig ( )50:50 ( )____________________

Es wird beantragt:

( )Stundung ( )Aussetzung ( )Vollzug ( )Frist bis ( )Termin ( )**Abschrift/Kopie**
( )Erledigg ( )Zahlung ( )Bearbeitg ( )Weiterltg ( )Rückgabe ( )Beschleunigung
( )Beförderg ( )Anruf ( )**Aufhebg.** ( )**Anfrage** ( )Anzahlg ( )Abzahlung
( )Bezahlung ( )Rückzahlg ( )Lieferung ( )**Auskunft** ( )Nachsicht ( )**Verwaltungsakt**
( )____________________________

Begründung:

( ) **folgt** ( )§§________ ( )Vertrag ( )AGB ( )Bescheid ( )**siehe Rückseite**
( )____________________________

Es wird eingelegt (Formfehler sollen Wirkung nicht aufheben) bzw. erklärt:

( )Einspruch ( )Widersprch ( )Beschwerde ( )Anfechtg ( )**Berufung** ( )Erinnerung
( )____________________________

Angebot:

( )Vergleich ( )Kaution ( )____________________

Sonstiges:

( )Zuständigkeit wird gerügt, da ich/wir nicht/mehr Geschäftsführer/Vorstand/Vertreter/Direktor/Beauftragter/Bevollmächtigter/Empfangsberechtigter bin/sind.
( )Vorgang komplett zurück mit der Bitte um Weiterleitung an den/die Zuständigen.
( )Wenden Sie sich an____________________________,
der zur Bearbeitung/Auskunft/Entscheidung bevollmächtigt/verpflichtet ist.
( )Vollmacht gilt ab/bis________________befristet auf.
( )Vollmacht gem. meiner/unserer Nachricht vom____________wird hiermit widerrufen.
( )Von Ihrer Schweigepflicht gegenüber________________werden Sie hiermit
( )generell ( )für diesen Vorgang befreit/nicht befreit.
( )Um unkomplizierte Bearbeitung/Erledigung/Handhabung wird gebeten.
( )Mit freundlichem Gruß
( )Hochachtungsvoll

gez________________________ ( )___(Anz.)Anlagen

STANDORTPLANUNG

Nur wer das Risiko kalkuliert, kann damit umgehen. Im Falle von Aktionen oder Demonstrationen ist es daher immer gut zu wissen, mit wem man es auf der anderen Seite zu tun hat – am Flughafen, AKW, E-Werk, am Rathaus, Bahnhof oder am Munitionsdepot.

Ein Tip: Es ist völlig legal, sich rechtzeitig Überblick über die *Sicherheitskräfte* zu verschaffen. Wer bewacht was, wann und wie? Schließlich geht's ja auch um die eigene Sicherheit.

Nach der Erkundung die Erkenntnisse schriftlich festhalten und an die Gesinnungsfreunde weitergeben. Dann kann man gegebenenfalls noch rechtzeitig umdisponieren.

Beispiel:

Die Angaben sind veraltet und pompös klassenkämpferisch formuliert. Aber so hat's die Demokratische Aktion in Zürich gemacht:

Im Flughafengelände Kloten laufen heute folgende bewaffnete Organisationen frei herum:

- die Kantonspolizei (ca. 15o Beamte/innen)
- die Flughafenwache (95 Beamte)
- die Grenzpolizei (84 Beamte/innen für Passkontrollen, Leibesvisitationen, allg. Bewachungsaufgaben)
- der Zoll
- die Sicherheitsbeamten (zivil)
- die Flughafenfeuerwehr
- der Verkehrsdienst
- die Bankbeamten der Schweizerischen Kreditbank
- die "Tigers" an Bord der Flugzeuge
- die israelischen Sicherheitskräfte zur Bewachung der Besatzungen, Büros und Schalter von EL-AL
- eine private Schutzorganisation mit Sitz in einem Zürcher Hotel, welche bewaffnete Sicherheitsaufgaben für Flugzeugbesatzungen übernommen hat
- eine nicht genau schätzbare Anzahl privater Personen, die sich in ihrer persönlichen Sicherheit gefährdet fühlen.

Schätzungsweise sind also auf dem Flughafenareal dauernd rund 200 bewaffnete Söldlinge der internationalen Bourgeoisie unterwegs. Viele von ihnen bewegen sich in Zivilkleidung. Damit sie sich im Ernstfall nicht gegenseitig erschiessen, haben sie sich auf ein bestimmtes Erkennungszeichen geeinigt.

STEINWÜRFE

In den späten fünfziger und frühen sechziger Jahren ging ein Phantom um in Deutschland. Wahrscheinlich sogar mehrere. Psychopathen, die einander nicht kannten. Nachfolgetäter.

Immer wieder stand es in den Zeitungen, mal im Allgäuer, mal in den Ruhr-Nachrichten, mal in der Abendpost: Unbekannte hatten von *Autobahnbrücken* Steine auf fahrende Autos geschleudert. Zerborstene Windschutzscheiben, Unfälle, Verletzte und Tote waren die Folge. Auf einigen Autobahnstrecken galt es als gefährlich, nach

Einbruch der Dunkelheit noch zu fahren. Trotz des damals bescheidenen Autobahnnetzes wurden die Täter nicht gefaßt. Die lückenlose Überwachung der Verkehrswege galt als unmöglich.

Gott sei Dank hörte der sinnlose *Terror* allmählich wieder auf. Es ließ sich nicht mehr klären, ob seinerzeit in einer Art »konzertierter Aktion« zwischen Polizei und Presse die Berichterstattung über die Untaten unterbunden wurde. Einiges spricht dafür, daß man auf diese Strategie setzte, konnte man doch davon ausgehen, daß es sich um geltungssüchtige Täter handelte, die sich an der Verunsicherung der Öffentlichkeit weideten. Aus den *Schlagzeilen* verschwunden, stellen derartige Paranoiker ihr Treiben mit hoher Wahrscheinlichkeit ein.

1986 wurde ein neuer Fall aus dem Ruhrgebiet bekannt. Angetrunkene Mitglieder eines Fußball-Fanclubs hatten von einer Brücke der Autobahn Dortmund — Hagen aus Fahrzeuge mit Steinen bombardiert. Die Männer wurden auf frischer Tat geschnappt und unnachsichtig bestraft.

Trotz ihres glimpflichen Ausgangs stimmen die Tatbestände bedenklich. Wenn bei dem heutzutage schnell und dicht dahinsausenden Verkehr Kriminelle das riesenhaft angewachsene Autobahnnetz verunsicherten, würde eine ganze Nation in Angst und Schrecken versetzt. Harmlose Spaziergänger gerieten in Verdacht. Denunziantentum und Überwachungsstaat wären an der Tagesordnung.

Dieses Szenario zeigt, wie berechtigt die Sorge von Minister Zimmermann um die Sicherheit unseres hochtechnisierten Staates ist. Wenn er mit einfachsten Mitteln herausgefordert werden kann, müssen diese einfachen Mittel kriminalistisch behandelt werden.

STEUERN

Die Personal-Computer machen es möglich. Auf der einen Seite rationalisieren die diversen Verkehrsbetriebe ihre Fahrkartenausgabe durch schlaue Rechner und flotte *Datendrucker.* Auf der anderen Seite lädt das massenhaft verbreitete elektronische Equipment in privaten Haushalten zu *Fälschungen* ein, weil's Herrn und Frau Jedermann gar zu leicht gemacht wird.

Es soll Leute geben, die sich mit ihrem PC-Drucker die schönsten Fahrtkostenbelege selbst verfertigen. Die machen sie in ihrer Einkommenssteuererklärung geltend und kommen damit so gut wie immer durch, weil die Finanzbehörden ihren Betrieb einstellen könnten, wollten sie damit anfangen, komplizierte, kaum beweisbare Fälschungsnachweise zu führen.

Dennoch: Betrug bleibt Betrug. Irgendwann kommt alles an den Tag. Man denke nur an die raffinierten Steuerbetrügereien der Parteien. Auf die Dauer blieb kaum etwas verborgen, und ein mit allen Wassern gewaschener Politiker, wie z. B. Graf Lambsdorff, mußte gehen.

STEUERBESCHEID

Egal, ob man Steuern bezahlen muß oder nicht – entgehen wird man dem Finanzamt auf Dauer nicht. Man muß mit dieser Institution leben – aber nicht unter ihr leiden.

Was tun?: Als Steuerpflichtiger suche man sich einen Steuerberater, der alle Möglichkeiten und Tricks ausschöpft, die zu einer steuerlichen Entlastung führen. Er füllt die Steuererklärungen aus, setzt Briefe ans *Finanzamt* auf – den Kontakt mit dem Finanzamt aber hält man selbst.

Das hat Vorteile: Man vertritt ausschließlich seine Interessen (und nicht, wie der Steuerberater, auch die anderer Klienten). Man kann alle Register ziehen – und überziehen. Man ist ja kein Fachmann!

So bringt man den Beamten zur Weißglut; der aber kann einem Böswilligkeit nur schwerlich nachweisen, da man sich immer auf Unwissenheit zurückziehen kann.

Wird es dennoch einmal für den Steuerzahler gefährlich, kann er sich immer noch an seinen Berater wenden und diesen einschalten.

So kann man vorgehen:

Erstens: Nur *Steuerbescheide*, die eine Rückzahlung ankündigen, kommen an. Bescheide, mit denen Geld gefordert wird, können weggeworfen werden. Man kann erst dann Geld verlangen, wenn man nachweist, daß der Adressat tatsächlich in den Besitz des Bescheides gelangt ist.

Das bedeutet, daß man straflos später zahlt, als man muß. Denn das Amt schickt eine Mahnung (die man wieder wegwirft), vielleicht noch eine zweite Mahnung (die man ebenfalls wegwirft) — schließlich wird der Bescheid per Zustellungsurkunde ins Haus gebracht. Jetzt erst ist er wirklich angekommen! Man muß reagieren, aber noch lange nicht zahlen.

Zweitens: Es wird Einspruch erhoben. Die Richtigkeit des Bescheides wird angezweifelt – etwa mit der Behauptung, man habe geglaubt, eine weitaus niedrigere Summe zahlen zu müssen.

Drittens: Nun muß der Beamte die gesamte Akte noch einmal durcharbeiten. Eine *Revisionsabteilung* wird dem Einspruch nachgehen. Die findet evtl. tatsächlich einen Fehler. Das ist dem Beamten unangenehm, und schließlich muß er einen neuen Bescheid erstellen. Geschieht die Zusendung nicht per Zustellungsurkunde, braucht man wieder gar nichts zu tun. Der Beamte hat eine zwingende Vorschrift nicht eingehalten.

Alles geht noch einmal von vorn los, sobald der Formfehler entdeckt ist. Und inzwischen läßt man seine Steuerschulden weiter brav Zinsen abwerfen.

Ist *viertens* der endgültige Bescheid zugestellt worden (rechtskräftig!), und man erhebt keine *Klage* dagegen, muß man zahlen. Aber gemach!

Nicht zu schnell – und schon gar nicht auf einmal. Denn jetzt wird ein Antrag auf Stundung gestellt. Der Beamte muß über diesen Antrag entscheiden. Lehnt er ab, wird Ratenzahlung beantragt. Lehnt er wieder ab, wird Beschwerde bei der vorgesetzten Behörde eingelegt. Darin richtig jammern! Gründe nennen, warum man nicht sofort zahlen kann! Das Wort »Härtefall« einfließen lassen!

Fünftens: Jetzt befaßt sich die Oberfinanzdirektion mit der Akte, aber auch mit dem zuständigen Finanzbeamten. Und das schmeckt dem überhaupt nicht, zumal, wenn er noch Hoffnung hegt, in seinem Beruf weiterzukommen.

Nach dieser Prozedur kann man dann recht zufrieden mit der Zahlerei beginnen. Der Fall hat gewiß mehr Kosten verursacht, als die *Steuerschuld* ausmacht. Man hat für Aufregung, Arbeit, Angst und Ärger gesorgt. Trotzdem muß man nicht mehr zahlen, als von Anfang an verlangt wurde –evtl. sogar weniger.

Nicht traurig sein, daß der Fall nun vorbei ist – der nächste Bescheid kommt bestimmt...

Steuerbescheide gehortet

„Usingen um mehrere hunderttausend Mark geschädigt"

USINGEN. 121 Bescheide für Gewerbesteuernachzahlungen hat ein inzwischen verstorbener Beschäftigter der Usinger Stadtverwaltung lange Zeit in seinem Schreibtisch gehortet und so möglicherweise der Stadt hohen finanziellen Schaden zugefügt. Die Steuerbescheide wurden bei Aufräumarbeiten des Arbeitsplatzes des ehemaligen Sachbearbeiters entdeckt.

In der Öffentlichkeit bekannt wurde der Fall, als jetzt von der Stadtverwaltung die liegengebliebenen Bescheide zum Teil ohne Unterschrift, Dienststempel und mit geschwärztem sowie neu nachgetragenem Datum den Gewerbetreibenden zugestellt wurden. Die FWG/FDP-Fraktion, die den Fall am Montagabend vor die Stadtverordnetenversammlung brachte, will über Informationen verfügen, wonach mit Steuerausfällen in Höhe von mehreren hunderttausend Mark zu rechnen ist, da Zahlungsfristen inzwischen verstrichen und verjährt seien. Details freilich wollten die FWG / FDP-Stadtverordneten noch nicht nennen.

Bürgermeister Rolf Eggebrecht konnte zu der möglichen Schadenshöhe noch keine Angaben machen. Auch mochte er nicht bestätigen, daß Bescheide bis in das Veranschlagungsjahr 1976 zurückreichen. Warum die Nachzahlungsbescheide gehortet und nicht abgeschickt wurden, werde sich vermutlich kaum klären lassen. off

Aus: Frankfurter Rundschau, 16. Juni 1984

STEUERN SPAREN

Hier gibt's außer einem durchtriebenen Steuerberater (schwer zu finden) nur eins: »1000 ganz legale *Steuertricks* von Franz Konz lesen (Knaur Taschenbuch 7665).

Konz ist in der Darstellung und der einfallsreichen Durchleuchtung des Steuer-Wirrwarrs ganz einfach genial. Aus öder Materie zaubert dieser Mensch detektivische Lustlektüre. Das Buch liest sich Punkt für Punkt weg wie nichts. Man lernt, an so vielen Ecken und Enden Kosten, Belastungen und abzugsfähige Ausgaben geltend zu machen, daß einem das Finanzamt beim *Jahresausgleich* die Steuern wieder rausrücken und noch was drauflegen muß.

STEUERRÜCKVERGÜTUNG

Wenn man laut Steuerbescheid eine *Rückvergütung* zu erwarten hat, sollte man sich sofort hinsetzen und das Geld anmahnen.

Da gibt's viele mögliche Argumente: Man braucht das Geld dringend zurück, weil man Schulden bezahlen muß, man habe schon lange mit der Rückerstattung gerechnet. Warum dauert das denn so lange? Man habe ja Verständnis für hohe Arbeitsbelastung, aber wenn man das Geld nicht sofort erhalte, müsse man mit gerichtlichen Schritten rechnen.

Jetzt kann zweierlei passieren:

Entweder man bringt den Arbeitsrhythmus des Sachbearbeiters durcheinander: Er muß für die beschleunigte Auszahlung sorgen, sie womöglich begründen. In diesem Fall hat man außerplanmäßige Arbeit verursacht, Abläufe gestört und sein Geld schneller zurück.

Es kann aber auch sein, daß der Beamte auf die Einlassung nicht prompt reagiert – dann schreibt man etwa 10 Tage später eine Beschwerde an den Behördenleiter, den höchsten Vorgesetzten »seines« Beamten, mit der Bitte um umgehende Nachprüfung und einen Bescheid.

Die Folgen: Der Behördenleiter zieht mißbilligend die Augenbrauen hoch und leitet die Beschwerde an den Beamten und dessen direkten Vorgesetzten weiter. Der fordert ihm eine Stellungnahme ab. Das bedeutet Arbeit, Ärger und sinkendes Ansehen für den Beamten.

Natürlich *muß* man einen *Bescheid* bekommen – und das Geld kommt auch früher, als eigentlich vorgesehen!

Ist eigentlich völlig richtig! Beamte sind Diener des Volkes und werden von uns allen bezahlt! Und als Arbeitgeber dürfen wir Leistung von unseren Leuten erwarten.

STRASSENKÄMPFER

Allein in Frankfurt gibt es zur Zeit über 30 Streetgangs. Sie nennen sich »Rebels«, »Griesheim Tigers«, »Beach Boys«, »Texaner«, »Rangers«, »Chicagos«, »Warriors« oder auch »Adlerfront«. Hinter diesen Namen verbergen sich Zusammenschlüsse von *Jugendlichen* zwischen 12 und 18 Jahren.

Die *Polizei* sagt, die Jugendlichen suchen Geborgenheit in der Gruppe, um gegen die Monotonie des Stadtlebens und die Perspektivlosigkeit anzugehen.

Damit es keine Verwechslungen gibt, tragen die Gruppenmitglieder einheitliche Montur. Die einzelnen Gangs bekämpfen einander, verteidigen ihre Reviere. Mit Baseballschlägern und Motorradketten jagen sie den *Erwachsenen* Angstschauer über den Rücken, tun ihnen aber nichts. Es genügt vollkommen, wenn die sich verdrücken.

Damit das Leben wenigstens ein bißchen Abenteuer hergibt, liefern sich die Banden »Schlachten«. Und wenn man sich genug geschlagen hat, macht man sich über die *Sozialarbeiter* her, denen man mal kurz den städtisch möblierten Jugendclub auseinandernimmt.

Richtig kriminell sind die Jugendlichen nicht. Sie verbreiten fast ausschließlich durch ihr Gehabe *Terror.* Das ist nicht strafbar; gibt ihnen aber wenigstens einen Funken Selbstbewußtsein.

Leider ist es nicht immer so, daß sich diese Gangs auf Imponiergehabe beschränken – wie Beispiele der letzten Zeit belegen, wo Unbeteiligte verletzt wurden. Das dient nicht dazu, sich Sympathien zu verschaffen.

Richtig ist allerdings, daß die vernachlässigten jungen Leute auf sich aufmerksam machen müssen. Vielleicht erkennen die verantwortlichen Stellen dann eher, daß Arbeitsplätze und bessere Freizeitmöglichkeiten her müssen.

STUDENTENGREISE

Wenn *»ewige Studenten«* nicht den Absprung von der Alma mater schaffen, muß nicht unbedingt Angst vorm Wirtschaftsschock dahinterstecken. Die Immatrikulation macht's möglich, daß sich die *Krankenkassenbeiträge* an der Minimalgrenze bewegen. Jetzt wurde die Statistik mal gehörig umgekrempelt, und zutage traten –die saturierten Oldtimer-Studenten.

Die Vorteile liegen auf der Hand. Vergünstigungen im Versicherungsbereich verhalfen auch Leuten wie zum Beispiel einem 64jährigen Düsseldorfer Zahnmediziner mit gutgehender Praxis zu noch größerem Profit. Für läppische 55 Mark monatlich war er als Student bei der Hamburg-Münchner Ersatzkasse krankenversichert.

Damit war er kein Einzelfall. Nur drei von rund 200 Studenten über 35 Jahre, so fand eine Düsseldorfer Versicherungsagentur heraus, besuchten als Studenten des Zweiten Bildungsweges tatsächlich regelmäßig die Uni. Die anderen waren selbständige Ingenieure, Restaurant- und Hotelbesitzer, Transportunternehmer, arbeitslose Lehrer oder auch Künstler. Auch Ehefrauen hochverdienender Angestellter und privatversicherter Beamter erwiesen sich als (reihenweise) immatrikuliert und zahlten somit statt der sonst fälligen über 250 Mark im Monat den mittlerweile auf 56,58 Mark angehobenen Minimalbeitrag.

Weder Hochschulen noch Hochschulpolitiker haben ein gesteigertes Interesse daran, den *Phantomstudenten* mal richtig auf den Zahn zu fühlen. Schließlich richten sich die Planstellen fürs Lehrpersonal nach der Zahl der Immatrikulationen. Zudem könnten die Mittel für Bibliotheks-, Labor- und Seminarräume noch kräftiger als bisher zusammengestrichen werden.

Also gibt's weiterhin den Medizinstudenten im 62. Semester, der in seiner über 30jährigen Studentenzeit noch keine einzige Zwischenprüfung abgelegt hat.

Was den bereits Sanierten recht ist, ist dem arbeitslosen Akademiker, der sich durch die Lande jobbt und seine Arbeitgeber versicherungsmäßig günstig zu stehen kommt, billig.

(Seltsame Solidargemeinschaft der Versicherten! Seltsames Rechtsverständnis der – sich sonst so rechtschaffen gebenden– politisch Verantwortlichen!)

DAS TANKDECKELSPIEL

Daß viele Deutsche sich Ausländern gegenüber so verhalten, als seien sie, die Deutschen, die Herrenmenschen, ist ja leider nichts Neues mehr. Da kann man es gut verstehen, wenn Ausländer sich am »guten Deutschen« rächen wollen. Als Tankwart macht man das zum Beispiel so:

Critan Ribić arbeitete an der Tankstelle einer vielbefahrenen Nord-Süd-Autobahn. Sein Job war kein schlechter. Dennoch staute sich in Critan allmählich Säuernis an. Die germanische Kundschaft behandelte ihn, den Ausländer, häufig von oben herab. Er empfand seine Klientel als arrogant und *(Trinkgeld*-mäßig) knauserig.

Da ersann Critan eine List, die ihm soviel Genugtuung versprach, daß er ab sofort Demütigungen mit links wegsteckte.

Er begann systematisch, abschließbare *Tankdeckel* zu vertauschen, was bei dem florierenden Geschäft einer Autobahntankstelle ein leichtes ist, da von einem Bediensteten meist mehrere Wagen gleichzeitig betankt werden. Besonders Fernreisende, die er mit flinkem Blick aufs Nummernschild ausfindig machte, beglückte er mit seinem Verwechselspiel. Die bemerkten das Malheur erst 400 Kilometer weiter beim nächsten Tanken. Keine Chance für Beschwerden etc. . . .

Critan treibt seinen Schabernack übrigens hierzulande nicht mehr. Schlau, wie er war, nahm er die Rückkehrprämie der Bundesregierung in Anspruch. Seine Kinder, die in der Bundesrepublik geblieben sind, besucht er hin und wieder. Und denen erzählte er diese Geschichte.

Sie läßt sich noch fortspinnen. In Richtung Zusatzverdienst. Ist doch klar, daß die verzweifelten Autofahrer an der nächsten Tankstelle Hilfe bei der Lösung ihres Deckelproblems erflehen. Und natürlich kann der Kollege für seine Samariterdienste die Hand aufhalten.

Das sieht man's mal wieder: Jedes Deckelchen braucht halt sein eigenes Schlüsselchen!

TELEFONSPASS

Bewährt hat sich der Scherz, heimlich das *Mikro* aus der Sprechmuschel zu montieren. Ehefrauen befehlsgewohnter Geschäftsleute und Manager sollten zu diesem boshaften Mittel greifen, wenn sie sich mit ihrem Mann ins Ferienhaus zurückgezogen haben.

Sobald ihr tyrannischer Reserve-Cäsar seine Anordnungen nicht mehr übers einzige Telefon weit und breit loswerden kann, bekommt er Tobsuchtsanfälle. Unerträglich für ihn, daß er das dumme Geschwätz am anderen Ende der Leitung anhören muß, ohne dynamisch dazwischenfunken zu können.

Welche Genugtuung, wenn der Held schließlich seinen Zusammenbruch hat. Jetzt kann er umgarnt werden. Und wenn frau will, kann sie mit einiger Aussicht auf Erfolg versuchen, seine Potenz hochzukitzeln. In Ermangelung verbaler kommen vielleicht sogar mal reelle *Orgasmen* zustande.

Ganz andere Späße trieb ein *Kabouter* in einem holländischen Seebad. Er tingelte in einer lauen Sommernacht während der Hauptsaison durch die öffentlichen Telefonzellen (inklusive jenen in großen Hotels) und rieb die schwarze Hörmuschel mit schwarzer *Stiefelwichse* ein. Noch nie hat es in einem vornehmen Badeort so viele schwarze Ohren gegeben.

TEUFEL UND BEELZEBUB

Alljährlich werden in der Bundesrepublik weit über eine Million Autos geknackt; die meisten mit dem Ziel, *Autoradios* zu entwenden. Aufgeklärt werden laut Polizeistatistik von tausend Fällen ganze 62. Die Übeltäter laufen demnach nur geringes Risiko, erwischt zu werden.

Aus der Sicht der Versicherungen stellt sich die Situation chaotisch, ja durch und durch kriminell dar. Zwar sind bereits über 25 Prozent aller Autoradios »Quick-out-Geräte«. Aber so gut wie kein deutscher Autofahrer nimmt sein Radio auch wirklich aus dem Fahrzeug, wenn er es abstellt. (Ein eklatanter Gegensatz zu italienischen Verhältnissen. Dort sieht man allenthalben Leute mit Radio in der Hand. Entweder sind's die Eigentümer selbst oder Diebe. Den Versicherungen ist's egal. Weil Autoradios nicht versichert werden. Jeder ist seines eigenen Dudelkastens Hüter. Basta!) Die Deutschen sind – wie gesagt – zu faul für's »Radio rein, Radio raus«. Lieber lassen sie sich beklauen, melden den Schaden der Versicherung und kassieren. Den Dieben ist's recht, weil Quick-out-Geräte – versteht sich – besonders leicht zu handlen sind. Nur ein Handgriff, raus ist es, das Radio. Und verdächtig ist man auch nicht, wenn man's offen durch die Stadt trägt.

Nun gut, oder schlecht: Die Versicherungen haben es mit einem Millionenheer von Teufeln zu tun, den Dieben. Ihnen das Handwerk zu legen, gilt als aussichtslos. Dennoch läßt sich ihre schädliche Tätigkeit »versicherungsmathematisch rechnen«, das heißt, sie schmeißt die Versicherer nicht um.

Tatsächlich katastrophal ist die Situation in den letzten Jahren erst durch die »ehrbaren Versicherten« geworden. Sie gesellen sich in steigender Zahl als die Beelzebuben zu den Teufeln. »Denn«, so klärt der Polizeisprecher Hans Neitzel auf, »aus einem gestohlenen 400-Mark-Gerät wird bei der *Schadensmeldung* ganz schnell ein Radio, für das der Erwerber über 900 Mark hingeblättert haben will. Das ist Betrug. Nur ist der Nachweis in solchen Fällen schwer oder gar nicht zu erbringen.«

Die Versicherungen müssen zahlen, zahlen, zahlen. Und unser Land wird mehr und mehr zum Dorado der Diebe und Betrüger.

Weises Italien, wird da mancher denken. Wo man die Diebe Diebe sein läßt, Betrügern aber schlicht kein Betätigungsfeld bietet.

TEURE SCHLITTEN

Um mehrere hunderttausend Mark schädigte ein Darmstädter Hausmann innerhalb von zehn Jahren das Kfz-Versicherungsgewerbe. In über 25 Fällen hat der Mann mit schnellen Autos Unfälle provoziert und als vermeintlich »Unschuldiger« hohe Entschädigungen kassiert.

Er ging immer nach dem gleichen Schema vor: Er beschaffte sich Fahrzeuge der Luxusklasse, die er aufgrund ihrer hohen Unterhaltskosten stets weit unter Listenpreis erwerben konnte. Auf Vorfahrtsstraßen paßte er Verkehrsteilnehmer ab, die aus einer Grundstückseinfahrt kamen. Im rechten Augenblick beschleunigte er seine spurtstarken »Geschosse« extrem, so daß *Kollisionen* unvermeidlich waren. Für die Verkehrsrichter lag das schuldhafte Verhalten jeweils beim einbiegenden Fahrer. Seine Versicherung mußte den Listenpreisen entsprechend entschädigen.

Gefaßt wurde der Betrüger, weil er im 26. Fall mit einem diesmal vollkaskoversicherten Wagen ein anderes Fahrzeug frontal anfuhr. Die durch seine Unfallschuld ausgelösten Nachforschungen brachten die ebenso profihaften wie gefährlichen Praktiken des Mannes ans Licht.

Die Tage derartiger Manipulateure sind allerdings gezählt. Durch fortschreitenden Datenverbund in der Versicherungswirtschaft will man zukünftig verdächtigen Unfallhäufungen schneller auf die Spur kommen.

TIERISCHE VERHALTENSFORSCHUNG

Unsere Gewährsfrau Dorothee ist Mäuseforscherin. Sie weiß alles über Mäuse: Zum Beispiel, daß die Ägypter glaubten, die Mäuse entstünden aus Schlammerde; daß Plinius behauptete, die Mäuse regneten aus Gewitterwolken auf die Erde nieder; daß sich Mephisto in Goethes »Faust« als »Herr der Ratten und Mäuse« bezeichnet; und so weiter und so weiter.

Mehr noch als für die Mythologie und Geschichte der *Mäuse* interessiert sich Dorothee für die Maus der achtziger Jahre. Mit Vergnügen konstatiert sie, daß die Nager sich in der Infrastruktur moderner Städte von Jahr zu Jahr besser zurechtfinden. Die offiziellen Schädlingsbekämpfer berichten besonders enerviert von rasch wachsenden Mäusepopulationen in U-Bahn-Tunnels und -Schächten sowie in vollklimatisierten Hochhäusern und Einkaufszentren. Dort flitzen die Mäuse durch Kabelschächte und Umluftkanäle, residieren über abgehängten Kunststoffdecken und hinter repräsentativen Wandverschalungen, verschaffen sich Zugang zu Müllschluckern oder knabbern Teppichböden an; sie lieben die wohltemperierte Büroatmosphäre und die wunderbaren Chips, Knäckebrote, Schokoladenriegel, Zuckerpöttchen und Joghurtbecherchen, die die Ernährungsbasis des Schreibtischpersonals bilden.

Dorothee wäre keine Mäuseforscherin, wenn sie nicht auch selbst Mäuse züchtete. Und weil sie als Ökofrau gegen energiefressende, naturfremde *Superbauten* ist, bildet sie ihre kleinen grauen Freunde neuerdings für Einsätze aus. Sie füllt das Mäusefutter nur noch in leere Kabelschläuche. Um an die Fressalien heranzukommen, muß maus erst den Kunststoffmantel durchknabbern. Dorothee will, sobald eine gehörige Anzahl Nager die »Nahrungsquelle Kabelschlauch« ausreichend verinnerlicht hat, ihre graue Truppe in einem bereits ausgeguckten Bankhaus aussetzen. Dorothee ist der festen Überzeugung, daß die Mäuse – wie sie sagt – »entzückende Schäden in den *Kabelschächten* anrichten werden«.

Da geht doch jedem Tierschützer das Transparent in der Weste auf. Elektroschocks für Mäuse? Nein, danke! Dorothee sollte auf Kamikaze-Maus-Einsätze verzichten.

TIERLIEBE

Unbekannte haben vor einigen Jahren *Stinktiere* (Skunks) in den Waldungen um Groß-Gerau (Hessen) ausgesetzt. Das ist die Region, in der die jahrelangen Auseinandersetzungen um die Startbahn-West des Rhein-Main-Flughafens tobten.

Die Stinktiere vermehren sich laut Auskunft der *Forstbehörde* schnell und sind nur sehr, sehr schwer zu erlegen. Die Tierchen haben hierzulande keine natürlichen Feinde. Da sie Räuber sind, fürchten die Herren Jäger um ihre jagdbaren Wildbestände.

Es wird befürchtet, daß sich die Skunks zu einer ähnlichen Plage auswachsen könnten wie die *Waschbären,* die in einigen Gegenden Deutschlands in größerer Zahl ihr Unwesen treiben. Die hat übrigens Nazi-Reichsjägermeister Hermann Göring aussetzen lassen.

Nicht auszudenken, welche Tiere man noch so kennt, die sich bei uns wohl fühlen und schnell vermehren könnten. Alligatoren vielleicht, oder Piranhas . . . (das sind die kleinen süßen Fischchen, die schwärmeweise auftreten und in Sekundenschnelle alles abknabbern, was ihnen entgegengehalten wird.)

Aber im Ernst: Das Aussetzen von Tieren in die freie Wildbahn ist strafbar. Wir können nur hoffen, daß der Gesetzgeber recht bald auch die Gen-Manipulateure mit harten Strafen bedroht, falls sie ihre zurechtgepfuschten Wesen auf die Umwelt loslassen.

TRICKREICHE RÄUBER

Erst einen Tag später entdeckten die Ordnungshüter im US-Staat-Florida, daß sie hereingelegt worden waren. Dabei waren sie doch pflichtgemäß auf den ausgelösten Alarm hin zum Juwelierladen geeilt, hatten aber keine Einbrecher stellen können.

Der Trick: Die Diebe hatten das herkömmliche Einbruchsschema auf den Kopf gestellt. Den *Alarm* hatten sie selbst ausgelöst und dabei an unauffälliger Stelle die Drähte der Alarmanlage durchschnitten. Die Polizei eilte herbei, fand jedoch nichts Einbruchverdächtiges und zog wegen »Fehlalarms« wieder ab.

Nun hatten die Diebe ausreichend Zeit, den Laden ungestört auszuräumen: insgesamt Schmuck und goldene Uhren im Wert von einer Million Dollar. Drei Beutel voller Kostbarkeiten ließen sie sogar am Hintereingang liegen.

Auch Diebe haben eben nur je zwei Hände.

ÜBERFALL MIT NOUGAT-REVOLVER

Mit einem täuschend echt aussehenden Revolver aus Nougat hat ein 32jähriger Mann ein Café in der südfranzösischen Stadt Montpellier überfallen. Während der Angetrunkene die Gäste in Schach hielt, verständigte der Wirt die Polizei. Doch das herbeigerufene Überfallkommando sah sich einem Täter ohne Tatwaffe gegenüber. Der Räuber hatte den *Nougat-Revolver* aufgegessen. Man ließ es daher bei einer Anzeige wegen Trunkenheit in der Öffentlichkeit bewenden.

UNERWÜNSCHTE URINPROBEN

Zwei Jahre ist es her, da klagte uns der Etagenkellner eines Berliner *Spitzenhotels* sein Leid:

»Nichts ist so schlimm wie das, mein Herr. Es ist ekelhaft und unwürdig. Wär' ich Management, *Minibars* würden abgeschafft. Besser heut' als morgen.

Sie können mir glauben, mehrmals in die Woche ich finde Whiskyflaschen, wo waren ausgetrunken, stehen wieder voll in Minibar. Nicht bezahlt. Ist nicht gut. Aber egal. Daß aber Schweine mit die große Geld machen Urin in Flasche, das ich verachte zutiefst. Oft sie trinken halb aus und machen wieder voll. Kann passieren, daß niemand merkt. Ist schon vorgekommen, daß neue Gast trinken davon.

Unerträglich ist das, können Sie mir glauben.«

Der Kellner stammte aus Italien, war freundlich und zuvorkommend. Als er uns sein Herz ausschüttete, sah er echt bekümmert aus.

Hoffentlich sind die Beispiele nicht typisch deutsch (mehr Schein als sein; sparen am falschen Ende; keine Rücksicht auf andere). Für alle, die es noch nicht wissen: Urinproben sind beim Arzt abzugeben, und zwar ohne Alkohol!

UNIVERSALZEUGE

Einen *Zeugen* für alles, schreibt uns Reinhold F. J. St. aus A., schafft man ganz einfach. Nämlich durch ein Telefongespräch. Als Beweismittel dienen Gesprächsnotizen. Und die werden zu regelrechten Glanzstücken, wenn ein Zeuge alles mitgehört hat.

(Streithansel sollten sich deshalb bei geringen Kosten eine *Mithöreinrichtung* leisten. Die Post installiert sie gerne.)

Das Mithören eines Zeugen über eine Mithöreinrichtung des Telefons ist zulässig und unterliegt nicht dem § 201 Abs. 2 StGB (BGH-Urteil vom 17. Febr. 1982 – VII ZR 29/81). Ob der Zeuge wirklich mitgehört hat oder nicht, kann nie bewiesen werden.

(Im Ernstfall muß ein hartgesottener Meineidling als Zeuge zur Verfügung stehen, der auch im Kreuzverhör nicht umfällt. Solche Zeugen können wesentlich zur Begünstigung von Lug und Trug in rechtsgültigen Urteilen beitragen. Der Gesetzgeber sollte sich – man denke nur an die Bestechungs-, Barschel-, Atom- und sonstigen Skandale! – überlegen, ob er diese Regelung nicht aufhebt.)

UNSITTLICHE ANZEIGEN

Wenn's unsere Girls von der horizontalen Szene pfiffig anstellen, können sie kostenlos *Anzeigenwerbung* haben. Sie müssen die Anzeigenabteilungen der Verlage nur dazu bringen, die Werbung gegen Rechnung zu schalten. Bezahlt wird nicht. Völlig legal. Wie das? –

Eine Lady gab per Dauerauftrag allwöchentlich unmißverständliche Anzeigen in irgendeinem Blatt auf. Gesamtwert: rund 5000 Mark. Die *Prostituierte* zahlte nicht. Begründung: Ihre Anzeigen seien *sittenwidrig.* Der Richter gab ihr recht. Er konstatierte, ein Verstoß gegen das gesetzliche Verbot, für Prostitution zu werben, liege auch dann vor, wenn »einem nicht ganz wirklichkeitsfremden Leser das Angebot erkennbar wird«. Wegen dieser Sittenwidrigkeit ist das Rechtsgeschäft zwischen Prostituierter und Verlag als nicht zustande gekommen zu werten. Und ohne Geschäft kein Geld.

Ist ja irgendwie einsehbar: Für die ganzen Nachrichten über Sittenwidrigkeiten unserer Politiker nehmen die Zeitungen schließlich auch kein Geld!

UNTERHALTUNG

Wer Langeweile hat, der spiele. Als *Spielzeug* stellt der Staat Polizisten, Behörden, Beschwerdestellen, Politiker und Beauftragte für alle möglichen Bereiche zur Verfügung. Auch Vereine, Verbände, Verkehrsbetriebe und Firmen aller Art eignen sich als Objekte des Spieltriebs.

Wie geht das Spiel?: Man *eröffnet* das Spiel, indem man etwas verlangt. Zum Beispiel schreibt man an den Tennisclub in der Nachbarschaft, er möge seinen Fangzaun für die Bälle umbauen. »Jedesmal, wenn ein Ball gegen den Zaun prallt, entsteht ein unzumutbares singendes Geräusch. Ich verlange die Beseitigung der Ursache hierfür«, läßt man den Verein wissen. Den Brief zehn Tage zurückdatieren.

Wenn Sie so weit mitgespielt haben, können wir uns ab sofort ruhig duzen. Also denn:

Weil du die Spielregeln bestimmst, steht dir auch der zweite Zug zu. Du schickst vier Tage später eine Kopie deines Briefes ans Ordnungsamt. Im Begleitschreiben verlangst du, daß das Amt tätig wird, »denn der Verein hat es nicht für notwendig befunden, mir zu antworten«.

Eine weitere Kopie deines Briefes läßt du dem Abgeordneten der Partei zugehen, die im Tennisclub absolut keinen Einfluß hat. Deine *Beschwerde* ist ein gefundenes Fressen für den Mann, vor allem, wenn du behauptest, du seist mit deiner Bitte auf taube Ohren gestoßen. Erwähne auch, daß du das Ordnungsamt informiert hast, dessen Leiter deines Wissens Mitglied des Clubs sei. Und setze scheinheilig dazu: »Leider habe ich bisher auch von dieser Seite noch keinerlei Nachricht erhalten.«

Du brauchst jetzt nichts mehr zu tun. Du hast ein Spiel in Gang gesetzt, das zum Selbstläufer wird. Du schaust zu und genießt den Fortgang des Geschehens.

Der Verein wird zu beweisen suchen, daß der Zaun nicht singt. Der Politiker geißelt die Rücksichtslosigkeit der privilegierten Clubmitglieder. Er fragt, ob die Ordnungsbehörde mit zweierlei Maß messe. Vielleicht sinniert der Kommentator des alternativen Stadtblättchens über die Verbindung von Amt, Tennis und Umweltschutz. Eine Ortsbesichtigung durch eine mittelgroße amtliche Abordnung wird nicht ausbleiben. Es wird mit hoher Wahrscheinlichkeit unterschiedliche Auffassungen darüber geben, ob ein »singendes Geräusch« vorliegt oder nicht. Wenn »ja«, ist zu klären, ob es zumutbar ist. Tennisgegner werden sich zu Wort melden und beispielsweise einen Kinderspielplatz anstelle der Clubanlage verlangen. – Je nach Interessenlage der Beteiligten gewinnt das Spiel entweder an Turbulenz und wird um neue Konfliktstoffe bereichert, oder es verebbt und schlummert weg.

Das Spiel gegen Langeweile hat sich häufig bewährt. Laß deiner Phantasie freien Lauf. Konzentrier dich wie ein Schachspieler. Berechne die Züge der Mitspieler möglichst weit voraus. Je geschickter du eröffnest, um so erheiternder verläuft die Show.

URKUNDEN FRISIEREN

Zeugnisse werden überall verlangt, aber selten überprüft. Es macht sich immer gut, wenn zum Beispiel zusätzlich absolvierte Bildungsmaßnahmen (Sprachkurse, Marketing-Seminare, Technikerlehrgänge) mit erfreulichen Ergebnissen endeten.

Da ist es dem Fortkommen schon dienlich, sich einen guten fotomechanischen Nachdruck des Formulars anfertigen zu lassen und selbst für manierliche Noten zu sorgen. Im Zeitalter des perfektionierten Offset-Drucks ist das kein Problem. – Nach Ansicht von Bildungsexperten benutzt eine qualifizierte Minderheit von 20 Prozent frisierte Zeugnisse. Den Arbeitgebern entstehe trotz der Manipulation kein Schaden, weil es sich in der Regel bei den »Friseuren« um findige, tatkräftige Leute handele.

URNENSCHÄNDER

Es entsprach gar nicht der feinen englischen Art, wie ein Hamburger Bestattungsunternehmer mit der *Asche* von Zeitgenossen umgegangen ist. Da immer mehr Bundesbürger auf hoher See bestattet werden wollen, war das für unseren flinken Unternehmer Anlaß, daraus ein schnelles und gutes Geschäft zu machen.

Das von ihm offerierte Schiff jedenfalls, mit dem die Urnen auf hoher See versenkt worden sein sollten, entpuppte sich als kleines Motorboot mit Außenbordmotor, das säuberlich mit Folie abgedeckt in einer Hamburger Garage aufgefunden wurde. Gegen unseren pietätlosen Bestatter wurden von der Staatsanwaltschaft Itzehoe Ermittlungen aufgenommen wegen Betruges. Aufgefallen war er, weil sein Totenschiff nie auffiel, sprich: nie gesehen worden war.

Hoffen wir, daß der Bestattungsunternehmer die Strafe erhalten hat, die er verdient, denn wo kämen wir hin, wenn jeder x-beliebige Urnenschänder den Ort unserer Endlagerung bestimmte?

VERBALINJURIEN

„Faschist“ auf dem Index

LONDON, 6. Juni (dpa). Eines der Lieblingsschimpfwörter britischer Unterhausabgeordneter, die Bezeichnung „Faschist“, ist am Dienstag vom Parlamentspräsidenten Bernard Weatherill als „unparlamentarisch“ aus dem Sprachschatz des Hauses verbannt worden. Der Speaker fällte seine Entscheidung, nachdem „Schatten“-Innenminister Gerald Kaufmann randalierende Tory-Abgeordnete während einer Auseinandersetzung um den Besuch des südafrikanischen Regierungschefs Pieter Willem Botha mit diesem Wort beschimpft hatte. „Faschist“ ist der jüngste Eintrag in eine lange Liste verbotener Wörter. Unterhausabgeordnete dürfen auch Beleidigungen wie Straßenjunge, Mörder, Rüpel, Schnösel, Schwein oder Prolet nicht verwenden. Sie haben sich jedoch in der Vergangenheit stets als außerordentlich erfindungsreich erwiesen, wenn es darum ging, sich gegenseitig noch nicht verbotene Verbalinjurien um die Ohren zu schlagen.

Es ist tröstlich zu wissen, daß die ehrbaren Abgeordneten Ihrer Majestät, der Königin von England, das einfallsreiche Schimpfen bis heute nicht verlernt haben. Ein sicherer Hinweis, daß die älteste Demokratie der Welt weiterhin voll im Saft steht.

VERDRÄNGUNG

Ladenketten und *Großmärkte* berauben kleine Ladenbesitzer ihrer Existenz. Fast täglich müssen irgendwo in Deutschland Tante-Emma-Läden die Segel streichen, weil sie der übermächtigen *Konkurrenz* nicht gewachsen sind. Erbittert stellen sie fest, daß die

Einzelhandelsgiganten manche Waren billiger rausschleudern, als sie, die Kleinen, das Zeug einkaufen können.

Schutz gibt's für die Kleinen nicht – das sind nun mal die »Reibungsverluste« der freien Marktwirtschaft. Ein Pleiteopfer wollte es jedoch dabei nicht bewenden lassen und ersann folgenden (nicht zur Nachahmung empfohlenen) Rachefeldzug:

Hannes fühlt sich als Opfer eines »mörderischen Verdrängungswettbewerbs«, wie er sagt.

Seit Jahren schlägt Hannes zu, unregelmäßig, unberechenbar. Seine Beobachtung, daß überall peinlich darauf geachtet wird, ob jemand zuviel aus dem Supermarkt schleppt, nie aber darauf, ob einer was hineinträgt, machte er sich für seine Vorhaben zunutze.

Seine Spezialitäten: In Kaba-Dosen oder Kraftbrühe-Gläser abgefüllter *Hundekot* und in getönte Schraubverschluß-Flaschen getrichterter *Urin.* In seinem Einkaufskorb bringt er den wohlverpackten Unrat in den Markt und plaziert ihn versiert in den entsprechenden Verkaufsgondeln.

Laut Hannes hat er das bundesweit operierende Unternehmen, auf das er's abgesehen hat, bereits schwer geschädigt.

Wir können Hannes nur warnen (was wir auch schon getan haben).

Aus den USA ist der Fall einer Arbeiterin bekannt, die in einer Konservenfabrik beschäftigt war. Sie packte tote *Mäuse* in Dosengulasch und wurde dabei geschnappt. Sie wird bis an ihr Lebensende Schadenersatz zahlen müssen. *(So spielt nämlich das Leben: Zahn um Zahn, Auge um Auge.)*

VERKEHRSBERUHIGUNG

Für *Verkehrsberuhigung* kann man/frau mit Resolutionen, Bürgerbegehren, Initiativen, mit Handzetteln, Kundgebungen, Sitzstreiks etc. kämpfen. Am wirkungsvollsten ist es allerdings, den Leuten die Durchfahrt durch Orte, Stadtteile, Straßenzüge zu verleiden; jedoch nicht mit der folgenden Methode:

Es ging um Einpendler in eine Großstadt, die morgens und abends geduldig die Einfall- bzw. Ausfallstraßen entlangruckeln müssen. Anfahren, bremsen, anfahren, bremsen . . .

Ungeduldige suchten sich *Schleichwege.* Die führten durch Wohngebiete, Spielstraßen, Kleingartenareale.

Norbert M. aus Deutschlands Südwesten mußte miterleben, wie das ruhige Sträßchen, in dem er wohnt, zur Durchfahrt für Landkreisbewohner verkam. Norbert, der durch seine Arbeit in Bürgerinitiativen politisches Handeln eigentlich hätte gelernt haben sollen, griff in die gemeine Trickkiste.

An strategisch günstiger Stelle trieb er mit Hammer und Stahlstift Löcher in den Asphalt. Zwei Millimeter Durchmesser, sechs Zentimeter tief. Dreißig Sekunden brauchte es für die kleine handwerkliche Leistung.

In diese Löcher pflanzte Norbert vor der Rush-hour abgeknipste Stahlstifte (mit der Spitze nach oben). Das ließ sich in fünf Sekunden bewerkstelligen. Zwei Zentimeter ragten die Spitzen aus dem Belag; Wahrnehmung unwahrscheinlich.

Norbert setzte die Schleicher einem ständigen Wechsel aus. Mal fuhren sie zehn Tage unbehelligt. Dann gab's wieder *Plattfüße*. Um unberechenbar zu bleiben, würfelte Norbert die Tage aus, an denen er die Stifte einsetzte oder herausnahm. Norbert behauptet, sein Sträßchen sei mittlerweile wieder fast wieder so verkehrsarm wie früher.

Hier besteht der dringende Verdacht, daß der engagierte Nagelleger ausschließlich eigennützig handelte. Er soll gut Freund mit einem ortsansässigen Reifenhändler sein. – Ob der wenigstens kostenlose Fahrradschläuche für die umweltfreundlichen Pechvögel bereithält?

VERKEHRSUNFÄLLE

Eine Gruppe von fast 60 Personen hat mehrere Jahre lang Autoversicherungen durch absichtlich herbeigeführte *Verkehrsunfälle* um 400 000 Mark geprellt. Die Truppe habe, wie der Sprecher der Landespolizeidirektion in Freiburg (fast ein wenig amüsiert) mitteilte, die Unfälle »wie Schauspiele inszeniert«. Man sei zwischen Weihnachten 1983 und Juli 1987 vorzugsweise im Südbadischen »aufgetreten«. Nachgewiesen seien 38 »Unfallaufführungen«. »Regisseur« der Truppe sei ein dreißigjähriger, im Hochschwarzwaldkreis wohnhafter, bereits vor Bekanntwerten der Verkehrsmanipulation in sein Heimatland entschwundener Türke gewesen.

Seiner könne man nicht mehr habhaft werden. Wohl aber habe man wertvolle Erkenntnisse gewonnen. Der Sprecher wies darauf hin, daß die Laiendarsteller ihre »Rollen« regelrecht einstudiert und die vorgetäuschten Karambolagen »geübt« hatten. Die Unfälle seien sehr »diszipliniert« vonstatten gegangen; in keinem einzigen Fall habe es Verletzte gegeben.

Versicherungsbetrügereien dieser Machart kommen die Versicherer neuerdings sehr schnell auf die Spur, denn alle Unfalldaten werden mittels EDV erfaßt und verglichen. Auffälligkeiten werden sofort genauer untersucht und aufgeklärt.

VERPRASSTE STEUERGELDER

Abwegigen Verlockungen erlagen sechs staatstragende Leute, nämlich die *FDP*-Landtagsfraktion von Rheinland-Pfalz. Am 1. Januar 1983 hatten sie noch jede Menge Geld in der Fraktionskasse. Genau 350 409,– DM Steuergroschen, denn die »Arbeit« der Fraktionen wird kraft Gesetzes aus der Staatskasse finanziert.

Nachdem die sechs Liberalen gemerkt hatten, daß nach der Wahl für sie mit Landtag nichts mehr laufen würde, ließen sie ihren lasterhaften Gefühlen freies Spiel. Sie hauten kräftig auf den Putz. Bitter stellten die Beamten des Landesrechnungshofs fest, daß vier Monate später (genau am 18. 5. 83 beim Ausscheiden der Liberalen aus dem Landtag) nur noch lausige 3000,– Mark in der Kasse waren.

Die FDP-Politiker sagten sich eben: Wenn uns die Wahlbürger nicht mehr mögen, dann schmeißen wir deren Geld zum Fenster raus. Strafe muß sein.

Der Gipfel bei der Affäre, der selbst den CDU-Landtagspräsidenten neidblaß färbte: Bei einem *Abschiedsessen* der Fraktion verpraßten die sechs FDPler 10600,– Mark. Pro Nase genau 1766,66-Periode. Alles verfressen und versoffen.

Die Folgen waren gleich Null. Rechtlich gibt es nämlich keine Handhabe, die Gelder von den Verantwortlichen zurückzuerlangen. Und was die öffentliche Moral angeht, so haben die glorreichen Sechs längst wieder wohldotierte Jobs. Dafür sorgten die Unternehmen, denen die Abgeordneten als Lobbyisten gute Dienste geleistet hatten.

Materiell haben die Ex-Abgeordneten also keinen Schaden erlitten; im Gegenteil. *Wer vermöchte jedoch die Gewissensnöte zu beschreiben, die jene Männer seither zu erdulden haben.*

VERSCHLUSS-MANIE

Als Prospektausträger getarnt, hat ein vermutlich Geistesgestörter im Jahr 1981 in einem Münchner Villenvorort an 38 Häusern die *Sicherheitsschlösser* in den Eingangstüren durch Einspritzen einer klebrigen Masse ruiniert. Der Täter konnte nicht ermittelt werden.

VERSICHERUNGEN

»Assekuranz kämpft vehement gegen Betrugslawine«, so oder ähnlich lesen sich die Schlagzeilen, wenn die Versicherungswirtschaft über die Schadensabwicklung der letzten Jahre berichtet hat. Ursprünglich sollten die Versicherungen (auf Gegenseitigkeit) den Schaden, den ein einzelner erlitten hatte, auf viele Schultern verteilen. Aus dieser humanen Absicht ist längst ein weites kriminelles Feld geworden, auf dem sich ein Volk von Betrügern tummelt. – Und so treiben sie's:

Erstes Beispiel: Autos werden als gestohlen gemeldet. Natürlich sind sie mit vielen Extras versehen gewesen. Der Besitzer kassiert von der Versicherung wesentlich mehr, als seine schrottreife Schüssel wert war (die er höchstpersönlich in einen *Baggersee* versenkt hat).

Zweites Beispiel: Der Möbelhändler bezeugt seinem *hausrat*versicherten Kunden, daß dessen feiner Kristallspiegel zu Bruch gegangen ist. Der Kunde hatte gar keinen, wollte aber einen. Jetzt kriegt er einen, weil die Versicherung bezahlt.

Drittes Beispiel: Autos, die noch keine zwei Jahre alt, aber *vollkasko*versichert sind, brennen nach Unfall total aus. Nachgeholfen hat der Besitzer. Die Versicherung ersetzt den Neuwert.

Viertes Beispiel: Jedes fünfte gestohlen gemeldete *Autoradio* wurde überhaupt nicht gestohlen, aber von der Versicherung ersetzt.

Fünftes Beispiel: Jedes zweite tatsächlich gestohlene Autoradio hatte eigentlich nur einen Wert von ca. 300 DM; gemeldet werden aber Schadenswerte von 800 bis 1000 DM. Die Versicherung zahlt. Und warum zahlt sie bei all diesen Bagatellfällen anstandslos? »Weil«, wie Eckhard Momberger, Chef der Hessen-Nassauischen, stellvertretend für alle anderen Versicherungsmanager klagt, »eine sorgfältige Nachprüfung oft teurer als die unbesehene Regulierung des Schadens käme.«

Sechstes Beispiel: Auf *Flugreisen* kommen unverhältnismäßig viele Gepäckstücke abhanden, die versichert sind. Diese wiederum enthalten unverhältnismäßig teure Pelzjacken, Fotoapparate, Präzisionsweckuhren etc. Die Versicherung soll – und muß oft – zahlen. Die Betrüger, die ihre Koffer an der unkontrollierten Gepäckausgabe haben verschwinden lassen, verbuchen einen Urlaub zum Nulltarif (auf Versicherungskosten).

Siebtes Beispiel: Wertgegenstände, die betrügerischen Versicherten nicht mehr zusagen, ruinieren sie sich nach Absprache gegenseitig. Die Haftpflicht zahlt und finanziert damit Neuanschaffungen, die im Trend liegen. Josef Kandlbinder, Chef der Thuringia, beschrieb das Verhalten der Versicherten so: »Bei selbstverursachten Schäden handeln unsere Klienten nach dem Motto: Brennst du mir ein Loch ins Sofa, zerbrech' ich dir deine Brille.«

Achtes Beispiel: Die Versicherungswirtschaft nennt es einen »warmen Abriß« oder »heiße Sanierung«. Gemeint ist die selbst inszenierte *Brandstiftung.* Eines der berühmtesten Beispiele (das aufgedeckt wurde) spielte sich im Raum Mönchengladbach ab. Nicht weniger als fünfzehn (notleidende) Textilunternehmen brannten innerhalb kürzester Zeit ab. Die Fabrikanten hatten sich gegenseitig in bestem Einvernehmen ihre Pleiteläden angezündet, um (wenn die Geschäfte schon nicht gingen) wenigstens eine stattliche Versicherungssumme zu kassieren.

Laut Statistik des Bundeskriminalamtes wird nur jeder zweite Fall von Brandstiftung aufgeklärt; für pfiffige Betrüger stehen die Chancen demnach gut. Georg Büchner, Präsident des Gesamtverbandes der Deutschen Versicherungswirtschaft, sagte uns auf seine bekannt drastische Art: »Die Feuerversicherer schlagen Alarm, denn es muß etwas geschehen, die Seuche muß bekämpft werden, und zwar von allen Betroffenen gemeinsam. Die meisten Zündler wollen gemäß der gleitenden Neuwertversicherung zu einem neuen Bauwerk gelangen oder sie möchten der Assekuranz mehr in der Fabrikhalle (angeblich) gestapelte Waren unterschieben als dort überhaupt hineinpassen. Ein Unternehmer hatte beispielsweise die Frechheit, eine Schadensregulierung für die dreifache Menge seiner Lagerkapazität (für Textilien) zu verlangen, was der Versicherer selbstverständlich nicht durchgehen ließ.«

Neuntes Beispiel: Nach *Wasserschäden* werden von Verputzern und Malern überhöhte Angebote abgegeben. Der Versicherungsgutachter moniert das und handelt mit dem Geschädigten eine Pauschale aus. Die liegt immer noch deutlich über den tatsächlichen Renovierungskosten. Der gefällige Handwerker kriegt seinen Auftrag. Der Versicherte kassiert einen netten Differenzbetrag.

Zehntes Beispiel: Nach einem tatsächlichen Einbruch werden Juwelen, Elektronikgeräte, Pelze, Teppiche, optische Geräte etc. auf die Schadensliste gesetzt, die es im Haushalt überhaupt nicht gab.

Elftes Beispiel: Nach der Hagelkatastrophe von München wurden (betrügerisch) tausende von vorher bereits vorhandenen *Karosserieschäden* auf Versicherungskosten beseitigt. – Ein Dummkopf wurde allerdings überführt. Er hatte seinen Hagelschaden nämlich mit dem Hammer hergestellt, indem er von innen kräftige Beulen ins Autodach schlug. Depp, damischer!

Zwölftes Beispiel: Um das Dutzend voll zu machen, sei auf fatale Fälle hingewiesen, die ebenfalls immer häufiger vorkommen. Es geht um Selbstverstümmelungen. Die Unfälle treten unverhältnismäßig häufig auf, nachdem Versicherte einen oder mehrere Verträge mit hohen *Invaliditätssummen* abgeschlossen haben.

Die makabere Reihenfolge der Selbstamputationen:

Daumen führen (vor Unterarm) mit weitem Abstand vor Unterschenkel.

Diese blutrünstigen Betrüger, die sich mit Axt, Beil, Metallschneider, Häckselmaschine, Mähdrescher, Fleischwolf, Kreis- oder Kettensäge verletzt haben wollen, werden von allen Versicherungsmanipulateuren am häufigsten überführt. Grund: In den meisten Fällen sind die Schnitte zu glatt; ein sicherer Hinweis für den Gerichtsmediziner, daß Selbstverstümmelung vorliegt.

Gegen notorische Versicherungsbetrüger geht die Assekuranz (Datenschutz hin, Datenschutz her) zunehmend mit Schwarzen Listen aus Datenspeichern und Computer-Programmen vor. Hier hat sie auch Erfolge zu vermelden. Gegen den »Volkssport, die Versicherung übers Ohr zu hauen« ist sie dagegen weitgehend machtlos. Die Schädigungen aufgrund dieser »Kavaliersdelikte (ansonsten) ehrbarer Leute« belaufen sich auf über 3 Mrd. DM pro Jahr.

Ohne Gaunerei, errechnete ein amtlicher Versicherungsexperte, käme die Versicherten z. B. die Feuerversicherung 30 % billiger. Ehrlichkeit würde also lohnen!

VERSTOPFUNG

Ein Mittelstandsunternehmer aus E. in Baden-Württemberg hat ständig ein Paar Pfundtüten, gefüllt mit schnellbindendem *Zement*, im Kofferraum seines Wagens. Damit geht er – völlig rechtswidrig und auf eigene Faust – gegen Nepp, Überteuerung und schlechten Service in Restaurants und Hotels vor. Der Mann, der aus geschäftlichen Gründen viel unterwegs sein muß, scheint extrem unter mäßiger Bewirtung zu leiden. Sonst hätte er es wohl unterlassen, den Zement (des öfteren) in Klos zu schütten und nachzuspülen. Das Abflußrohr ist nach solcher Behandlung dicht. Da geht nichts mehr.

(Mittlerweile hat der Übeltäter sein Treiben aus eigener Einsicht aufgegeben. Er schreibt jetzt seine (vernichtenden) Gastronomie-Erfahrungen an den Guide Michelin und in Kopie an den Varta-Führer. Das ist vernünftig und zudem viel wirkungsvoller.)

VISITENKARTEN

Es geht nichts über einen einfachen *Bluff.* Und der heißt: Visitenkarte. Erfahrene Bluffer (bürgerliche Kreise nennen's Hochstapler) bestätigen unisono, daß der Glamour einer Visitenkarte jeden Ausweis und jedes Empfehlungsschreiben in den Schatten stellt. Die Visitenkarte scheint das Denkvermögen und die Urteilskraft vieler Leute weitgehend außer Kraft zu setzen.

Die passende Visitenkarte macht kreditwürdig, öffnet Tür und Tor zu Empfängen, Banketts und Veranstaltungen, garantiert anstandslose Lieferung gegen Rechnung frei Haus und bevorzugte Behandlung allerorten.

Visitenkarten muß man nicht beantragen, Visitenkarten bestellt man. Niemand fragt, ob das, was man sich auf sein Kärtchen drucken läßt, zutrifft.

Visitenkarten haben ihre eigene Ästhetik, deren Beachtung die Glaubwürdigkeit und Überzeugungskraft der Stückchens Pappdeckel wesentlich bestimmt. Die Visitenkarte eines Professors sieht anders aus als die eines Werbeberaters; Konzertagenten haben andere Kärtchen als Bestattungsunternehmer usw.

Preiswerte Läden für kleine Druckerzeugnisse und Billig-Setzereien machen diesen Bluff zum erschwinglichen Kinderspiel. Die richtige Berufsbezeichnung in ansprechendem Schriftzug auf die Visitenkarte gesetzt, ist diese gleichzeitig Eintrittskarte in bestimmte Gesellschaftskreise.

Dagegen wirken 22jährige Chefärzte, unmotorisierte Autofabrikanten oder ärmlich gekleidete Modedesigner eher unglaubwürdig. Außerdem: Vorsicht bei Fachgesprächen, sonst ist der wunderschöne Schein im Eimer!

VORDRUCK-SPIELEREIEN

Die Menschheit wird immer sensibler. Sie leidet unter Leistungsdruck, neuer Innerlichkeit, Streß und Daseinsangst. Das ist aber noch gar nichts gegen die Sensibilität der Einlesegeräte von *EDV-Anlagen.*

Es gibt so gut wie keinen Vordruck, kein Formular oder Preisschild, das nicht computergerecht ausstaffiert wäre. Das erfordert normgerechtes, akkurates Ausfüllen. Jede Abweichung verlangt Meister *Computer* Unmögliches ab – Flexibilität bleibt nun mal bei allem Fortschritt dem Menschen vorbehalten.

Das zeigt das Beispiel von Regina T., die ihre *Formulare* dem Computer anvertraute, nur daß ihre kleine Tochter die Unterlagen in die kleinen Grapschhändchen bekommen hatte. Mit bestem Vorsatz strich Regina T. die Papiere wieder glatt – doch vergebens: Der Computer verweigerte den Dienst. Nicht auszudenken, welche Amokläufe in den Computerzentralen zur Zeit der Volkszählung stattgefunden haben müssen!

Rainer Horbelt weist in seinem löblichen Werk »Bürokrauts, wir kommen« darauf hin, daß man beim Ausfüllen amtlicher Formulare ein Recht auf Irrtum und Dummheit habe. Er weiß darüber hinaus von übereifrigen Bürgern und Bürgerinnen zu berichten, die vorzugsweise jene Formular-Rubriken ausfüllen, die für die Auswertungen der Behörde reserviert sind.

Als widerspenstig – ungewollt, versteht sich – hätten sich auch Formularausfüller gezeigt, die gern mit ihren Fremdsprachenkenntnissen hausieren gehen (zumal in den Formularen selten erwähnt ist, daß die Auskünfte in Deutsch wiederzugeben sind). Japanisch abgefaßte Aussagen haben schon so manchen Bürokraut zur Verzweiflung gebracht.

Last not least gibt es noch diejenigen, die auf ihren Berufsethos Wert legen, Leute, die sich lieber als »Prediger« denn als »Verkäufer« bezeichnen, die im Zuge der Emanzipation der Frau darüber debattieren, wer als »Haushaltsvorstand« anzugeben sei, und die vorsichtshalber vermerken: »Zur Zeit nicht besetzt. Neuwahl im Dezember".

Bei soviel Wahrheitsliebe und Ungenormtheit kann einem der Computer wirklich leid tun. Er ist nun mal kein flexibler Bürokrat.

VOLLZUGSDEFIZIT

Unsere *Gesetze* sind besser als die meisten denken. Der Ruf z. B. nach Verschärfung gesetzlicher Regelungen zum Schutze der inneren Sicherheit, zur Verfolgung der Wirtschaftskriminalität oder zur Bekämpfung der *Gewaltpornographie* wird meistens von verschwindend kleinen, aber einflußreichen Minderheiten erhoben, die der großen Mehrheit der Bürger ihren Willen aufzwingen wollen. Wo Freiheiten durch Reglementierung eingeschränkt werden, sind aber Machtmißbrauch und Unterdrückung nicht mehr weit.

Man muß die Gesetze nicht verschärfen, man muß sie ausschöpfen. Dazu ein Beispiel, das DIE ZEIT veröffentlichte:

»Auf beispielhafte Art hat die Berliner AL die bundesdeutsche Pornodebatte beendet: praktisch. AL-Mitglieder kauften in einem Pornoladen unweit des Ku'damms ein und holten anschließend die Polizei. Zwei Staatsanwälte und vier Kriminalbeamte säuberten anschließend den Laden von Gewaltpornographie (Folterszenen mit Peitschen, Nadeln und Zigaretten) im Verkaufswert von rund 100 000 Mark. Der Vorgang ist richtungweisend, denn er zeigt, daß die Gesetze da sind und nur ein *Vollzugsdefizit* herrscht. Und so kann es uns nur freuen, wenn demnächst in den Chemiewerken die Einleitungen ins Grundwasser zurückgehen, wenn den Baulöwen die Hand des Gesetzes schwer auf die Schulter fällt, wenn sie gerade die Bestechungslisten in den Reißwolf stecken, wenn die Lärmterroristen mit ihren *blockbusters* abgeführt werden.«

Es geht also darum, daß die Bürger selbst das Recht in Gang setzen. In Berlin wurde nicht denunziert, sondern miesen Profitgeiern das Geschäft vermasselt. Das wirkt weit nachhaltiger als irgendwelche Strafandrohungen, die letzten Endes doch nur die Falschen treffen.

WAHLKAMPF

Jeder Politiker freut sich über kostenlose Wahlkampfwerbung von engagierten Bürgerinnen und Bürgern. Doch alles hat seine Grenzen!

Seit der verschärften AIDS-Diskussion ziehen Huren, Puffmütter, Masseusen und Politiker an einem Strang, wie man am Hurenball »Hydra« sehen konnte. Hier trafen sich Dienstleisterinnen und prominente Kunden, so daß mittelfristig angenommen werden kann, daß sich irgendwann einmal jede Dame des ältesten Gewerbes der Welt mit ihrem Lieblingsfreier des öffentlichen Lebens ungescholten ablichten lassen kann.

Mittelfristig, wie gesagt. Das hatte wohl Tanja K. nicht bedacht, als sie ihre Kunden während einer *Peep-Show* heimlich fotografierte. Sicher wollte sie jenen Männern mit den *Bildern* eine Freude bereiten, wie wir es ja von jeder Bootsfahrt oder ähnlichen Touristenveranstaltungen her kennen.

Top-Manager, Wissenschaftler, Kirchenvertreter und Politiker von ihrer privaten Seite zu zeigen, entspricht doch immerhin den auf human touch bedachten Wahlkampfkonzepten. Und im Gegensatz zu den haltlosen Anschuldigungen gegen Björn Engholm in der Kieler Wahlkampfaffäre konnte oder könnte Tanja K. nackte Tatsachen auf den Tisch legen.

Es ist anzunehmen, daß sich die Dame aus Naivität oder übertriebenem Demokratiesinn zu weit vorgewagt hat und daß die Politiker bei aller Publizitätsgier vorerst von dieser Art Gratispropaganda Abstand nehmen wollen.

WALD

Die schnell-laufenden Motorbandsägen sind häufig Ursache für gigantische Kahlschläge in den Wäldern der USA. Bevor Gerichtsurteile rechtskräftig und wirksam werden können, schaffen *Holzfällertrupps* mit ihrem Hochleistungsgerät vollendete Tatsachen. Die Umweltschützer erhalten zwar mit ihren Einsprüchen häufig recht, aber die Bäume, die gerettet werden sollen, sind nicht mehr.

Die radikale »Safe Earth Bewegung« hat ein probates Mittel entwickelt, das die Aktivitäten der Kahlschläger drastisch einschränkt. In die Baumbestände, die niedergemacht werden sollen, werden von den Umweltschützern Stahlnägel geschlagen. Stahlnägel tun den Bäumen nichts (ganz im Gegensatz zu Kupfernägeln, die jeden Baum vergiften und eingehen lassen.) – Bäume können also mit *Stahlnägeln* im Stamm uralt werden!

Mit den Bandsägen der Holzfäller ist das anders. Geraten sie an einen Nagel, reißen sie. Das Gerät ist unbrauchbar, der vernagelte Wald ist vor vorschnellem Abholzen geschützt. Häufig weigern sich die Waldarbeitertrupps überhaupt – auch wenn das Gericht es erlaubt – vernagelte Baumbestände zu fällen. Das Risiko ist ihnen zu groß.

Waldbesitzer sollten bei Einsprüchen gegen geplante Rodungen unbedingt klarmachen, daß sie auf keinen Fall Nacht-und-Nebel-Aktionen planen; das bewahrt sie vor Schaden und ambitionierte Umweltschützer vor strafbaren Handlungen.

WANZEN, MINI-SPIONE

Wenn jeder jeden abhören kann, ist's wieder wie vor der Erfindung dieser idiotischen Lauschwaffen.

Geräte in allen Variationen und Preislagen kann man bekommen bei: ComExport AG, Bahnhofstraße 3, CH-6312 Steinhausen ZG.

WARENVERSAND

Auch eine Art, unliebsame Zeitgenossen zu ärgern – wenngleich mit etwas Arbeit verbunden: deren Versorgung mit Waren und Dienstleistungen aller Art über anonyme *Bestellungen.* In »Szenekreisen« in letzter Zeit sehr beliebt! Das läuft in der Regel so ab:

Vom Diabetikerhonig bis zur Gummiwäsche für Perverse, von der Südseereise bis zum Versicherungsberater, von der Waschmaschine bis zum Zeitschriften- oder Buchclub-Abonnement, vom Porno bis zur Enzyklopädie der Kunst, vom Schlauchboot bis zum Kammerjäger werden dem »Liebling« alle Segnungen unserer Zivilisation bestellt. Dabei wird ein netter, seriöser Briefbogen verwendet. Die Bestellungen werden auf einem Schlag losgeschickt, damit der *Datenaustausch* zwischen Versicherungen, Banken, Versendern etc. nicht greift. Der »Schützling« wird von einer Konsumlawine überrollt.

Zwar garantiert der Verbraucherschutz ihm Rücktrittsrecht von den einzelnen Verträgen. Wenn da allerdings vieles auf einmal zusammenkommt, dürfte es ganz schön schwierig werden, die Fristen zu wahren.

Und: Das Opfer geht unwiderruflich als *»fauler Kunde«* in alle Auskunfteien ein.

Ganz besonders Schlitzohrige schicken die Waren gleich in die Firma des Adressaten, um ihn vor dem gesamten Kollegenkreis bloßzustellen.

Eine besonders fragwürdige und rufschädigende Verhaltensweise – eines echten Alternativen und Querdenkers nicht würdig, zumal der Adressat ja vielleicht wirklich das eine oder andere davon gebrauchen kann. Und dann hat man nicht nur der Post (Porto!), sondern auch der Versandfirma einen Gefallen getan!

WEHRMACHT KOMMT VON WEHREN

Kriegsdienst verweigern oder nicht? Diese Frage scheint für *Pazifisten* klar zu sein. Es gibt aber auch welche, die melden sich *gerade* zur Bundeswehr.

Erstens: Weil sie im Kriegsfall sowieso eingezogen und zur Unterstützung kriegerischer Handlungen gezwungen werden. Zweitens: Weil sie wissen wollen, wann und wie sie die Maschinerie am empfindlichsten treffen können.

Ein Militärgegner wird sich also stets besonders beflissen zeigen. Er wird sich zu Spezialeinheiten melden, Fortbildungsmaßnahmen wahrnehmen, die Nähe von Zentralfunktionen der Bundeswehr suchen. Seine gesamte Ausbildung wird er mit vorbildlichem Interesse unter dem Aspekt höchstwirksamer Störtätigkeit – zum Jux oder für den möglichen Ernstfall – absolvieren.

Jux bedeutet, daß meinetwegen ein Pilot seinen Jäger per Schleudersitz verläßt. Er verursacht damit einen Schaden von über 100 Millionen Mark, wenn es sich um einen Phantom handelt. Ernstfall meint, daß der Störs z. B. computergesteuerte Befehls-Leitsysteme unbrauchbar machen kann, bevor irgendwelche ferngelenkten Waffen abheben. Wenn sie in den Arsenalen bleiben, richten sie keinen Schaden an.

Ich denke, daß du als entschlossener Mensch im Heer eher dazu beitragen kannst, die Kriegsmaschinerie unbrauchbar zu machen als ein Verweigerer, der zum Latrinenfegen abkommandiert ist. Abgesehen von diesen mehr wehrkraftzersetzenden Phantasien gibt es Wehrdienstleistende noch eine Menge Anregungen, wie man mit einigem Erfolg den ungeliebten Betrieb aufhalten kann. Claus Triebiger, der an einem richtiggehenden Ratgeber für Wehrpflichtige arbeitet, hat sie zusammengestellt:

Wehrpflicht

Mit knappen Worten wird im § 1 des Wehrpflichtgesetzes die *Wehrpflicht* bestimmt. Tatsächlich gibt es so etwas wie die »Pflicht«, sich zu »wehren«, vor allem, wenn dem Betreffenden inmitten all der herrlichen Manneszucht kleinliche Schikanen, Menschenverachtung und dergleichen wenig ersprießliche Neckereien um die Ohren gehauen werden. Viele Möglichkeiten des Sichwehrens gibt es, legale und weniger legale, spontane und formale, die mithelfen, das Leben im Vorschriftenwirrwarr etwas erträglicher zu gestalten und nebenbei ein bißchen Sand ins Militärgetriebe zu streuen. Grundsätzlich aber ist es notwendig, sich mit den entsprechenden Gesetzen zu beschäftigen, da Widerstand innerhalb einer Kaserne einer Wanderung auf äußerst schmalem Grat gleichkommt.

Wehrbeschwerdeordnung

Form und Zuständigkeitsinstanzen und Dienstweg einer Beschwerde werden dem Soldaten während endloser Unterrichtsstunden in den Kopf gehämmert. Bei diesen Belehrungen fühlen sich viele von der Kompliziertheit des Beschwerdegangs abgeschreckt, so daß sie nicht selten von einer Beschwerde Abstand nehmen. Darum ist es gut, den Dienstweg zu meiden und die Beschwerde ohne Angst vor großen Tieren an die höchste Instanz, also an den Divisionskommandeur bzw. bei schweren Vorfällen an den Wehrbeauftragten des Bundestags, zu richten. Eingaben an diese Leute haben peinliche Vernehmungen zur Folge, während Beschwerden, die den Dienstweg entlanghumpeln, manchmal geschickt zum Stehen gebracht werden. Die Form des Briefes, der Absendetag (einen Tag nach der Beschwerdeursache) und die Beschwerdefrist müssen eingehalten werden, da sonst das Schreiben wegen formaler Fehler zurückgewiesen werden kann. Ist die Beschwerde unterwegs, so kommt es gelegentlich vor, daß um Karriere besorgte Vorgesetzte beim Beschwerdeführer vorsprechen, irgendwelche

Märchen vom bedrohten Familienglück erzählen und um Rücknahme der Eingabe betteln. Das geht erfahrungsgemäß ans Gemüt, da Widerstand innerhalb einer Kaserne sich beinahe immer gegen »konkrete« Personen richtet, mit denen man monatelang auf engstem Raum konfrontiert ist. Dieses Problem müßte unbedingt »vor« Absenden der Beschwerde bedacht werden, denn eine Rücknahme der Eingabe hat oft zur Folge, daß man als Phrasendrescher oder Wichtigtuer angesehen wird.

Soldatengesetz

Dieses feine Werkchen hilft nun festzustellen, über welche Dinge es sich beschweren läßt. Es regelt zwar auch diverse Pflichten, aber der Pflichten sind's so viele, daß es genügt, sich um die Rechte zu kümmern. *Beschwerden* dürfen dann abgefaßt werden, wenn man glaubt, »ungerecht« behandelt worden zu sein, wenn der Vorgesetzte...

a) blöde Sprüche klopft (»Sie sollen nicht denken, sondern gehorchen!«),
b) Anschauungen nicht achtet,
c) Schmiergelder annimmt,
d) während des staatsbürgerlichen und völkerrechtlichen Unterrichts irgendwelche Leute mit den Errungenschaften der geistig-moralischen Erneuerung belästigt,
e) in seinen Befehlen gegen die Menschenwürde verstößt.

Die Liste läßt sich fortsetzen, da man sich über alles beschweren kann, was betroffen macht. Das Soldatengesetz regelt dann außerdem noch so erfreuliche Angelegenheiten wie Urlaub, Sold, Fürsorge und Akteneinsicht.

Wehrstrafgesetz (WStG)

In ihm sind die Grenzen abgesteckt, aber auch die härtesten Möglichkeiten festgeschrieben. Auf dieses Gesetz kann man sich berufen bei Pflichtverletzungen des *Vorgesetzten:* Körperliche Mißhandlungen, entwürdigende Behandlung, Unterdrücken von Beschwerden (es gibt dennoch ziemlich feine Methoden), Mißbrauch der Befehlsbefugnis, rechtswidriger Waffengebrauch (kommt bei Manövern häufig vor).

Ausbildung

Der Umgang mit Gesetzen, Beschwerden und Eingaben ist natürlich etwas trocken. Viel mehr Spaß macht das praktische Vehalten während der Ausbildung. Falsch, übertrieben oder verlangsamt ausgeführte *Befehle* während des Exerzierens sorgen meist für die Anreicherung eines tristen Nachmittags mit fröhlich-bunter Heiterkeit. So erfüllt es die Gemüter stets mit Frohsinn, wenn dem Befehl »Links schwenkt Marsch!« ein Teil der sorgsam zusammengebastelten Formation nach rechts folgt.

Der Befehl »Marsch, Marsch!« bedeutet schnellstes Rennen. Wie nun, wenn da welche sind, die ganz besonders schnell rennen können, über den Exerzierplatz hinaus, vielleicht über den Vorgarten des Bataillonskommandeurs, alles natürlich mit kampfbeflissener Miene und derart vertieft, daß der Befehl »Halt« nicht bis in die Hörkanäle vordringt?

Als extrem wirkungsvoll erweist sich gezielte Tolpatschigkeit bei besonderen Anlässen, wie *Rekrutenvereidigungen,* oder noch besser, bei Besuchen von guten Onkels, die immer ehern dreinschauen und schweres Gold auf Schulterklappen herumschleppen. Diesen gebeutelten Männern treten dann schon mal die Augen hervor (und ihren karrierebewußten Knechten erst recht), wenn hübsch gebaute Gewehrpyramiden zusammenklappen, weil irgendwer ›aus Versehen‹ mit der Fußspitze an der Pyramide hängengeblieb; wenn das Gewehr beim achtungsvollen Salutieren pietätlos zu Boden scheppert und die festliche Stimmung stört; die Erscheinung eines tapferen Soldaten einer zerrupften Trauerweide ähnelt und wenn der deftig-herbe Männergesang durch Anstimmungen falscher Töne aus dem Takt gerät und in ein weniger kampfentschlossenes Gejaule abdriftet.

Jede nur erdenkliche Phantasie läßt sich ausprobieren, je nach den Bedingungen des Standortes und der Einheit bzw. nach den Marotten der Vorgesetzten. Die Möglichkeiten sind nahezu unerschöpflich und haben, bei geschickter Tarnung als Versehen, außer vielleicht einigen Zusatzstunden am Abend kaum weiterreichende Folgen.

Das Prinzip, Handlungen zu übertreiben, zu verlangsamen und zu verdrehen, läßt sich auf alle Bereiche des soldatischen Lebens übertragen. Ob man als GvD beim Wecken anstatt »Kompanie aufstehn!« zu brüllen ein »Wachet auf« trällert oder dem Vorgesetzten das gewünschte »Jawoll, Herr Sowieso!« unmittelbar ins Ohr brüllt, ob man beim Revierreinigen einen Kübel Müll ins Zimmer des Spieß' schüttet oder sich beim Gewehrreinigen ungeheuer Zeit läßt (merke: Ein Vorgesetzter liebt den Feierabend), ob man bei der Schießausbildung die Kugeln permanent in den Sand setzt oder peinliche Diskussionen anzettelt – alles bringt den Laden durcheinander, vor allem wenn mehrere sich finden, die in diesem Punkt zusammenarbeiten.

Anträge (Was hält die Bürokratie in Trab?)

Zu allem, was im Kasernenalltag belastend wirkt, lassen sich *Anträge* verfassen (zum Beispiel: Antrag auf Außendienstbefreiung, weil die Luft so kalt und rauh ist und das der Stimme schaden könnte). Bei ablehnendem Bescheid findet sich dann wieder die Möglichkeit der Beschwerde . . .

Manöver

Sich wehren bedeutet nun leider nicht nur, die Vorgänge ins Satirische zu überdrehen und dadurch den Unfug des *Kasernenlebens* zu entlarven. Sich wehren bedeutet auch, sich gegen den Krieg und Rüstung schlechthin aufzulehnen. Die Teilnahme an Manövern zeigt deutlich, welche Funktion ein Mensch im Ernstfall übernimmt: die Funktion zu töten. Neben Manöverbehinderung (sich im Wald verirren; Panzer fallen manchmal aus, wenn sich deren Ketten im Nato-Draht verfangen) kann das Verhalten des einzelnen Signalwirkung haben. Beispielsweise läßt sich Verbindung zu Friedensinitiativen aufnehmen, die sehr daran interessiert sind, wo und wie sich Manöver abspielen. (Beim Bund geht's rund – der Möglichkeiten gibt's viele . . .)

WERBESENDUNGEN

Manche Firmen, schreibt uns G. M. aus H., fügen ihrer Reklame einen *Freiumschlag* bei, damit uns das Bestellen leichter fallen soll. Sein Tip: Statt das Bestellformular mit einer Order zu versehen, sollte man darauf sch..., kurz antrocknen lassen, das Formular zusammenfalten und portofrei zurücksenden. Eine aparte Überraschung für den Empfänger, der in gieriger Auftragserwartung das Porto gezahlt hat – meint G. M.

Da irrt G. M.

Denn wer ist es doch, der diese Umschläge öffnet? Das sind schließlich ganz »kleine« Angestellte in der Poststelle, die ein solches Geruchsprodukt nicht verdient haben.

Ob die – wie G. M. weiter erzählt – sofort den Finger in den Hals stecken, sich erbrechen und dann mit Gelbsucht *krankschreiben* lassen, muß angesichts der heutigen Arbeitsmarktlage sehr bezweifelt werden.

WESPENNESTER

Old Shatterhand hat sie erfolgreich in den Winnetou-Romanen angewandt: die *Biobombe.* Der von Arno Schmidt verehrte Karl May hat sie zwar nicht erfunden, aber gleichsam »salonfähig« gemacht.

Diese Waffe ist in den letzten Jahren wieder zu zweifelhaften Ehren gekommen, weil sich viele »Klassenkämpfer« dem Landbau verschrieben haben und an der Quelle sitzen. So funktioniert die höchstgefährliche Biobombe:

Man verschafft sich einen Überblick über die meist ländlich siedelnden Wespen- und Hornissen-Völker. Nachdem man sich Grundkenntnisse der Imkerei angeeignet hat, wird ein ansehnliches Wespennest in einen Plastikbeutel verlegt, den man gut verschließt.

Es sind Fälle bekannt, in denen jemand mit einem solchen Beutel in eine Versammlung, einen Festakt oder ähnliches ging, dort den Beutel öffnete und sich selbst schnell in Sicherheit brachte.

Effekt: Im *Insektenschwarm* wie auch im dichtgedrängten Publikum entstand eine Panik mit schwerwiegenden Folgen...

Es braucht wohl nicht besonders betont zu werden, daß eine solche Biobombe hochgradig gefährlich ist – Wespenstiche können unter gewissen Voraussetzungen tödlich sein! Möglicherweise sogar für den Attentäter selbst.

WETTBEWERBS-HÜTER ODER: DAS SPIEL DER FREIEN KRÄFTE

Konzerne *monopol*isieren ganze Märkte. Kleine Existenzen werden weggefegt, bis keine *Konkurrenz* mehr übrigbleibt. Ohne Wettbewerb kann die Preisschraube langsam angezogen, können die Konsumenten zur Kasse gebeten und die Gewinne erhöht werden. Mit Prozessen ist den Marktmächtigen genausowenig beizukommen wie mit Bombenwerfen. Beides lächerlich.

Anfällig sind die Giganten nur beim Verkauf. Und dort ging in unserem Beispiel **(Morinaga)** monatelang nichts mehr. Weder im Inland noch im Ausland. Von einem Tag auf den anderen sackte das Unternehmen hoffnungslos in die roten Zahlen:

»Tokio, 8. Oktober (AP). Mit vergifteten *Pralinen* will eine Gruppe, die sich ›das 21köpfige Ungeheuer‹ nennt, eine japanische Süßwarenfirma erpressen. In Supermärkten wurden am Montag mindestens zwei Pralinenschachteln entdeckt, deren Inhalt mit Zyanid präpariert war. Wie die Polizei mitteilte, wurde zuerst in einem Supermarkt in einem Vorort von Osaka eine Schachtel mit Konfekt gefunden, das 0,2 Gramm Natriumzyanid enthielt. Eine Aufschrift warnte vor dem giftigen Inhalt. Bei einer landesweiten Suchaktion fand sich auch in einem Geschäft in Kyoto eine Bonbonniere mit 0,23 Gramm Natriumzyanid und der gleichen warnenden Beschriftung. Die tödliche Dosis bei Zyanid liegt bei 0,2 Gramm.

Es ist das erste Mal, daß die Erpresser ihre Drohung wahrmachten, tatsächlich vergiftete Süßigkeiten in Regalen zu plazieren. Die Gruppe, die auch für frühere Erpressungsversuche bei anderen Süßwarenherstellern verantwortlich gemacht wird, nennt sich nach dem Bösewicht einer beliebten Krimiserie. In Schreiben an japanische Zeitungen erklärte das ›Ungeheuer‹ am Montag, in Supermärkten in Mittel- und Westjapan seien insgesamt 20 Schachteln vergifteter Süßigkeiten der Firma Morinaga versteckt. Die Erpresser drohten gleichzeitig damit, in den nächsten Tagen 30 weitere Konfektschachteln ohne die schriftliche Warnung zu hinterlassen. Irgendwelche Forderungen enthielt der Brief nicht. Bereits im September hatten die Erpresser von der Firma 100 Millionen Yen (rund 1,25 Millionen Mark) verlangt.

Zwei Wochen später: Tokio, 21. Oktober (AP/dpa). Die japanische Polizei will zum Wochenbeginn im Raum Osaka – Kobe – Kyoto rund 3,2 Millionen Haushalte und Büros durchsuchen, um möglicherweise einer ganzen Bande von Giftmischern auf die Spur zu kommen, die in das Konfektangebot einer großen Süßwarenfirma blausäurehaltige Packungen eingeschmuggelt hat. Die Bande will von dem Tokioter Süßwarenkonzern Morinaga 100 Millionen Yen (rund 1,2 Millionen Mark) erpressen. Bisher konnten nach Suchaktionen in Supermärkten und kleinen Läden 15 mit tödlichen Blausäuremengen vergiftete Konfektpackungen sichergestellt werden.

Für die bisher größte Polizeiaktion in der japanischen Nachkriegsgeschichte stehen 130 000 Polizeibeamte zur Verfügung. Das Süßwarenunternehmen Morinaga hat allein in der ersten Oktoberhälfte wegen der Giftaffäre Verluste von umgerechnet 24 Millionen Mark zu verbuchen. Über 2500 Geschäfte und weitere 2000 Bahnhofskioske verkaufen kein Morinaga-Konfekt mehr.

In Drohbriefen, die am vergangenen Montag im Raum Osaka bei Zeitungen und Rundfunkstationen eingingen, hatte der Täter, der sich nach einer Fernsehserie »Das 21köpfige Ungeheuer« nennt, behauptet, insgesamt 20 Schachteln mit Bonbons und Schokolade der Firma Morinaga vergiftet und in verschiedenen Läden eingeschmuggelt zu haben. Die Polizei fahndet vor allem nach einem Unbekannten, der am Montag letzter Woche in einem Supermarkt von Nishinomiya bei Osaka von einer Videokamera gefilmt wurde, als er mit Süßigkeiten auf einem Regal hantierte.«

So weit der Bericht. Und die Konsequenz! – Schon der Vater des bundesdeutschen Wirtschaftswunders, Ludwig Erhard, pries die Selbstheilungskräfte des *Marktes.* Wir tun's auch.

Ein Markt mit vielen kleinen Süßwarenanbietern wäre für die Machenschaften des »21köpfigen Ungeheuers« völlig ungeeignet. Was soll man schon aus einem kleinen Pralinen-Konditor herauspressen? Nur das im Schleckereibereich allmächtige Morinaga-Unternehmen bot den wunden Punkt: die Größe des marktbeherrschenden Unternehmens, wodurch die unabsehbaren Folgen der Giftanschläge erst ermöglicht wurden.

Ergo entstand das »21köpfige Ungeheuer« in einem aus dem Gleichgewicht geratenen Markt fast zwangsläufig, um ein übermächtiges Unternehmen anzugreifen und womöglich zu zerschlagen; damit aus dem teil-monopolisierten Markt wieder ein *Konkurrenzmarkt* wird.

Britische Variante aus dem Weihnachtsgeschäft 1984

»London, 18. November (AP). Militante britische Tierschützer haben nach eigenen Angaben in fünf englischen Städten vergiftete Schokoriegel in Geschäfte eingeschleust. In einem Telefonanruf bei der Zeitung ›Sunday Mirror‹ teilte die ›*Tierbefreiungsfront*‹ am Wochenende mit, vergiftete Schokoriegel der Marke ›Mars‹ seien in London, York, Leeds, Coventry und Southampton ausgelegt worden, von denen einige gekennzeichnet, andere aber nicht als vergiftet kenntlich seien. Ein Scotland-Yard-Sprecher sagte, man nehme die Drohung ernst. Wie die Zeitung mitteilte, benutzte der Anrufer bei seiner Warnung dasselbe Kennwort wie bei einer ähnlichen Aktion im Sommer, bei der mit Bleiche versetztes Haarwaschmittel in Läden geschmuggelt worden war. Seinerzeit war niemand zu Schaden gekommen. Ihre jüngste Aktion richte sich gegen einen von der Schokoladenfirma finanzierten Versuch, ließen die Tierschützer wissen, bei dem Affen mit stark zuckerhaltigen Lebensmitteln zwangsernährt würden, um so Aufschlüsse über den Zusammenhang zwischen Speisezucker und Zahnverfall zu erhalten. Mars hat die Finanzierung eines solchen Projekts bestätigt, bestreitet jedoch, daß die Affen zwangsernährt werden.«

Nach sechs Tagen waren 9 vergiftete Mars-Riegel sichergestellt worden. Aus der Drohung war Bedrohung entstanden. Die Konsumenten brachten tonnenweise Mars-Riegel zurück. Der Verkauf kam zum Erliegen. Das Management der Zuckerbäcker sah sich zum Nachdenken gezwungen.

Es steht außer Frage, daß derartige Drohungen, Manipulationen und Angstkampagnen (selbst wenn sie eine gute Absicht verfolgen) das Klima in einer Gesellschaft vergiften. Die Initiatoren gehen den falschen Weg; genauso wie ihre Gegner, die ohne Rücksicht auf andere ihren Gewinninteressen nachjagen und jede soziale Verpflichtung in den Wind schlagen.

WHITE-COLLAR-TERRORISTEN

Auch das gehört in ein »Lexikon der Gemeinheiten«! 1. Die *Atomindustrie* geht rechtswidrig und absolut verantwortungslos mit radioaktiv strahlenden Abfällen um. Überall im Lande lagern Atom-Müll-Fässer. Zum Teil ungesichert. Die skrupellose Handlungsweise der AKW-Manager in der Vergangenheit ist auch für die Zukunft nicht auszuschließen. Allein die Tatsache, daß für eine sichere Entsorgung und Endlagerung strahlenden Materials bis heute keine Vorsorge getroffen ist, muß ein Verbrechen genannt werden.

Und was geschieht, wenn gewissenlose Menschen strahlendes Material an sich bringen und teuflisch dort ausstreuen, wo viele Menschen wohnen oder arbeiten? Ist das auszuschließen? Nicht die irregeleiteten oder wahnsinnigen Täter sind dann schuldig, sondern diejenigen, die durch ihren Leichtsinn derartig katastrophale Verbrechen ermöglichen.

2. Auf Druck der Lobby der Jäger, Sportschützen und *Schußwaffenhersteller* ist das Waffengesetz erneut gelockert worden. Dadurch wird der Waffenbesitz erleichtert; Gewalttäter haben es noch bequemer, sich Mordinstrumente zu verschaffen. Ist das angesichts steigender Gewaltkriminalität und stattgehabter Polizistenmorde zu verantworten? Es kann doch nicht angehen, daß einerseits das Tragen eines Schutzhelms als unerlaubter Waffenbesitz bei Demonstrationen geahndet werden kann, andererseits aber immer mehr Schußwaffen in Umlauf gebracht werden, die jederzeit gegen Staatsorgane und Bürger gerichtet werden können.

Wie recht unser Autor hat, beweist die Tragödie, die in Erding bei München drei Polizisten das Leben kostete. Ein 37jähriger unbescholtener Mann erhielt von den Behörden eine *Waffenbesitzkarte* und konnte so völlig legal seiner Waffenleidenschaft frönen. Im Laufe der Jahre legte er sich sieben Schußwaffen zu. Genau am 4. März 1988 drehte der Mann in einem »Anfall von Verfolgungswahn« – (wie der bayerische Innenstaatssekretär Peter Gauweiler ausführte) – durch, betrat eine Polizeidienststelle und erschoß die Beamten Karl Loibl und Robert Grebler sowie den hinzueilenden stellvertretenden Leiter der Polizeiinspektion, Alfred Meier. Eine zurückkehrende Streifenwagen-Besatzung schoß den Psychopathen kampfunfähig, bevor er noch weiteres Unheil anrichten konnte.

3. Ein jeder Gymnasiast weiß, daß eine Mischung aus 50% Kaliumchlorat und 50% Magnesiummetallpulver in eine Druckpackung verfüllt eine hochexplosive Ladung ergibt, mit der man sich selbst und wer weiß was sonst noch in die Luft sprengen kann. Aber diese Stoffe kann noch immer jedermann ohne Schwierigkeiten in der Drogerie

kaufen; man wird nicht registriert, braucht keine Bescheinigung, nichts. – Warum wird hier nichts unternommen, um eine mögliche Gefährdung von staatlichen und privaten Einrichtungen durch *Sprengstoffmißbrauch* abzuwenden?!

WILDE TIERE

An einen üblen Scherz glaubten Polizei und Frankfurter Zoodirektion, als im Februar 1988 mehrere *Löwinnen,* statt in ihrem Gehege, auf den Besucherwegen einherstolzierten oder durch die Büsche schlichen und die Zoobesucher erschreckten.

Hatte ein Wärter absichtlich die Gatter geöffnet? Oder waren militante Tierbefreier am Werk? – Nichts dergleichen. Ausnahmsweise war kriminelle Energie einmal nicht im Spiel. Sondern scharfer *Urin.* Damit pflegen die Löwenmänner ihre Reviergrenzen zu markieren. Und die liegen im Frankfurter Freigehege zwischen Gebüsch an einem Metallzaun, der sich durch die ständige Berieselung mit den scharfen Säften allmählich zersetzt hatte.

Die Löwinnen hatten bei ihren Kontrollgängen offensichtlich genau erkannt, wann das Ziel der Zersetzungsarbeit erreicht war. Sie marschierten durch die brüchige Stelle in die Freiheit.

Die Tiere wurden später (nach Räumung des Geländes von zahlenden Gästen) mittels Blasrohr mit Betäubungsmitteln beschossen und auf Bahren – schlummernd und wohlbehalten – in ihre Behausung zurückgebracht. Trotz großen Polizeiaufgebotes gab's diesmal nichts abzustrafen, was bei den Ordnungshütern eine Spur Unzufriedenheit hinterließ.

WILDWEST

Farmer, die Ende des vorigen Jahrhunderts mit den rücksichtslosen amerikanischen Eisenbahngesellschaften in Fehde lagen, zogen Schraubstöcke (auf freier Strecke) an den Schienen fest und brachten dadurch Züge zum Entgleisen. Die Eisenbahngesellschaften wurden so zu *Zugverkehr* im Schneckentempo gezwungen. Nachdem man einen Interessenausgleich zwischen Landbesitzern und Bahn gefunden hatte, unterblieben die Anschläge.

Nach Berichten aus Südafrika wurde diese Methode der Verkehrsbeeinträchtigung 1987 von afrikanischen Freischärlern gegen Warentransporte angewandt und führte zu erheblichen Schäden und Behinderungen.

WOCHENEND-SERVICE

Es gibt miese Zeitgenossen, die betrügen jeden, der ihnen über den Weg läuft. Zu diesen gehörte auch der Mechaniker, der *Waschmaschinen* reparieren konnte und skrupellos die schnelle Mark machen wollte.

Er besorgte sich eine alte Maschine und machte sie wieder fit. Dann gab er eine Kleinanzeige in einem preiswerten Anzeigenblatt auf.

Waschmaschinen-Schnell-Service. Auch Sa. und So. dienstbereit. Telefon ...

Er wurde gerufen. Immer samstags war Hochkonjunktur. Am Ort des Geschehens öffnete der Mann die Waschmaschine ein bißchen und fragte nach ihrem Alter.

War sie älter als 5 Jahre, ging's weiter: »Hab ich's mir doch gedacht, der Motor ist hin, nichts mehr zu machen«, sagte er regelmäßig mit wissender Miene zur Besitzerin. Er registrierte den Wäscheberg der Kundin und ihre Verzweiflung. Dann riet er »seriös«: »Wenn sie ganz sicher gehen wollen, bestellen Sie den Markenkundendienst. Der kommt ganz sicher in vier oder fünf Tagen. Die sagen Ihnen, was ein neuer Motor kostet. Vielleicht lohnt sich der Einbau noch. Die nehmen ungefähr 80 Mark Grundgebühr für ihren Besuch. Aber das Geld geht Ihnen nicht völlig verloren, falls sich nichts mehr machen läßt. Die Herstellerfirma rechnet Ihnen einen Teil des Betrags beim Neukauf an.«

Meist stellte sich bei diesen Aussichten Niedergeschlagenheit ein, woraufhin der Betrüger scheinbar hilfsbereit anbot, eine noch gute, von ihm überprüfte Gebrauchtmaschine sofort hinzustellen. Meist lief alles glatt, und er verkaufte sein Altgerät für ca. 350 Mark. Die kaputten Maschinen der Kundinnen nahm er gleich mit. Für 24 Mark Gebühr! Das ist die »Gebühr für die Müllkippe«. Das klang amtlich und glaubwürdig. Zu Hause wurden die Schäden beseitigt – Bagatellen, wie er zuvor erkannt hatte. Damit war der Mechaniker für seine nächste »Reparatur« gerüstet.

Von neuen Maschinen ließ er die Finger. In diesen Fällen verwies er auf den Markenservice. Ganz besonders paßte er natürlich auf, ob die Hausfrau auch schön unbedarft war – dann fiel alles leicht. Stand ihm ein *Heimwerker* im Nacken, suchte er schnell was Weite.

Dennoch – vier bis sechs »runderneuerte« Maschinen setzte er pro Wochenende ab.

Es ist wichtig, diese Fälle zu erwähnen, damit man etwas skeptischer gegenüber allen Schnell-Reparateuren wird. Denn solche üblen Zeitgenossen, wie hier erwähnt, gibt es mehr als man denkt.

WUSSTEN SIE SCHON ...

... daß die Einladung von DDR-Jugendlichen in die Bundesrepublik »eine subversive Aktivität« ist, wie im Bericht des *Verfassungsschutzes* für das Jahr 1984 nachzulesen ist?

. . . daß sich vom *Schweizer Fernsehen* geladene Jugendliche, die an den Züricher Krawallen (»Züri brännt«) beteiligt waren, absolut anständig aufführten. Nicht nur erschienen sie in unmodischen, spießigen Kostümen und Anzügen – die Damen mit Handschühchen und Nachmittagshütchen, die Herren mit Gilb im Hemd und schmaler Krawatte –, nein, sie stiegen auch dermaßen konstruktiv auf die Argumente des *Polizeipräsidenten* und des für innere Sicherheit zuständigen Bundesrates ein, daß es denen die Sprache verschlug. Gummigeschosse seien »ein Dreck«. Wenn wer nicht pariert, solle ruhig auch mal scharf geschossen werden, verlangten die jungen Leute. Und die Honoratioren nickten wohlgefällig. Als sie endlich merkten, daß sie auf dem Arm genommen worden waren, war es bereits viel zu spät. Desavouiert, verunsichert und der Lächerlichkeit preisgegeben, verließen sie das Studio.

. . . daß während des Versorgungs-Engpasses nach der Machtübernahme durch die Militärs in Polen Frankfurter Spontis polnische Hafermastgänse aus Supermärkten klauten und als *Lebensmittel-Hilfe* nach Warschau schickten.

. . . daß es Friedens-Aktivisten gibt, die *Banknoten* mit Friedensparolen verzieren, woraufhin die Geldscheine eingezogen und vernichtet werden. Die Initiatoren hoffen, daß es der Bundesbank eines Tages zu dumm wird und deshalb von Amts wegen Friedensappelle auf die Scheine gedruckt werden.

. . . daß aus Bundeswehrbeständen immer wieder *Raketenteile* verschwinden.

. . . daß katholische Bischöfe in den USA zum *Steuerstreik* aufgerufen haben, um so gegen »atomaren Mord und Selbstmord« zu protestieren.

. . . daß 1983 während des *Reagan*-Besuchs in Berlin aus vielen Brunnen blutrotes Wasser sprudelte.

. . . daß man überschäumenden Frohsinn augenfällig mit Spülmittel versinnbildlichen kann, das man in *Springbrunnen-Wasser* gießt.

. . . daß man unehrenhaft ausgestoßen werden kann, wenn man bei der *Bundeswehr* an den *Fahnenmast* pinkelt.

. . . daß es in jeder Stadt einen »Ausschuß für zivile Verteidigung« gibt. Wer Mitglied ist, kann man von der Stadtverwaltung oder durch die Parteien erfahren. Mal anfragen, wie es mit einem *Bunkerplatz* bestellt ist, wo er genau für einen reserviert ist etc. Der Schriftwechsel kann dann in der Stadtzeitung o. ä. veröffentlicht werden.

. . . daß die Bauern von Larzàc (Frankreich) ein paar Lastwagenladungen Schafe ins Zentrum von Paris schafften und in den Anlagen weiden ließen, um darauf aufmerksam zu machen, daß eine geplante *Truppenübungsplatz*-Erweiterung die Lebensgrundlage von Mensch und Tier zerstören würde. Zehn Jahre nach dieser Aktion war die Erweiterung des Platzes noch nicht (!) vollzogen.

. . . daß Arbeits- und *Befehlsverweigerung* deutscher Zivilisten und Soldaten den Nachschub des Wilhelm-II.-Heeres lahmlegten. Die Kampfhandlungen mußten eingestellt werden, und Tausenden von Soldaten blieb der »Heldentod« erspart.

. . . daß ein Kasseler *Kriegerdenkmal* von Kriegsgegnern durch eine würdige Marmortafel mit der Aufschrift ergänzt wurde: »Dem unbekannten Deserteur, Feigling, Muttersöhnchen, im Krieg Davongelaufenen«.

. . . daß Berliner *Antimilitaristen* auf dem ausgesprochen »amtlich« wirkenden

Briefbogen einer »Treuhandstelle für Bunkerplätze« die öffentliche Verlosung der Bunkerplätze ankündigten und den Brief in großen Mengen verteilten. Jede Familie wurde aufgefordert, einen Angehörigen für die Auslosung zu benennen, da naturgemäß nur eine begrenzte Anzahl von Plätzen vorhanden sei. Für Rückfragen konnte man sich zweier Telefonnummern bedienen. Es handelte sich um die Nummern des Innensenators und des Polizeipräsidenten. Dort liefen während der nächsten Tage die Drähte heiß.

... daß in Frankfurt auf einem gefälschten städtischen Briefbogen über die Ausgabe von *Jodtabletten* informiert wurde, weil die Bevölkerung durch die räumliche Nähe mehrerer AKWs bei einem nicht auszuschließenden *Reaktorunfall* in hohem Maße gefährdet sei. Für Aufregung und Diskussionsstoff war gesorgt. Die Urheber blieben unentdeckt.

Wie recht diese hatten, zeigte sich Jahre später bei der Katastrophe von Tschernobyl. Da waren Jodtabletten auf einmal hoch im Kurs.

... daß man wichtige Botschaften sinnvollerweise in großen Lettern auf die Straße schreibt, weil wir der Pöbel und die Straßen unsere *Fibeln* sind.

... daß man mit der weltweiten Verbreitung von Bildern rechnen kann, wenn man sich – zum Beispiel bei einem *Staatsbesuch* – in einer Gruppe an strategisch günstiger Stelle aufstellt, sich beim Herannahen der Würdenträger geschlossen umdreht, sich verbeugt, Mantel oder Rock hochschlägt und eine größere Anzahl prächtiger, blanker Hintern zeigt. (taz-Fotografen vorher informieren.)

... daß *Immigranten* nicht ausgewiesen werden dürfen, wenn sie sich mit einer/em deutschen Staatsangehörigen verheiratet haben.

... daß ein gewisser Gisbert Bölling, der sich monatelang erfolglos um eine Bleibe bemüht hatte, kurzerhand ein Blockhaus auf das Gelände der Uni Bochum stellte und von 1975 bis 1977 kostenfrei dort wohnte. Als Meister der *Beschwerde* und des *Einspruchs* vermochte er die Räumung immer wieder hinauszuzögern – bis zum Zeitpunkt seiner Immatrikulation an einer französischen Uni. Studienort-nah wie Gisbert wohnte, sparte er viel Zeit und jede Menge Fahrtkosten.

... daß die Europäische Gemeinschaft Anfang 1985 Südfrüchte und andere Lebensmittel im Wert von einer Milliarde DM vernichten ließ, während in Ländern der Dritten Welt Hungersnöte wüteten. Für die Vernichtungsaktion der EG-Agrar-Überschüsse wurden nochmals 550 Millionen DM aufgewandt. (Die EG-*Kriminellen* kommen sich übrigens überhaupt nicht subversiv vor. Sind sie auch nicht. Technokratische Dummheit bleibt, was sie ist: asozial und kriminell.)

... daß ein *Unternehmer* jederzeit das Recht hat, seine Firma zu liquidieren, ohne Rücksicht auf Arbeitsplätze und das Schicksal der Mitarbeiter. Weit über tausendmal im Jahr wird auf diese Art Kasse gemacht. Meist von Erben, die keinen Finger für den Aufbau des Unternehmens gerührt haben. That's freie Wirtschaft.

... daß man sich den Zumutungen der *Werbetreibenden,* die einem mit penetranten Werbesendungen den Briefkasten vollstopfen, weitgehend entziehen kann. Schreiben an: ADV, Postfach 2140, 6000 Frankfurt. Text: **Bitte nehmen Sie meine Adresse in die Robinson-Liste auf.** Der Verband der Adressenverleger und Direktwerbeunternehmen e. V. bemüht sich, die »Werbemuffel«-Adresse aus den Listen seiner Mitgliedsfirmen und der Versandhäuser etc. zu eliminieren. (Immerhin etwas.)

... daß es auch für Leute, die kleinere Brötchen backen, *anonyme Bankkonten* gibt; und zwar bei österreichischen Banken in »Deutschen Zollanschlußgebieten« (Kleines Walsertal und Jungholz). Dort kann jeder sein Schwarzgeld unkontrolliert hinbringen (keine Zollkontrollen) und nach österreichischem Recht deponieren. In der Alpenrepublik sind anonyme Konten zugelassen. Die deutsche Finanzverwaltung bleibt außen vor. Kein Zugriff. Austria ist ein neutrales Land. Man achtet darauf, daß Indiskretionen nicht vorkommen.

Die Banken sind darauf eingestellt, mit dem bißchen Geld des Einzahlers alles anzustellen, was der internationale Kapitalmarkt erlaubt. – Brauchbare Informationen erhalten Interessenten beispielsweise von der Raiffeisenbank in D-8965 Jungholz. Die haben sogar schon vom Alphorn auf's Telefon umgestellt: 0 83 65 / 81 38.

... daß die beste *Geschäftsidee* der Verkauf von Geschäftsideen ist. In Kleinanzeigen verspricht man 25 000 DM Monatsverdienst und verdealt den Interessenten ein paar fotokopierte Seiten für'n Hunderter. Das bißchen Geschäftsidee ist irgendwo abgeschrieben, nicht falsch, aber ein alter Hut.

Wie Unternehmerblatt »impulse« ermittelte, sind's nicht mal die armen Leute, die da ausgenommen werden. Über 80% der Ideensucher sind Unternehmer, die an noch mehr Geld ran wollen. Merke: Je idiotischer das Gewinnversprechen, um so größer das Interesse. (Mensch will betrogen sein.)

... daß Frankfurter Grüne die *Sprengkammern* an den Mainbrücken der Stadt zugemauert haben.

... daß es genügt, nur wenige Quadratmeter Grund zu erwerben, um damit *Bau(groß)vorhaben* zu behindern und gegebenenfalls ein langwieriges Enteignungsverfahren heraufzubeschwören.

Wie man Bürokraten hindert

LONDON, 2. Januar (AFP). Ein findiger Engländer hat sich eine neue Methode ausgedacht, um auch einmal der Bürokratie ein Schnippchen zu schlagen. Roger Joanes aus Filleigh in Südwestengland, der aus seinem Haus mit Schrebergarten ausziehen muß, weil der Staat dort eine Straße zu bauen beschloß, hat jetzt sein 926 Quadratmeter großes Grundstück in 500 Teile aufgeteilt und diese einzeln an Käufer in exotischen Ländern wie Vanuatu oder Sri Lanka verkauft. Jeder Käufer erhielt für umgerechnet zwölf Mark eine Besitzurkunde und eine Katastereintragung. Die britischen Behörden werden sich folglich an die 500 neuen Besitzer wenden müssen, um den Erwerb der Grundstücke und die Entschädigungssummen zu regeln. Joanes hofft, daß die in den einzelnen Ländern recht unterschiedlichen Prozeduren so verwickelt sein werden, daß der britische Staat schließlich von dem Bauvorhaben abläßt.

... daß eine portugiesische *Escudo-Münze* im Wert von sechs Pfennig von unseren Automaten als Fünfzig-Pfennig-Stück angenommen wird?

... daß in den USA, dem Mutterland des bargeldlosen Zahlungs-Verkehrs, die Bargeldgeschäfte wieder stark im Kommen sind. Damit werden vor allem schwarze Deals abgewickelt. Keine Spuren, keine Steuern. – Ja, ja; das gute alte *Bargeld*...

... daß man Waren und Dienstleistungen bei jedem Erzeuger 14% billiger kriegt, wenn man ohne Rechnung bar zahlt (weil der Staat um die *Mehrwertsteuer* gebracht wird).

ZAHLE MIT WEILE

Stadtwerke, Finanzamt, Wohnungsbau-Gesellschaft, Krankenkasse, Lebensversicherung: alle wollen sie Geld von Ihnen. Das kann man nun leider nicht abschaffen (es sei denn, man wandert aus), aber wie man zahlt, da gibt es sehr bösartige Möglichkeiten.

Das ist zu tun: Zunächst ein Postscheckkonto anschaffen. Da fallen für die Zahlungen so gut wie keine Gebühren an. Und los geht's mit dem Frevel: Niemals die vorbereiteten *Zahlkarten* etc. benutzen, sondern eine eigene Überweisung ausfüllen. Als Betreff zum Beispiel »für Lebensversicherung« oder »für Autosteuer« oder »Krankenkassenbeitrag für Januar und März, Februar folgt« angeben. Keine Kundennummer oder Rechnungsnummer.

Auf den Empfängerabschnitt schreibt man sorgfältig seinen Namen und seine Adresse. Die Kunst besteht darin, wenigstens die ersten zwei Buchstaben des Namens so sinnreich zu verfremden, daß der Adressat »Beißer«, »Bießer«, »Reißer«, »Rießer«, vielleicht auch »Peißer«, »Pießer« oder gar »Geilser« und »Gieber« entziffert. Sie merken, worauf die Chose hinausläuft: Wenn die Leute schon an Ihr Geld ran wollen, sollen sie es auch im Schweiße ihres Angesichts verdienen.

Mit »locker ins *Lesegerät* der EDV-Anlage schieben« läuft da nichts. Da heißt es für unsere Freunde bei den Behörden nach der Methode »Such's Mäuschen« den willigen, aber offensichtlich altmodisch ungeschickten Zahler ausfindig zu machen. Das bringt Beschäftigung in den Verwaltungen!

Oft lassen die nachgewachsenen Behördenleute, die ja durch die Bank an Leseschwäche leiden und bläßlich ihrer Pensionierung entgegenkümmern, jegliche Ausdauer vermissen und geben mutlos auf und das Geld zurück.

Derweil tritt der Computer in Aktion, spuckt eine Mahnung aus, frankiert sie, und ab geht die Post.

Man schreibt sofort per Einschreiben zurück. Natürlich an den Chef der Behörde. Mit der Hand. Zügig, aber nicht leicht leserlich. Man fragt, was die Mahnung soll. Man hätte längst bezahlt. Abschnitt-Kopie liege bei (legt man natürlich nicht dazu!), abgebucht sei auch. Wo denn das Geld hingekommen wäre. Ob denn nichts und niemand mehr sicher sei, nicht mal bei einer staatlichen Behörde?

Damit hat man eine Lawine losgetreten. Erstens muß der Zahlungsabschnitt nachgefordert werden. Zweitens muß gesucht werden, wo das Geld hingeraten ist.

Man moniert, daß die Kopie des Zahlungsabschnitts verlegt wurde und schickt nochmals eine schlechte Kopie, aus der das Datum nicht zu ersehen ist.

Wahrscheinlich schickt der Computer weiterhin Mahnungen. Man widerspricht; schreibt, man würde ja durchaus bis zur Klärung der Angelegenheit dem Amt den Betrag ein zweites Mal zur Verfügung stellen, damit der Staat keinen Schaden nehme, aber leider sei man dazu nicht in der Lage. Man kann sich sicher vorstellen, daß im Amt der Wahnsinn seinen Lauf nimmt. Der einzige, der den Überblick hat, ist man nämlich selbst. In der Behörde dagegen doktern mindestens ein halbes Dutzend Leute an dem Fall herum, verwirren sich gegenseitig, versuchen, den Vorgang auf andere abzuwälzen, und zusätzlich treibt der Computer unaufhaltsam sein tumbes Spiel.

Sobald die Behörde dazu in der Lage ist, einem mitzuteilen, dann und dann sei eine Zahlung rücküberwiesen worden, wendet man folgenden Trick an: Man sendet einen rückdatierten Brief ab, den man mit dem entsprechend rückdatierten Freistempler (einer befreundeten Firma zum Beispiel) freimacht. Man teilt der Behörde mit, das Geld sei wieder auf Konto. Was das denn nun wieder solle. Ob man nach so vielen Unbilden den geforderten Betrag erlassen habe. Da sich die Briefe gekreuzt haben, ist man aus dem Schneider. Man ist der Behörde gegenüber als loyaler Bürger aufgetreten. Man wartet jetzt ab. Erst wenn man auf den letzten Brief Antwort erhalten hat und die blöde Frage, ob man den Betrag geschenkt bekommt, verneint wurde, zahlt man.

Das alles macht natürlich unheimlich Spaß. Passieren kann einem dabei nichts, denn man ist ja grundsätzlich zahlungswillig.

Allerdings dürfte sich dieses Verfahren, wenn man es auf ganzer Breite durchzieht, nur für diejenigen eignen, die mit viel Zeit gesegnet sind; und wer hat die schon – außer Beamten. Und eine Krähe doch hackt doch der anderen kein Auge aus!? Deshalb: Lassen Sie den Quatsch!

ZYNISCH

Nicolas Chamfort berichtet von einem Herrn La Trémoille, der seine Frau weder liebte noch schätzte. Er lebte von ihr getrennt, ließ ihr nur widerwillig das Notwendigste zukommen und mehrte ansonsten seinen Reichtum.

Als er erfuhr, daß seine Frau an Pocken erkrankt und fürchterlich entstellt war, kehrte er zu ihr zurück, schloß sich ungeschützt mit ihr ein und starb. Der nun abstoßend häßlichen Gemahlin hinterließ er ein stattliches Vermögen und die Erlaubnis, sich wiederzuverheiraten.

In seinem Testament aber legte er fest, daß seine Verfügung öffentlich gemacht werde; was seine ungeliebte Frau unwiderruflich demütigte und zum Gespött der Gesellschaft wie des Pöbels machte.